LA RÉVOLUTION
DE LA CROIX
Néron et les chrétiens

ALAIN DECAUX
de l'Académie française

LA RÉVOLUTION DE LA CROIX

Néron et les chrétiens

ÉDITIONS FRANCE LOISIRS

Édition du Club France Loisirs,
avec l'autorisation des Éditions Perrin

Éditions France Loisirs,
123, boulevard de Grenelle, Paris.
www.franceloisirs.com

Le Code de la propriété intellectuelle n'autorisant, aux termes des paragraphes 2 et 3 de l'article L. 122-5, d'une part, que les « copies ou reproductions strictement réservées à l'usage privé du copiste et non destinées à une utilisation collective » et, d'autre part, sous réserve du nom de l'auteur et de la source, que les « analyses et les courtes citations justifiées par le caractère critique, polémique, pédagogique, scientifique ou d'information », toute représentation ou reproduction intégrale ou partielle, faite sans le consentement de l'auteur ou de ses ayants droit ou ayants cause, est illicite (article L. 122-4). Cette représentation ou reproduction, par quelque procédé que ce soit, constituerait donc une contrefaçon sanctionnée par les articles L. 335-2 et suivants du Code de la propriété intellectuelle.

© Perrin, 2007
ISBN : 978-2-298-00589-9

*A la mémoire de Daniel-Rops
qui m'a inspiré le titre de ce livre.*

Le voilà, Néron, ce mystère d'iniquité, cet antipode de Jésus.

Ernest RENAN

Le Ier siècle de notre ère fut le cadre d'une révolution invisible. Elle a concerné deux civilisations sans que nul n'en prît conscience.

Jésus de Nazareth et Néron ne se sont jamais rencontrés : le premier mort en 30, le second né en 37. Or c'est sous le règne de Néron que la révolution de la Croix a pris son élan.

Au-delà de bien d'autres, deux villes sont en cause, l'une en Occident, l'autre en Orient. A Rome, Néron règne sur le plus vaste et plus puissant empire qui ait, jusque-là, existé. Ses crimes d'Etat et ses crimes privés lui ont forgé une réputation qui, aujourd'hui encore, entache sa mémoire. A Jérusalem, au lendemain de la crucifixion de Jésus, une poignée de juifs inconnus se prépare à obéir à l'ordre reçu de lui d'aller *enseigner les nations*. L'homme de Rome est tout, ceux de Jérusalem ne sont rien.

Croire à un face-à-face entre une religion aux racines plusieurs fois séculaires et une autre qui n'existe pas encore ne présente apparemment aucun sens.

Pourquoi y ai-je songé si souvent ? Pourquoi me suis-je posé tant de questions ? Pourquoi ai-je interrogé sans relâche la littérature inégale – abondante chez les Latins, fragmentaire chez les chrétiens – propre à éclairer le siècle de Néron qui est aussi celui de saint Pierre ?

Le présent livre est le résultat de cette obsession[1].

A. D.

---

[1]. Je n'ai pas souhaité paraphraser les récits des historiens latins ou chrétiens. Il m'a semblé que mieux valait laisser parler des textes originaux, connus certes des spécialistes, mais largement ignorés par le public. Peut-être le lecteur me saura-t-il gré de faire de lui un familier du génial Tacite aussi bien que de Luc et de Flavius Josèphe. J'espère qu'il ne m'en voudra pas trop de l'entraîner, d'un chapitre à l'autre, de l'Occident en Orient – et vice versa.

CHAPITRE I

La chambre haute

Une vedette était venue nous prendre à Tibériade. Le bleu de l'eau nous a aussitôt saisis. A mesure que nous progressions, l'immensité du lac s'est imposée. Pour comprendre que plusieurs générations l'aient désigné comme une mer – celle de Galilée –, il suffit de l'embrasser du regard. Au nord d'une Palestine si rarement arrosée, une étendue d'eau de 200 kilomètres carrés n'a pu, au long des siècles, que frapper ceux qui s'y engageaient ou, simplement, la contemplaient.

Pour reconnaître Capharnaüm, première étape de la vie publique de Jésus, on nous avait proposé le choix entre la route et le lac. Pas un instant nous n'avons hésité. Je gardais en mémoire l'enthousiasme de Flavius Josèphe, grand témoin juif de l'époque, relativement à la richesse « des espèces incompatibles à se réunir en un même lieu » et néanmoins assemblées. L'auteur des *Antiquités juives* proclamait que cette richesse, la contrée, « soutenant une querelle bénéfique », la « revendiquait comme sienne ». S'agissait-il du meilleur des mondes ? « En plus de la qualité de l'air, la région est arrosée par une source de haute valeur fertilisante, appelée Capharnaüm par les gens de l'endroit[1]. »

Etalée au bord du lac, Capharnaüm fut donc une source avant de devenir une petite ville juive habitée dès le Ier siècle avant notre ère.

---

1. Flavius Josèphe, *La Guerre des juifs*, traduit du grec par Pierre Savinel (1977).

Avides de découvrir ce site que Marc, Matthieu, Luc et Jean ont à jamais rendu célèbre, nous n'avons hélas repéré que quelques ruines éparses. En 1968, on y a dégagé une maison datée, grâce à quelques pièces de monnaie, du Ier siècle. La présence de graffiti du IVe siècle portant le nom de Pierre a offert à quelques-uns la tentation d'en faire la demeure de l'apôtre.

Après avoir reçu, des mains de Jean, le baptême au Jourdain et s'être recueilli de longs jours au désert, Jésus s'en retournait chez lui quand il passa, selon l'évangéliste Marc, « le long de la mer de Galilée. Là, il vit Simon et André, le frère de Simon, en train de jeter le filet dans la mer : c'étaient des pêcheurs. Jésus leur dit : "Venez à ma suite, et je ferai de vous des pêcheurs d'hommes." Laissant aussitôt leurs filets, ils le suivirent. Avançant un peu, il vit Jacques, fils de Zébédée, et Jean son frère, qui étaient dans leur barque en train d'arranger leurs filets. Aussitôt, il les appela. Et laissant dans la barque leur père Zébédée avec ses ouvriers, ils partirent à sa suite[1] ». Ils ne se quitteront plus et Simon deviendra Pierre.

Nous nous sommes attardés un instant près d'un petit bois d'eucalyptus, quelques pas nous ont suffi pour repérer un mur d'enceinte, une entrée, un guichet. Autour d'une cour cernée de portiques, nous attendaient des colonnes et des murs faits de ce calcaire royal alors tant prisé. Quelques marches et nous avons accédé à la salle des prières d'une synagogue. Mon cœur a commencé à battre ; commencé seulement. Un guide accouru s'est appliqué à nous mettre en garde : ces vestiges étaient bien ceux d'une synagogue mais celle-ci avait été construite longtemps après la mort de Jésus.

Automatisme d'historien, ma pensée s'est portée vers les basiliques de Notre-Dame à Paris et de Saint-Pierre à Rome, toutes deux élevées sur les ruines d'édifices religieux plus anciens. Pourquoi n'en serait-il pas ainsi de la synagogue de Capharnaüm ?

---

1. Mc, I, 16-20.

Nous avons longé le lac sur 3 kilomètres avant de gagner, sans guère nous essouffler, le sommet d'une colline appelée – abus de langage évident – « montagne » des Béatitudes. Là, Jésus a prononcé le plus bouleversant sans doute de ses enseignements :

— Heureux les pauvres de cœur, car le royaume des cieux est à eux. Heureux ceux qui pleurent, car ils seront consolés. Heureux ceux qui sont doux, car ils posséderont la terre. Heureux ceux qui ont faim et soif de la justice, car ils seront rassasiés[1]...

Quelle eût été la réaction d'un Romain présent au jour où Jésus s'est exprimé ainsi ? Parlant l'araméen – c'était le cas des légionnaires après quelques années d'occupation en Palestine –, il aurait compris les mots mais nullement le sens, trop à l'opposé de ce qu'il avait appris de ses prêtres sur ses dieux.

A l'église juchée en haut de la colline et dénuée de tout caractère, nous avons préféré la vue sans pareille offerte sur le lac. Pourquoi me suis-je souvenu d'un guide touristique resté longtemps en usage ? On y lisait cet avis comminatoire : « Même les athées devraient monter ici : pour la vue. »

Au retour, le moteur de la vedette est tombé en panne. Des pêcheurs du lac – mais oui – ont repéré l'embarcation immobile et alerté les autorités. Une autre vedette nous a été expédiée. Je n'ai jamais regretté de l'avoir longtemps attendue. Le soleil baissait à l'horizon, peu à peu les lignes du paysage s'effaçaient. Le temps n'existait plus.

Au Ier siècle, protégée par une muraille longue de 4 kilomètres et demi, Jérusalem n'est pas une très grande ville : sa population ne dépasse guère 100 000 habitants, chiffre très en retrait de ceux dont peuvent se glorifier – Rome étant hors concours – les grandes métropoles de l'Empire : Alexandrie, Antioche, Ephèse ou Athènes. Qualifiant la ville

---

1. Mt, V, 3-6.

sainte de « bicoque », on peut juger que Cicéron s'est montré de parti pris, autant d'ailleurs que les rabbins de la cité de David répétant à satiété : « Celui qui n'a pas vu Jérusalem n'a jamais vu une belle cité. » Massacreur patenté mais grand bâtisseur, le roi Hérode a doté sa capitale des adductions d'eau dont elle manquait cruellement mais aussi d'édifices que l'on venait admirer de loin : la forteresse Antonia dont la masse dominait l'esplanade du Temple, les tours de Mariamme, d'Hippicus, de Pharaël et, au bout du compte, un magnifique palais royal.

Au Ier siècle, le voyageur qui découvre la ville doit, en humant les odeurs fortes de l'Orient, se hasarder dans un labyrinthe de rues si étroites que deux ânes bâtés ne peuvent s'y croiser. Point de symétrie ni de perspectives. Les demeures se découvrent aussi disparates que les moyens des propriétaires : toits de tuiles pour les riches ; couverture de roseaux enrobés de terre séchée pour les autres.

Rien ne compte plus dès que l'on aborde le Temple. Là où s'élevait jadis celui de Salomon, Hérode le Grand a posé la première pierre du sien en 20 av. J.-C. La construction s'est poursuivie jusqu'en l'an 64 de notre ère, bien au-delà de la mort d'Hérode. Durant près d'un demi-siècle, dix mille ouvriers y ont travaillé sous la conduite de mille prêtres. Le résultat est à la mesure de cet effort immense. Large de 310 mètres, l'enceinte s'allonge sur 491 mètres. Les parvis rutilent de marbre et de métaux précieux. Ils s'enchaînent – espalier géant conduisant au sanctuaire – jusqu'au Saint des Saints où, seul, le grand prêtre a le droit de pénétrer. Huitième merveille du monde ? Même s'il n'a pas été retenu dans l'énumération traditionnelle, le Temple d'Hérode aurait mérité d'y figurer.

Ce jour-là, onze hommes sont réunis dans la « chambre haute » d'une maison de la ville, autrement dit à l'étage. Ils s'appellent Simon dit Pierre, Jean, Jacques, appelé aussi frère du « Seigneur », André, Philippe, Thomas, Barthélemy, Matthieu, Jacques fils d'Alphée, Simon le Zélote et Jude, fils de Jacques. Entre eux, ils se désignent comme les apôtres de Jésus. Les noms Philippe et André suggèrent une origine grecque ; ceux de Simon, Jacques et Barthélemy sont hébreux.

Durant un espace de temps que l'on estime entre deux et trois ans, ils ont pérégriné aux côtés de Jésus. Ils l'ont suivi à Jérusalem. Pierre est cité quarante-six fois dans les évangiles et, parmi les apôtres, presque toujours le premier. A trois reprises, Jésus lui a réservé la primauté : « Tu es Pierre et, sur cette pierre, je bâtirai mon Eglise. »

Au mont des Oliviers, l'épée à la main, Pierre a défendu Jésus contre ceux qui venaient le saisir. Ce qui n'a pas empêché le Seigneur – ainsi l'appelait-on – de lui dire : « Cette nuit même, avant que le coq chante deux fois, tu m'auras renié trois fois[1]. » Qu'est-il advenu à Pierre après l'avoir, en effet, renié trois fois[2] ? Aucun texte ne le précise. A l'instar de la plupart des chrétiens présents à Jérusalem, il a dû se terrer. Il n'est redevenu lui-même qu'à l'aube du dimanche ayant suivi la crucifixion. Prévenu, en même temps que Jean, par une Marie-Madeleine hors d'elle, les deux apôtres ont eu l'audace de courir au tombeau où Pilate avait permis que l'on portât le supplicié. Il était vide.

Dans la chambre haute, comment imaginer que Pierre ne préside pas à un tel rassemblement ? Les plus anciennes fresques le représentent vêtu de la toge antique, doté d'une barbe, de cheveux épais et frisés avec l'amorce d'une calvitie. A partir du ve siècle, on le montre souvent porteur de clefs : « Je te donnerai les clefs du royaume des cieux », avait dit Jésus.

Elle paraît insolite, cette présence des onze à Jérusalem alors que, repérés comme complices de Jésus, ils risquent un châtiment probable venant de l'occupant romain

---

1. Mc, XIV, 30.
2. Dans la cour du palais du Pontife, il affirme une première fois qu'il ne connaît pas Jésus ; une deuxième qu'il ne sait même pas qui il est ; une troisième : « Je ne connais pas cet homme-là ! » Au chant du coq, il pleure.

– présent depuis soixante-sept ans ! –, certain de la part des juifs. En fait, tous sont convaincus que Jésus doit revenir sur terre pour aller jusqu'au bout de sa mission interrompue. L'ont-ils entendu de sa bouche, l'ont-ils appris de gens qui prétendaient l'avoir entendu ? Nous savons seulement que les apôtres – comme les fidèles les plus anonymes – ne doutent pas que ce retour est proche. Les plus simples sont même convaincus que, parmi les chrétiens, aucun ne mourra avant de revoir Jésus. Vingt ans plus tard, Paul de Tarse se heurtera à cette conviction persistante et se donnera beaucoup de mal pour convaincre les fidèles qu'ils sont dans l'erreur.

Au vrai, s'ils sont onze à se retrouver dans la « chambre haute », c'est pour désigner le remplaçant de Judas dont chacun sait la fin tragique. Là se trouvent aussi « quelques femmes dont Marie, la mère de Jésus, et les frères de Jésus[1] ». Dans un tel cadre, comment imaginer ces apôtres, ces femmes et ces étranges « frères » ? Assis autour d'une table ou en cercle, à la romaine, sur des lits bas ? Vêtus de quelle façon ? Un commandement de Jésus nous revient en mémoire : « Si quelqu'un te prend ton manteau, donne-lui encore ta tunique ! » Le manteau et la tunique figurent bien dans la garde-robe des juifs de ce temps. D'emblée nous imaginons une longue robe tombant jusqu'aux pieds : ainsi les peintres d'histoire et les illustrateurs en ont fixé l'image. Elle est erronée. Apparentée à la chemise, à la fois sous-vêtement et vêtement, la tunique – *chalouk* – descend très au-dessous des genoux, jamais jusqu'aux pieds. On la coupe dans des tissus qui vont du très ordinaire jusqu'à la soie brodée. Les gens dont le travail est rude ne gardent sur eux que le *chalouk*. Les plus fortunés ne veulent revêtir que des tuniques de laine sans coutures. Tout le monde porte une ceinture pour en domestiquer l'ampleur. Le manteau – *talith* – recouvre le *chalouk*. Les moins riches se contentent d'une pièce d'étoffe percée en son milieu pour la tête.

---

1. Ac, I, 14.

Les gens aisés se font couper à leurs mesures des *talith* avec des manches.

Et les femmes ? Le peu d'indications parvenues jusqu'à nous laisse à penser que leur tenue n'est guère différente. Elle s'agrémente de châles, de rubans de toutes couleurs et de bijoux. Il n'est nullement exclu que certaines se soient inspirées de modes grecque, romaine, voire asiatique. Juifs et juives se coiffent d'une étoffe qui, partant du front, vient flotter sur les épaules.

Soyons-en sûrs : les vêtements que portent ceux de la chambre haute ne sont pas ceux des riches.

Entre Joseph et Matthias proposés l'un et l'autre pour succéder à Judas, on tire au sort. Le sort tombe sur Matthias qui, de ce jour, devient apôtre.

La réunion et le vote sont mentionnés aux premières pages des Actes des Apôtres, texte qui occupe une place de grande importance dans le Nouveau Testament. Dès le IIe siècle, les milieux chrétiens en nomment l'auteur : Luc, nom que l'on retrouve dans les épîtres de saint Paul pour désigner l'un de ses collaborateurs, fort effacé il est vrai : « notre ami le médecin[1] ». Problème : Luc, auteur des Actes, peut-il être identifié à l'évangéliste Luc ? Tout l'indique : les dédicaces au même Théophile, le vocabulaire et le style des deux ouvrages. Luc tient à revendiquer une enquête auprès des témoins survivants. Il est important de se souvenir que celui-ci écrit en grec, langue comprise dans l'ensemble du bassin celui-ciméditerranéen : l'helléniste type.

Que les Actes des Apôtres s'ouvrent sur la résurrection du Christ, nul ne saurait y voir l'effet du hasard. Paul de Tarse dira lui-même : « Si Christ n'est pas ressuscité, notre prédication est vide et vide aussi votre foi[2]. »

En tant que juifs, les apôtres ont lu et relu la Bible. Par

---
1. Col, IV, 14.
2. 1 Co, XV, 14.

elle, ils connaissent le passé de leur peuple, ses migrations, ses guerres, ses tribus, ses rois. Par la voix des prophètes, ils ont entendu la parole de Dieu. La Bible leur enseigne les règles que chacun doit connaître et pratiquer, avant tout les lois recueillies par Moïse sur le mont Sinaï.

Soyons assurés que ceux qui se trouvent dans la chambre haute, tous juifs – et bons juifs –, persuadés que la vérité est dans le Livre, vivent sous l'autorité et dans l'esprit du Décalogue. Pour accéder à la Loi, point n'est besoin de savoir lire ; les enfants en répètent chaque jour les versets afin que leur vie entière en demeure imprégnée. De cette Bible, Jaroslav Pelikan a proposé une définition aussi frappante que charmante : la tradition orale se serait « immobilisée dans ce Livre comme une mouche dans l'ambre[1] ».

Cinquante jours après la Pâque, lors de la fête juive de la Pentecôte qui commémore la transmission à Moïse des tables de la Loi, les apôtres vont, dans leur même chambre haute, entendre « un bruit qui venait du ciel comme le souffle d'un violent coup de vent ». La maison en est toute pleine. Cependant que des sortes de « langues de feu » se posent sur chacun d'eux, nul ne doute plus de la mission qui leur incombe désormais. « Ils furent tous remplis d'Esprit Saint, et se mirent à parler d'autres langues, comme l'Esprit leur ordonnait de s'exprimer. » La Pentecôte attire les foules à Jérusalem. Ces pèlerins, grâce aux Actes, nous en connaissons l'origine : « Parthes, Mèdes et Elamites, habitants de la Mésopotamie, de la Judée et de la Cappadoce, du Pont et de l'Asie, de la Phrygie et de la Pamphylie, de l'Egypte et de la Libye cyrénaïque, ceux de Rome en résidence ici, tous, tant juifs que prosélytes, Crétois et Arabes. »

En voyant et en entendant ceux de la chambre haute, cette foule cosmopolite passe de la stupéfaction à l'incompréhension :

---

1. Jaroslav Pelikan, *A qui appartient la Bible ? Le Livre des livres à travers les âges* (2005).

– Tous ces gens qui nous parlent ne sont-ils pas des Galiléens ? Comment se fait-il que chacun de nous les entende dans sa langue maternelle ?

D'autres, simplement :

– Qu'est-ce que cela veut dire ?

Certains d'entre eux s'esclaffent :

– Ils sont pleins de vin doux !

Le plus important, ce jour-là, restera le discours que Pierre prononce devant cette foule. Luc l'a transmis, comme tous les discours d'ailleurs qu'il prête, dans ses Actes, à nombre de personnages. Prêtons l'oreille à Pierre revu par Luc :

– Israélites, écoutez mes paroles : Jésus le Nazaréen, homme que Dieu avait accrédité auprès de vous en opérant par lui des miracles, des prodiges et des signes au milieu de vous, comme vous le savez, cet homme, selon le plan bien arrêté par Dieu dans sa prescience, vous l'avez livré et supprimé en le faisant crucifier par la main des impies ; mais Dieu l'a ressuscité en le délivrant des douleurs de la mort, car il n'était pas possible que la mort le retienne en son pouvoir.

Après avoir cité le prophète Joël et s'être réclamé de David, Pierre poursuit :

– Ce Jésus, Dieu l'a ressuscité, nous tous en sommes témoins. Exalté par la droite de Dieu, il a donc reçu du Père l'Esprit Saint promis et il l'a répandu, comme vous le voyez et l'entendez.

Sa conclusion :

– Que toute la maison d'Israël le sache donc avec certitude : Dieu l'a fait et Seigneur et Christ, ce Jésus que vous, vous aviez crucifié.

On entoure Pierre, on le presse de questions :

– Que ferons-nous, frère ?

– Convertissez-vous ! répond Pierre. Que chacun de vous reçoive le baptême au nom de Jésus Christ pour le pardon de ses péchés, et vous recevrez le don du Saint Esprit. Car c'est à vous qu'est destinée la promesse et à vos enfants ainsi qu'à tous ceux qui sont au loin, aussi nombreux que le Seigneur notre Dieu les appellera !

Combien sont-ils, au lendemain de la Résurrection, les fidèles de Jésus ? Etienne Trocmé, spécialiste justement renommé, tient pour « quelques dizaines ». Pour Luc, c'est devant cent vingt personnes que Pierre a annoncé le remplacement de Judas par Matthias. Cinquante jours plus tard, lors de la Pentecôte, trois mille personnes auraient adhéré à la foi nouvelle. Ils deviennent, quelques pages après, une « multitude ». L'omission de Rome – volontaire ? – dans les Actes fait oublier la réalité, lourde et vigilante, de leur présence à Jérusalem. Comment le préfet Ponce Pilate eût-il vu, sans réagir, une « multitude » investir les rues de la ville ? On pensera plutôt que « le nombre des ralliements fut plus modeste et que la petite communauté ne s'élargit que progressivement[1] ».

Ce groupe originel resté à Jérusalem, Luc le dépeint composé de gens très simples menant une vie communautaire et assidus à l'enseignement dispensé par les apôtres ainsi qu'à l'eucharistie. « Ils rompaient le pain à domicile, prenant leur nourriture dans l'allégresse et la simplicité de cœur[2]. » Parce que ces gens mettent tout en commun, ils vendent leurs biens dont le prix est remis à la communauté, laquelle partage selon les besoins de chacun. Ils se rendent chaque jour au Temple. Important, cela : les fidèles de Jésus tiennent à rester juifs.

Ce qui frappe, ce sont les règles rigoureuses qu'ils s'imposent à eux-mêmes et auxquelles nul ne semble chercher à se soustraire. Un exemple suffit tant il est frappant. Obéissant à la règle, un certain Ananias, en accord avec son épouse Saphira, a vendu sa propriété et, comme les autres, déposé le prix aux pieds des apôtres. En fait, il en a gardé une partie par-devers lui. Le drame est que Pierre s'en aperçoit. Il admoneste Ananias :

– Pourquoi Satan a-t-il rempli ton cœur ? Tu as menti à

---

1. Introduction à l'ouvrage collectif *Aux origines du christianisme* (2000).
2. Ac, II, 42 et 46.

l'Esprit Saint et tu as retenu une partie du terrain. Ne pouvais-tu pas le garder sans le vendre ou, si tu le vendais, disposer du prix à ton gré ? Comment ce projet a-t-il pu te venir au cœur ? Ce n'est pas aux hommes que tu as menti, c'est à Dieu.

C'en est trop pour Ananias. On le voit tout à coup vaciller et s'abattre sur le sol. On se penche vers lui. Il est mort. Trois heures plus tard, survient Saphira qui ne sait rien. Pierre l'interpelle :

— Dis-moi, c'est bien tel prix que vous avez vendu le terrain ?

— Oui, c'est bien ce prix-là.

Pierre reprend :

— Comment avez-vous pu vous mettre d'accord pour provoquer l'Esprit du Seigneur ? Ecoute : ceux qui viennent d'enterrer ton mari sont à la porte ; ils vont t'emporter, toi aussi.

« Aussitôt, disent les Actes, elle tomba aux pieds de Pierre et expira. »

« Les Hellénistes se mirent à récriminer contre les Hébreux parce que leurs veuves étaient oubliées dans le service quotidien. » Ainsi parle Luc. Il s'agit du « service des tables » à l'occasion des repas communs, d'autant plus important que l'eucharistie y était célébrée. Les femmes étaient heureuses et fières d'y servir mais, quand un croyant mourait, la veuve était exclue ; apparemment celles des hellénistes davantage que les autres.

S'étonnera-t-on que, parallèlement, des disparités soient apparues parmi les croyants ? Aucune communauté humaine n'en est dispensée. On en est venu à distinguer les *hellénistes,* nés hors de la terre d'Israël, et les *hébreux,* juifs autochtones. Les premiers ayant pour langue d'origine le grec, on les considère de ce fait comme moins attachés aux institutions juives que les hébreux. Quant à ces derniers, la plupart s'expriment en araméen mais peuvent comprendre l'hébreu ; ils sont naturellement attachés aux pratiques du judaïsme.

Le « conflit des tables » confirme qu'il faut aux chrétiens de Jérusalem une organisation. Qui va prendre en main le gouvernail ? Personne n'imagine qu'il puisse être confié à d'autres que l'un des Douze. S'étonnera-t-on que l'on ait choisi Pierre dont Jésus avait clairement reconnu la primauté et Jean en qui l'on voyait toujours « celui que Jésus aimait » ?

Il ne fait aucun doute que les autorités juives de Jérusalem ont été informées. Apprenant que des frères juifs affirmaient avoir rencontré le Messie, elles ont dû commencer à réagir. A la tête du Sanhédrin se trouve le grand prêtre Hanne, successeur de Caïphe. L'avenir montrera qu'il ne s'agit pas d'un tendre. Son attentisme en l'occurrence prouve qu'il n'accorde aucune importance à des rêveurs qui finalement ne font rien de mal.

Soudain, tout change. Se rendant comme chaque jour au Temple pour la prière de la neuvième heure, Pierre et Jean y pénètrent par la Belle Porte, franchissent la cour des païens où même les incirconcis peuvent entrer, gravissent l'escalier du Parvis et ne s'étonnent guère de voir un mendiant, paralytique de naissance, leur réclamer l'aumône à grands cris : tout le monde le connaît, il est sans cesse présent au Temple, il mendie du matin au soir. Pierre s'arrête et lui répond :

— De l'or ou de l'argent, je n'en ai pas. Mais ce que j'ai, je te le donne : au nom de Jésus Christ le Nazaréen, marche !

Est-ce la première fois qu'il ose reprendre à son compte le langage, si souvent entendu, de son maître ? Or l'homme se lève. Les juifs qui passent n'en croient pas leurs yeux. Le paralytique marche ! Le voici même qui bondit en louant Dieu ! La foule qui se jette à sa suite accable de questions l'ex-pêcheur du lac de Tibériade. Paisiblement, Pierre confirme que c'est bien au nom de Jésus – il précise : le Messie – que l'homme a été guéri.

On avertit les autorités. Le commandant du Temple et plusieurs prêtres accourent. Il est trop tard pour que l'on prenne une décision. Demain il fera jour. On enferme Pierre et Jean dans une pièce où ils passent la nuit. Au matin, on les traîne devant le Sanhédrin que préside le Grand Prêtre

Hanne, flanqué ce jour-là de Caïphe. Le mendiant guéri fait son entrée : sur ses jambes. On interpelle Pierre :

— A quelle puissance ou à quel nom avez-vous eu recours pour faire cela ?

Réponse claire et nette :

— C'est par le nom de Jésus Christ le Nazaréen, crucifié par vous, ressuscité des morts par Dieu.

On lit dans les Actes : « Ils constataient l'assurance de Pierre et Jean et, se rendant compte qu'il s'agissait d'hommes sans instruction et de gens quelconques, ils en étaient étonnés. »

A ce point qu'ils hésitent à prononcer une condamnation. Le Sanhédrin se contente d'interdire aux deux hommes de parler de Jésus ou d'enseigner en son nom. Simple avertissement. La réponse de Pierre et Jean marque un tournant essentiel de l'expansion du christianisme :

— Nous ne pouvons pas taire, quant à nous, ce que nous avons vu et entendu.

Luc note que les chrétiens commencent à inspirer de l'effroi à la communauté juive : « Personne n'osait s'agréger à eux. » Ils ne se sont pas tus. Que Pierre et Jean aient été de nouveau arrêtés démontre, de la part du Sanhédrin, une inquiétude grandissante. Cette fois, les deux apôtres sont condamnés à être battus de verges. Loin de terroriser les chrétiens de Jérusalem, cette punition redoutée – elle laisse la peau déchirée et tout le corps meurtri – semble avoir exalté leur foi.

Luc encore : « La parole de Dieu croissait et le nombre des disciples augmentait considérablement à Jérusalem ; une multitude de prêtres obéissaient à la foi. » La tâche de Pierre et Jean ne cesse de s'alourdir : « la prière et le service de la Parole » dévorant leur temps, ils décident que l'administration de la communauté sera confiée à sept hommes « de bonne réputation, remplis d'Esprit et de sagesse » que l'on appellera *diacres*. Leurs noms ont été conservés : « Etienne, homme plein de foi et d'Esprit Saint, Philippe,

Prochore, Nicanor, Timon, Parménas et Nicolas, prosélyte d'Antioche [1]. »

Etienne va bientôt faire preuve d'une agressivité fort éloignée de la politique des Douze visant à ne pas soulever l'hostilité des autorités du Temple. Il s'agite de plus en plus, ne cache pas son désir de voir les juifs devenus chrétiens prendre, avec la Loi juive, de la distance. Puisque la hiérarchie du Temple, en faisant flageller Pierre et Jean, s'est autorisée à s'en prendre à des chrétiens, il faut lui dire son fait. Etienne en est conscient : il provoque à la fois l'autorité juive et les chrétiens restés trop prudents à ses yeux. Sa fougue l'emporte. Dénoncé pour avoir « proféré des blasphèmes contre le Temple et contre la Loi », on le traîne à son tour devant le Sanhédrin.

Le préfet Ponce Pilate vient d'être rappelé à Rome pour répondre, devant Caligula, des répressions sans pitié dont il accable la Judée. Le Sanhédrin se sent-il soudain plus libre ? Il appelle Etienne à comparaître devant lui. A peine commence-t-on à lui poser des questions et le jeune imprudent, sur tous les tons, dénonce les juifs qui, dans le passé, ont fermé leurs oreilles et leurs yeux chaque fois que la parole de Dieu se faisait entendre. Il ose présenter Moïse lui-même comme le modèle de ceux que l'on a méconnus :

— Il pensait faire comprendre à ses frères que Dieu, par sa main, leur apportait le salut. Mais ils ne le comprirent pas !

Il tonne :

— C'est lui, Moïse, qui a dit aux Israélites : Dieu vous suscitera d'entre vos frères un prophète comme moi !

Ce prophète s'est présenté. Il se nommait Jésus. Le Sanhédrin l'a non seulement repoussé mais fait condamner et crucifier ! Les injures pleuvent vers le provocateur. On tente de lui couper la parole. Etienne n'en a cure. Luc lui prête ce discours :

— Hommes à la nuque raide, incirconcis de cœur et d'oreilles, toujours vous résistez à l'Esprit Saint ; vous êtes

---

[1]. Ac, VI, 3-7.

bien comme vos pères. Lequel des prophètes vos pères n'ont-ils pas persécutés ? Ils ont même tué ceux qui annonçaient d'avance la venue du Juste, celui-là même que maintenant vous avez trahi et assassiné ! Vous aviez reçu la Loi promulguée par des anges et vous ne l'avez pas observée !

Il fixe son regard « vers le ciel ». Sa voix s'enfle encore :
– Voici que je contemple les cieux ouverts et le Fils de l'homme debout à la droite de Dieu !

Le Sanhédrin s'est réuni pour juger Etienne. Il n'en a pas le temps. La foule se rue sur le blasphémateur, s'en saisit et l'emporte : « Ils l'entraînèrent hors de la ville et se mirent à le lapider[1]. »

A l'écart de ceux qui précipitent leurs pierres sur la victime agenouillée en prière, un homme jeune s'est proposé de garder les vêtements des bourreaux. Il les encourage de la voix et du geste. Il vient de passer plusieurs années à étudier le judaïsme auprès de Gamaliel que les Actes désignent comme « un docteur de la Loi estimé de tout le peuple ». Il vient de Tarse, port important de la Cilicie romaine. Sa foi est si ardente que certains exégètes d'aujourd'hui voient en lui un rabbin. Il se nomme Saul, prénom qui plus tard deviendra Paul. L'Eglise fera de lui un saint.

Le jour même de la mort d'Etienne, éclate à Jérusalem ce que Luc désigne comme « une violente persécution ». Seuls jusque-là Pierre, Jean et Etienne ont été poursuivis. On s'en prend maintenant aux fidèles connus ou dénoncés. « Sauf les apôtres, dit encore Luc, tous se dispersèrent dans les contrées de la Judée et de la Samarie. » Ceux qui s'engagent en hâte sur les chemins sont à l'évidence les hellénistes assimilés à des complices d'Etienne.

A mesure que la persécution se déchaîne, on voit Saul s'en montrer l'un des meneurs les plus ardents : « Quant à Saul, il ravageait l'Eglise ; il pénétrait dans les maisons, en arrachait hommes et femmes et les jetait en prison[2]. » Dans

---

1. L'ensemble du procès d'Etienne dans Ac, VII, 2-58.
2. Ac, VIII, 3.

le même temps, ceux qui ont fui Jérusalem vont « de lieu en lieu, annonçant la bonne nouvelle de la Parole ».

Parmi eux, il faut s'arrêter au cas de l'apôtre Philippe : il s'est dirigé tout droit sur la Samarie. Or les Samaritains sont des juifs hérétiques expulsés de la religion traditionnelle, souillés au point que l'eau qui coule dans le pays est, affirment les rabbis, « plus impure que le sang du porc ». Dans cette province maudite, Philippe montre tant d'ardeur à proclamer le Christ que, pour l'écouter, les foules accourent. « On entendait parler des miracles qu'il faisait et on les voyait. Beaucoup d'esprits impurs en effet sortaient, en poussant de grands cris, de ceux qui en étaient possédés et beaucoup de paralysés et d'infirmes furent guéris[1]. » Le bruit s'en répand jusqu'à Jérusalem, provoquant l'intérêt – peut-être l'inquiétude – de Pierre et Jean : avait-on le droit de convertir des hérétiques ? A leur tour, ils se mettent en route. Ce qu'ils constatent les rassure pleinement. Ils approuvent l'œuvre de Philippe, confirment ceux qu'il a baptisés et, s'en retournant à Jérusalem, annoncent la Bonne Nouvelle à de nombreux villages.

Dorénavant Pierre se déplace si souvent que les Actes le surnomment « Pierre qui passait partout ». Appelé à Césarée par un officier romain nommé Corneille avide de s'instruire dans ces nouveautés qui font grand bruit, il répond à l'invite. A ce Romain émerveillé et aux amis qui l'entourent, il révèle ce qu'il sait de la vie et de l'enseignement de Jésus. « Pierre exposait encore ces événements quand l'Esprit Saint tomba sur tous ceux qui avaient écouté la Parole. Ce fut de la stupeur parmi les croyants circoncis qui avaient accompagné Pierre : ainsi, jusque sur les nations païennes, le don de l'Esprit Saint était maintenant répandu[2] ! » Pierre n'hésite pas : baptisés dans l'instant, les voilà tous chrétiens.

Pour la première fois, des païens pratiquant la religion officielle de Rome accèdent au christianisme. Pierre aura à

---

1. Ac, VIII, 6-8.
2. Ac, X, 44, 45.

s'en expliquer à son retour à Jérusalem. Questions et reproches se mêleront avec véhémence :

– Tu es entré chez des incirconcis notoires et tu as mangé avec eux !

Réponse de Pierre :

– Quelqu'un pourrait-il empêcher de baptiser par l'eau ces gens qui, tout comme nous, ont reçu l'Esprit Saint ?

Pourquoi le même Pierre, que le Sanhédrin a semblé vouloir épargner, est-il une fois encore arrêté ? Le coup ne vient pas de la hiérarchie juive mais d'Hérode Agrippa Ier, petit-fils d'Hérode le Grand. Il a été élevé à la cour de Tibère, sa propension à la débauche et le poids de ses dettes l'ont expédié, sur l'ordre du vieil empereur, quelques mois en prison. L'accession à l'Empire de Caligula, compagnon de ses orgies, lui a valu en 37, avec le titre de roi, les deux tétrarchies de Philippe et de Lysanias ; en 39, la Galilée ; en 41, la Judée et la Samarie. Sa servilité à l'égard des Romains a donc eu pour résultat la reconstitution du royaume d'Hérode le Grand, divisé entre ses quatre fils à la mort de celui-ci.

Arrivé à Jérusalem, Agrippa a compris qu'il lui fallait, pour s'assurer le ralliement du peuple et des milieux sacerdotaux juifs, faire montre d'un zèle religieux à l'égal de ses ambitions. Ainsi s'oppose-t-il avec force à l'érection, envisagée par Caligula, d'une statue impériale dans le Temple. Est-ce pour renforcer son image de souverain juif qu'il décide de s'en prendre aux chrétiens ? L'an 43, il fait décapiter l'un des Douze, Jacques, frère de Jean : pour la première fois, un apôtre subit le martyre. L'opinion paraissant satisfaite, il récidive peu avant la Pâque 44 en faisant arrêter Pierre : il sera jugé à l'issue de la grande fête juive. On multiplie les précautions pour empêcher toute évasion.

La nuit qui précède sa comparution devant ses juges, Pierre dort enchaîné entre deux soldats cependant que des gardes sont en faction devant sa porte. Les fidèles de Jean croiront à l'intervention d'un ange qui l'aurait réveillé en ordonnant : « Lève-toi vite ! » Le certain, c'est que Pierre

passe un premier poste de garde, puis un second et franchit la porte de fer qui donne sur la ville. Une fois dehors, il se repère et gagne la maison de Marie, mère de ce Marc qui, devenu le compagnon de ses dernières années, écrira le premier évangile. Il y trouve plusieurs personnes en prière qui, à sa vue, se récrient. Il les fait taire :
— Allez annoncer mon évasion à Jacques et aux frères.

Il est temps que le lecteur sache à quoi s'en tenir sur ce Jacques auquel peut-être il n'a pas encore accordé l'importance que celui-ci mérite.

On ne peut douter que la famille de Jésus l'a suivi à Jérusalem. Cette parenté apparaît très tôt dans l'Evangile. Marc évoque le retour de Jésus à Nazareth : « Le jour du sabbat, il se mit à enseigner dans la synagogue. Frappés d'étonnement, de nombreux auditeurs disaient : "D'où cela lui vient-il ?... N'est-ce pas le charpentier, le fils de Marie et le frère de Jacques, de Josès, de Jude et de Simon ? Et ses sœurs ne sont-elles pas ici chez nous ?"[1] » Matthieu, traitant du même épisode : « D'où lui viennent cette sagesse et ces miracles ? N'est pas le fils du charpentier ? Sa mère ne s'appelle-t-elle pas Marie, et ses frères, Jacques, Joseph, Simon et Jude ? Et ses sœurs ne sont-elles pas toutes chez nous ?[2] » Comme on voit, les deux évangélistes ne diffèrent ici que par la forme des prénoms, Josès remplacé par Joseph.

Luc montre Jésus prêchant dans la synagogue de Capharnaüm : « Sa mère et ses frères arrivèrent près de lui mais ils ne pouvaient le rejoindre à cause de la foule. On lui annonça : "Ta mère et tes frères se tiennent dehors ; ils veulent te voir." Il leur répondit : "Ma mère et mes frères, ce sont ceux qui écoutent la parole de Dieu et qui la mettent en pratique."[3] » On trouve dans l'Evangile de Jean deux références, la première : « Jésus descendit à Capharnaüm avec sa mère, ses frères et ses disciples[4]. » La seconde : « Ses

---
1. Mc, VI, 2, 3.
2. Mt, XIII, 54-56.
3. Lc, VIII, 19-21.
4. Jn, II, 12.

frères lui dirent : "Passe d'ici en Judée afin que tes disciples, eux aussi, puissent voir les œuvres que tu fais. On n'agit pas en cachette quand on veut s'affirmer. Puisque tu accomplis de telles œuvres, manifeste-toi au monde !" En effet, ses frères eux-mêmes ne croyaient pas en lui[1]. »

Que Jésus ait eu des frères n'a, dans la première Eglise, suscité aucun débat : la virginité « perpétuelle » de Marie n'est pas encore reconnue. Les évangélistes citant Jésus comme « fils premier né » considèrent donc que ses frères et sœurs sont nés, après lui, de Joseph et Marie. A partir du Vᵉ siècle, certains Pères de l'Eglise suggéreront que Jacques et ses frères étaient peut-être issus d'un premier mariage de Joseph ; la thèse subsiste aujourd'hui au sein d'églises orthodoxes. Formulée par saint Jérôme, une autre version va plus tard connaître le succès : les frères n'auraient été que des cousins germains. L'Eglise catholique romaine fera triompher ce point de vue, arguant non seulement qu'aucun mot, en hébreu, ne désigne en particulier un cousin germain mais aussi que la Bible hébraïque utilise un certain nombre de fois le mot « frère » (*há*) pour nommer un cousin.

L'affaire serait donc réglée ? Nullement. Au XXᵉ siècle, des historiens et des linguistes se sont aventurés à étudier les textes du Nouveau Testament selon les méthodes de la critique contemporaine. Ils ont souligné que le Nouveau Testament n'était pas traduit de l'hébreu, mais du grec. Or, en grec, pour désigner un frère ou un cousin, il existe deux mots différents. Paul de Tarse, dont les Epîtres sont écrites en grec et qui évoque Jacques à plusieurs reprises en tant que *frère du Seigneur*, ou *frère de Jésus*, désigne le cousin par le mot *anepsios* et emploie *adelphos* pour définir un frère.

Dans son grand ouvrage – incontestable monument – *Jésus, un certain juif,* John P. Meier, professeur à l'université catholique de Washington et président de l'Association biblique catholique des Etats-Unis, se prononce : « Dans le

---

1. Jn, VII, 3-5.

Nouveau Testament, *adelphos,* quand ce mot est employé non pas de façon figurative ou métaphorique, mais pour désigner une relation biologique ou légale, veut seulement dire frère ou demi-frère (biologique) et rien d'autre[1]. »

En Palestine, au début du Ier siècle, un nom est sur toutes les lèvres : *Messie*. Imprégnés comme ils le sont de la Torah, les juifs de ce temps méditent plus ardemment que jamais la promesse adressée par Yahweh à Abraham. Cette rédemption, les prophètes l'ont confirmée en termes de feu. Des princes jusqu'aux plus humbles des paysans, personne ne les ignore. Le premier, dans tous les sens du terme, est Moïse : « Plus jamais en Israël ne s'est levé un prophète comme Moïse », affirme le Deutéronome[2].

Or, au fil des siècles et au travers des épreuves traversées par le peuple d'Israël, la promesse s'est peu à peu incarnée – rien n'est plus humain – dans l'espoir d'un être non défini que Dieu enverrait pour donner force et réalité à son œuvre. Après le retour de l'Exil, on commencera à lui donner un nom : *Messie*.

Dans la Bible hébraïque, le mot est utilisé trente fois, s'appliquant aussi bien à un roi qu'à un prêtre ou un patriarche. Parfois traduit par « oint, marqué de l'onction royale, sacré par le Seigneur », il se prononce en hébreu *Maschiah* et en araméen *Meschiha*. Ce que l'on espère de lui, on le trouve dans les psaumes de Salomon : « Qu'elle vienne, qu'elle s'accomplisse, la promesse de Dieu faite jadis aux Pères, et que par le saint nom, Jérusalem soit pour toujours relevée ! »

Pour tous, *Messie* signifie *espoir*. Humiliée par l'échec des révoltes qui éclatent sporadiquement contre l'occupant romain et souffrant souvent physiquement de la cruauté des répressions, la population réclame à Yahweh, plus ardemment encore que dans le passé, qu'il leur envoie son Messie.

---

1. John P. Meier, *Jésus, un certain juif,* tome 1 : *Les Sources, les Origines, les Dates* (édition française 2004). Titre original : *Jesus, a Marginal Jew Rethinking the Historical Jesus.*
2. XXXIV, 10.

Sans se lasser, on répète : « Heureux ceux qui vivront aux jours du Messie pour voir le bonheur d'Israël et toutes les tribus rassemblées ! »

Les années passent. Le poids de la servitude pèse de plus en plus lourd et s'accroît l'espérance dans le Messie. On la voit palpable quand les prêtres viennent jusqu'au Jourdain demander à Jean-Baptiste s'il est le Messie. Que dit la Samaritaine au voyageur inconnu qui lui parle près d'un puits ? « Je sais que le Messie doit venir. Quand il sera venu, il nous expliquera tout. »

Dans les premières années du Ier siècle, rares sont ceux en Israël qui doutent encore : pour chasser l'occupant honni, le Messie prendra la tête du peuple juif. Cette venue est proche.

L'imprécision du terme contribue à le populariser. Le nombre de faux Messies qui ont précédé l'apparition de Jésus confirme la réalité de l'obsession générale ; certains ont payé de leur vie les quelques semaines durant lesquelles ils ont soutenu leur folle prétention.

Sans cette certitude que l'arrivée du Messie était proche, il n'est pas évident que les premiers chrétiens soient, en si peu de décennies, parvenus à faire connaître la personne et l'enseignement de Jésus, d'abord à leurs frères juifs, ensuite aux non-juifs. Annoncer que le Messie était venu à ceux qui l'attendaient avec une foi aussi ardente ne pouvait que faciliter leur tâche.

Sans la Diaspora – mot grec qui signifie dispersion –, il n'est pas exclu non plus que le christianisme ait mis quelques siècles de plus à s'imposer. On peut en situer l'origine en 538 av. J.-C., année où le roi Cyrus autorise les juifs déportés à Babylone à rentrer chez eux.

Vont-ils se précipiter pour rejoindre la terre des ancêtres ? La moitié à peine. Les autres demeurent en Perse. Ils sont heureux, font fructifier leurs biens et ne montrent aucun empressement à s'en retourner dans un pays en ruine écrasé de misère. Pas un instant, ils ne songent à renier leur religion.

Sous la domination d'Alexandre le Grand et de ses successeurs, les juifs se voient fortement incités à s'établir en Asie Mineure et en Egypte. A Alexandrie, ville grecque par excellence, la communauté juive connaît un développement exceptionnel.

Les bases de la Diaspora sont posées. Au cours des conflits qui ont opposé Romains et juifs, surtout après l'anéantissement de Jérusalem par Titus, les prisonniers juifs vendus comme esclaves sur les marchés dans les différentes provinces de l'Empire sont rachetés par des juifs libres. Affranchis, ils n'oublient jamais leur foi.

Flavius Josèphe : « Il n'est pas de peuple au monde qui ne possède quelques éléments de notre race. »

Unies par une foi et des règles qui ne faiblissent pas, toutes ces communautés éparses regardent vers Jérusalem. Que la ville de David incarne et symbolise leur religion, voilà une préséance sans équivalence dans le monde religieux du temps. La flagrante tolérance que le pouvoir impérial accorde aux fidèles d'Abraham facilite l'accès aux grandes fêtes rituelles telles que les Semailles, le Tabernacle, Pourim, Kippour, surtout la Pâque. Il ne serait pas inexact de comparer de tels pèlerinages à ceux que les musulmans accomplissent aujourd'hui en direction de La Mecque. Surgissant de toute la Diaspora, de pleins bateaux débarquent leurs contingents de pèlerins aux ports de Césarée et de Joppé. Sans attendre, ils s'acheminent vers la Ville sainte, traversent d'abord une vaste plaine, des champs de blé, des vignobles, des oliviers à perte de vue, avant de s'élever sur les « monts de Judée » hérissés de chênes et de cyprès. A pleine poitrine, on chante les « Psaumes de pèlerinage » ou les « Cantiques des montées ». On entend : « Mon âme languit, elle défaille à désirer les saints parvis. Ma chair et mon cœur tressaillent lorsque je pense au Dieu de vie. » Quand on voit les pentes se dénuder et la roche dominer, on n'est plus loin du but : « O ma joie quand on m'a dit : allons à la maison de Dieu ! »

En franchissant les portes de Jérusalem, la plupart des

pèlerins se prosternent pour baiser le sol sacré[1]. Qu'en sera-t-il alors quand ils accéderont au Temple ? Flavius Josèphe – impossible décidément de le quitter ! – estime à deux millions le nombre des pèlerins ayant rejoint Jérusalem à l'occasion de ces grandes fêtes[2]. Exagération manifeste : il n'est pas sûr que la Diaspora tout entière ait réuni deux millions de pèlerins et il est exclu qu'elle se soit ensemble mise en marche. Ni la ville ni le Temple n'auraient pu contenir une telle masse. On s'arrêtera à une estimation probable de 500 000 pour la Pâque. Un demi-million !

Avides de faire connaître leur foi, comment les chrétiens de Jérusalem ne se seraient-ils pas précipités à la rencontre de ces frères venus d'ailleurs ? Il est aisé de concevoir la stupeur de ces derniers, arborant des vêtures de toutes formes et de toutes couleurs, accourus des rives de la Méditerranée aussi bien que de Perse ou d'Egypte, et apprenant soudain, de la bouche de gens dont la conviction les impressionne, que le Messie annoncé par la Torah est descendu sur terre ! Les plus persuasifs sont d'évidence les apôtres, qui peuvent témoigner de leur cohabitation avec lui. Certes le dialogue peut tourner court mais, quand il s'engage, l'impression demeure dans les esprits.

De retour chez eux, comment douter que les voyageurs aient confié à leurs frères juifs la mirifique révélation ? « L'Eternel soit loué car le Messie est venu » : l'affirmation sera réitérée sur le port d'Alexandrie, parmi les foules d'Antioche toujours en mouvement, à Babylone où vit la descendance des exilés, à Carthage où le commerce est roi. Et sur les bords du Tibre.

---

1. Daniel-Rops, *La Vie quotidienne en Palestine au temps de Jésus* (1961).
2. Ce calcul se fonde sur une confidence du roi Hérode Agrippa qui, une certaine année, avait ordonné pour la Pâque de prélever à son intention un rognon sur tout agneau immolé. On lui en aurait remis 250 650. D'où ce raisonnement de Josèphe : dix pèlerins se partageant en moyenne un agneau, le calcul aboutit à deux millions de pèlerins.

CHAPITRE II

Un enfant dans la tourmente

Ployée au creux de la chaise à accoucher où ses femmes, après qu'elle eut perdu les eaux, l'ont assise, la jeune parturiente ne doit pas se conduire autrement que toute mère en gestation. Elle n'interrompt ses plaintes que pour tenter de reprendre souffle. En cette nuit du 14 au 15 décembre 37, on peut parier que l'air marin s'insinuant d'heure en heure n'a rien fait pour réchauffer la chambre et moins encore la femme. A Antium, sur les bords de la mer Tyrrhénienne, à 45 kilomètres au sud-est de Rome, les hivers apportent rarement la tiédeur que trop de voyageurs ignorants viennent y chercher. Le port jadis peuplé de pirates et de marins, l'ancienne capitale des Volsques, le site apprécié par Cicéron, se sont changés en l'un des lieux de villégiature préféré de l'aristocratie romaine[1].

Peut-être la femme qui gémit et se débat interpelle-t-elle les dieux. Elle se nomme Agrippine. Par sa mère, elle descend de l'empereur Auguste. Même à l'extrême de ses douleurs, elle reste telle qu'elle est apparue à peine sortie de l'enfance : infiniment belle. Elle a vingt-deux ans.

A l'instant même où le bébé surgit du ventre de sa mère, les premiers rayons du soleil viennent éclairer sa tête avant que de toucher la terre : du moins l'affirmera-t-on. C'est un garçon. Singularité qui a frappé les contemporains : il s'est

---

1. Antium, toujours port, est aujourd'hui Anzio. Le 22 janvier 1944, les Américains y ont débarqué pour couper les arrières allemands entre Cassino et Rome.

présenté les pieds en avant. Pline l'Ancien jugera cela comme étant de mauvais augure [1].

Le père de l'enfant, Domitius Ahenobarbus, n'a pas cru devoir assister à la délivrance de sa jeune épouse, de quinze ans sa cadette. Tard dans la journée, il daignera seulement rendre visite à la mère et à l'enfant. Drapé dans sa toge, si complexe par ses innombrables plis – Tertullien dira : « Ce n'est pas un vêtement, c'est un fardeau » –, il recevra, sans trop s'y attacher, les félicitations de ses amis. On lui prêtera cette sortie : « D'Agrippine et de moi, il ne peut naître qu'un monstre fatal au monde... »

La boutade correspond si fort à l'image stéréotypée de Néron qu'assurément elle a été forgée. De nos jours, elle enchanterait un psychanalyste.

Neuf jours après la naissance du bébé, celui-ci aura le privilège de la visite de son oncle Caligula, frère d'Agrippine. A peine proclamé empereur, il ne montre pas encore de signe flagrant de déséquilibre. En sa présence, le fils d'Agrippine et d'Ahenobarbus héritera les prénoms et noms en usage dans sa famille paternelle : il sera Lucius Domitius Ahenobarbus, appellation qui, treize ans plus tard, s'élargira en une autre, nettement plus avantageuse : Nero Claudius Drusus Germanicus Caesar [2]. Comme nul n'en ignore, en français Nero deviendra Néron.

Les Ahenobarbi forment l'une des deux branches les plus illustres de la maison Domitia. Ils se réclament orgueilleusement de cinq siècles d'ancêtres affirmant que Lucius, premier-né de la lignée, a rencontré deux jeunes gens « d'une figure céleste » lesquels, afin de prouver leur divinité, « lui ont touché les joues et donné à sa barbe, qui était noire, une couleur rousse semblable à celle du cuivre ». D'où le nom Ahenobarbus qui signifie exactement *à la*

---

1. Pline l'Ancien, *Histoire naturelle,* LVII, 46.
2. Tiberius Claudius Nero était le nom de son trisaïeul maternel, lui-même grand-père de l'empereur Claude. Drusus celui de son arrière-grand-père maternel. Germanicus celui de son grand-père, frère de l'empereur Claude.

barbe d'airain ou, si l'on veut, *à la barbe de cuivre*. L'historien romain Suétone y croit si fort qu'il provoque délibérément la vraisemblance : « Cette distinction devint propre à ses descendants qui eurent tous la barbe de cette couleur[1]. »

Il faut s'arrêter à la parenté singulière qui unira les empereurs dont aucun n'était descendant direct de son prédécesseur. Du fait de mariages contractés dans le milieu étroit des membres de la dynastie impériale et des aristocrates romains de haut vol, les Julio-Claudiens, les Valerii et les Domitii étaient tous parents à un titre ou un autre. D'où la férocité de ce monde clos.

Du père de Néron, Suétone affirme : « Sa vie fut en tout point abominable. » On pourrait y voir un parti pris si l'historien n'avait lui-même enrichi l'absolu de ce jugement : « Ayant suivi en Orient le jeune Caius César [futur Caligula], il tua un affranchi qui refusait de boire autant qu'il l'ordonnait. Exclu, pour ce meurtre, de la société de ses amis, il ne se conduisit pas avec plus de modération. Il écrasa un enfant sur la voie Appienne en faisant prendre exprès le galop à ses chevaux. A Rome, il creva un œil, en plein Forum, à un chevalier romain qui discutait avec vivacité contre lui. » C'est à ce charmant compagnon qu'Agrippine la Jeune a dû son premier enfant.

La mère d'Agrippine était fille de l'empereur Auguste. Les deux femmes se prénommaient également Agrippine ; on les distinguait en désignant la mère comme l'Aînée et la fille comme la Jeune. Le père de cette Jeune, le général romain Germanicus, était le neveu de l'empereur Tibère. Ses victoires en avaient fait un héros.

Une telle ascendance aurait dû aboutir à une enfance heureuse. En fait, la Jeune grandira au milieu de tant de tragédies que personne n'aurait pu en sortir indemne. Petite fille, elle a perdu son père, peut-être empoisonné sur l'ordre de Tibère.

---

1. *Vies des douze Césars.* Traduction de Théophile Baudement révisée par Jacques Pascou.

Elle a vu sa mère jetée en prison par le même empereur et su qu'un centurion agissant sur ordre lui appliquait des coups de fouet dont l'un lui a même crevé un œil. Apprenant que deux de ses fils avaient trouvé la mort en prison, l'Aînée a refusé toute nourriture et en est morte. Ce n'était pas assez peut-être : la Jeune sera déflorée par son frère Caligula.

Elle n'en rivalise pas moins, en fait de beauté, avec sa mère. Ce qui n'est pas peu dire. On apprécie, comme une promesse, la sensualité qui jaillit de ce jeune corps. Quand, à treize ans, elle épouse une brute, elle ne peut conserver la moindre illusion quant au bon sens des humains.

On ne saurait comprendre l'histoire de Néron sans se transporter le 15 mars 44 av. J.-C., à 11 heures du matin, à la Curie. Là, au premier jour des ides de mars, plusieurs conjurés, persuadés que Jules César voulait se faire roi, l'ont frappé de trente-cinq coups de poignard. Ce faisant, ils ont mis fin à la vie de l'homme qui avait fait renaître la paix dans l'Empire et était à la veille de donner au nouvel Etat des fondements perpétuels. Durant quatorze années, Antoine, Cassius et Brutus, ses meurtriers, se sont entretués comme s'ils s'étaient donné pour unique dessein de faire place nette à Octave, petit-neveu et fils adoptif du conquérant des Gaules. De cet Octave, Dion Cassius écrira qu'il a joué sa partie « avec plus de vigueur qu'aucun homme, avec plus de prudence qu'un vieillard ».

Né Octave en – 63, proclamé Auguste en – 27, mort empereur en l'an 14 à soixante-dix-sept ans, ses bustes confirment la « beauté majestueuse et la grâce insigne » qui lui fut reconnue. Il parachève l'unité de l'Empire romain, renouvelle les structures politiques et sociales de la République, dote l'administration d'une efficacité qu'elle n'avait jamais atteinte. Auguste tient que le pouvoir du prince – le « principat » – découle, à travers l'armée et le Sénat, du consentement de tous. Nul n'a pu l'accuser de tyrannie. Se refusant de prescrire qu'un fils dût succéder à son père par la seule vertu de l'hérédité, il a assuré sa propre succession en adoptant un homme qui ne lui était rien par le sang, fruit du premier mariage de son épouse Livie : Tibère.

Tibère meurt l'année même où Néron voit le jour. Caligula, son neveu, lui succède. En 41, Claude, neveu de Tibère, devient empereur ; il meurt en 54.

Les deux nourrices à qui l'on a confié Néron, l'une et l'autre d'origine grecque, ont laissé leur nom à la postérité : Eclogé et Alexandra. Presque totalement abandonné entre leurs mains, Néron leur montrera toujours gratitude et affection : devenu empereur, il les installera dans son palais. Elles-mêmes lui manifesteront une fidélité touchante : au lendemain de sa mort, elles l'enseveliront de leurs mains. Auprès d'elles, il apprend à marcher, à parler, à ouvrir les yeux sur le monde.

Usé par l'hydropisie, son père se soigne à Pyrgae. Agrippine ne manque pas une seule des fêtes organisées par l'empereur Caligula, son frère, tout juste marié – devoir d'Etat – à une certaine Caesonia sans beauté à laquelle, étrangement, il restera attaché. Les jours de banquet au palais, il fait asseoir ses trois sœurs – Drusilla, Julia, Agrippine la Jeune – alternativement à la place d'honneur cependant que Caesonia est reléguée hors de sa vue. Déflorée naguère, elle aussi, par Caligula, Drusilla reste en faveur, ce qui n'est pas, on l'imagine, pour enchanter Agrippine. Selon des contemporains, l'empereur offre ses sœurs, tour à tour, à ses amis.

A la même époque, peu regardant quant au sexe de ses conquêtes, Caligula se montre aux petits soins pour le beau Lepidus. Il envisage sa propre mort, et l'idée lui vient d'assurer l'avenir de Drusilla en lui faisant épouser l'éphèbe promu au rang de successeur. Une fois empereur, Lepidus ferait de Drusilla une impératrice.

Seuls les dieux disposent. La mort soudaine de Drusilla terrasse son frère et amant. Le désespoir accroît son égarement : il proclame la divinité de la défunte. Quand son épouse Caesonia lui donne une fille, il la nomme Drusilla.

Répudié comme dénué d'utilité, Lepidus prend Caligula

en haine. De son côté, Agrippine croit le moment venu de remplacer Drusilla dans le lit de son frère. Il la repousse. Prompte, comme elle le sera toujours, à faire tourner à son avantage un échec, elle se donne à Lepidus en lui promettant de l'épouser s'il la débarrasse de cet empereur qui l'a humiliée. Le moyen importe peu.

Ardents à l'action, les jeunes gens croient utile d'y associer Julia. C'est oublier que la police de Caligula est de première force : elle révèle tout à l'empereur. Partant pour la Gaule afin d'y préparer une nouvelle guerre contre les Germains, l'empereur invite Agrippine, Julia et Lepidus à l'y accompagner, ce qu'ils acceptent sans méfiance. Etrange cortège que celui dans lequel ils doivent se fondre : aux cohortes se mêlent des acteurs, des danseurs, des gladiateurs, des prostituées, des mignons. A Moguntiacum, non loin de Lyon, on rejoint l'armée de la Gaule commandée par Gaetulius, général dont la bravoure et le métier sont particulièrement appréciés. Le regard qu'il porte sur le cortège de l'empereur est sans indulgence. Il suffit à Caligula de l'apercevoir, à plusieurs reprises, en conversation avec Lepidus pour se persuader d'un complot noué contre sa personne. Sa foudre impériale s'abat : en la présence épouvantée d'Agrippine et de Julia, Lepidus et Gaetulius sont mis à mort. Les deux sœurs assistent d'obligation au spectacle des deux corps qui brûlent sur le bûcher. Leurs biens confisqués, elles s'entendent condamner à l'exil dans l'île de Pontia, décidément promue résidence surveillée des ennemis de l'empereur. Une sanction supplémentaire l'accable : Agrippine devra accomplir le trajet de Lyon à Rome en serrant sur son sein l'urne emplie des cendres de Lepidus.

Le lecteur s'interroge-t-il ? Il voit toute une part de la société romaine, qu'aucune règle morale ne semble retenir, pratiquer des vices quasiment en public et perpétrer des crimes que nul ne songe à punir. De quoi servent donc ces temples devenus l'ornement principal des plus fameuses places de Rome ? Quelles sont les prescriptions ou les interdits que l'on y cultive ? Comment les autorités laissent-elles violer les règles avec un tel cynisme ? Que le lecteur le sache : à Rome de telles règles sont exclues. On ne saurait d'ailleurs parler de religion romaine mais, à l'extrême rigueur, de religions romaines.

Aussi loin que l'on puisse remonter dans le temps, on a vu en Italie le monde paysan offrir, à certaines époques de l'année, du vin et du miel aux divinités de la maison. Ainsi sont apparus les dieux lares. Les plus anciens dieux romains, Mars, fils de Jupiter et de Junon, son épouse, sont d'origine étrusque. Les dédicaces traditionnelles remontent à – 509 en ce qui concerne le temple de Jupiter capitolin ; à – 497 pour celui de Saturne ; à – 493 pour celui de Cérès ; à – 431 pour le temple d'Apollon ; à – 29 pour le Divin Jules ; à – 28 pour l'Apollon palatin ; à 37 pour le Divin Auguste ; à 38 pour le temple d'Isis.

Du fait de la coexistence des cultes et des cités, une conséquence s'est peu à peu dégagée : les dieux et les lois ne doivent plus être dissociés. On divinise des villes : c'est le cas de Rome. Les empereurs deviennent dieux. C'est là sans doute ce qui nous étonne le plus. « Pour nous, chrétiens ou post-chrétiens, *Dieu* est un très grand mot. Il était moins grand avant le christianisme ; ce mot désignait alors un être plus élevé que les mortels, mais non transcendant comme l'Etre gigantesque des monothéismes. [...] Lorsqu'on prononçait le mot *dieu*, on ne filait pas vers l'infini, on montait seulement d'un degré ; qualifier de dieu un homme est une hyperbole, mais non une absurdité[1]. »

Nous voici donc face à une religion « sans livres révélés, sans dogmes et sans orthodoxie, sans initiation ni enseignement[2] ». Rien qui ressemble au péché tel que le conçoivent les monothéistes. L'accueil d'un dieu dans la cité résulte d'une décision du Sénat, voire d'un simple magistrat. Superstitieux par essence, les Romains cherchent volontiers des « signes » leur montrant comment se comporter. Dans les

---

1. Paul Veyne, *L'Empire gréco-romain* (2005).
2. John Scheid, *La Religion des Romains* (1998, puis 2002).

moments de doute, on s'adresse aux oracles. La plèbe, toujours empressée à échapper à la monotonie, assiste en masse aux cérémonies qui marquent, à des dates fixes, les célébrations obligées. Elle en attend surtout des fêtes où l'on prend du plaisir. On ne l'aperçoit guère en revanche aux prières du temple.

Concernant le culte au Ier siècle, Jérôme Carcopino constate : « L'esprit des hommes l'a déserté et, s'il garde des desservants, il est vrai qu'il n'a plus de fidèles[1]. » Nul ne s'en étonne : les prêtres sont des magistrats et de hauts personnages. Eloignés souvent de toute croyance, ils revendiquent des titres sacerdotaux, comme ceux d'augures ou de flamines, à la façon dont ils seraient candidats à une mission politique ou militaire.

De plus en plus nombreux sont ceux qui vouent leur foi à des divinités originaires d'Orient, d'Egypte ou de Syrie. Juvénal s'écrie : « L'Oronte s'est déversé dans le Tibre ! » Le dieu indo-iranien Mithra, célébré en Perse depuis plus de mille ans, trouve en Italie des adeptes relativement nombreux, surtout dans les milieux urbains. Impossible d'oublier le point de vue d'Ernest Renan : « Si le christianisme eût été arrêté dans sa croissance par quelque maladie mortelle, le monde eût été mithriaste. »

Agrippine ayant rejoint son exil obligé, voici le petit Néron sans mère. L'hydropisie laisse à Domitius Ahenobarbus assez de force pour qu'il confie l'enfant à sa sœur, Domitia Lepida, d'ailleurs aussi sa maîtresse. L'apprenant, Agrippine entre en fureur car les deux femmes se haïssent.

On peut croire que le petit garçon n'a guère ressenti la mort de son père. Se souvient-il seulement qu'il existe ? Sa mère, il la voyait rarement mais c'était sa mère. Pourquoi la lui a-t-on prise ? Et où va-t-on le conduire ? L'angoisse qu'il ressent nécessairement l'accompagnera longtemps. Par

---

1. *La Vie quotidienne à Rome à l'apogée de l'Empire* (1939).

chance, Domitia Lepida la débauchée a du cœur. Elle lui montre attention et tendresse. Lui-même en éprouvera une gratitude dont sa mère ne supportera jamais la persistance. On s'explique mal pour quelle raison Suétone voit l'enfant « réduit à l'indigence ». Le budget a-t-il cessé d'être alimenté ? Tout ce que l'on sait de Domitia Lepida interdit de croire qu'elle eût, par rétorsion, affamé son neveu.

Elle a jugé le temps venu de soustraire Néron à l'influence de ses nourrices. Qu'elle l'ait confié à l'autorité d'un danseur et d'un barbier apporte une preuve de plus de l'insignifiance en laquelle on peut tenir un enfant proscrit, fût-il du sang d'Auguste.

Que Caligula soit loin ou près de Rome, sa folie et sa barbarie se déploient dans des conditions qui passent l'entendement. Estimant trop élevé le prix de la viande des bêtes féroces destinées au Cirque, il les nourrit de la chair des voleurs ou auteurs d'agressions extraits des prisons. Après avoir pris soin de faire marquer au fer rouge les nombreux Romains distingués qui lui ont déplu, il les condamne aux mines, aux travaux des chemins ou les livre aux bêtes. Il en enferme d'autres dans des cages si étroites qu'ils doivent se tenir dans la posture d'un quadrupède. Parfois il les fait scier par le milieu du corps. Un chevalier romain, exposé aux bêtes dans le cirque, clame qu'il est innocent ; Caligula l'appelle à lui, lui fait couper la langue et le renvoie au supplice.

Il aime tant son cheval Incitatus qu'il envoie, la veille d'une course, des soldats commander le silence dans tout le voisinage « afin que le repos de cette bête ne soit pas troublé ». Incitatus aura même, à la façon d'un prince et à son usage exclusif, une « maison » et des esclaves. Il dispose d'une écurie de marbre, d'une auge en ivoire et l'on admire les colliers ornés de pierres précieuses attachés à son encolure. De ce cheval, la légende nous dit que l'empereur aurait voulu faire un sénateur. Tacite met les choses au point : « On dit même qu'il lui destinait le consulat. »

Non seulement Caligula a ordonné la mort de milliers d'innocents, emprisonné et fait torturer des milliers d'autres mais il s'est autorisé l'imprudent plaisir de se moquer de ceux qui lui étaient dévoués. Ainsi a-t-il choisi comme souffre-douleur Chaéréas, vieux soldat ayant servi sous Germanicus et devenu tribun de sa garde personnelle. Il le ridiculise en public. C'est trop.

Le 24 janvier 41, à 1 heure après midi, ayant assisté le matin à un spectacle donné au Palatin par des acteurs noirs, Caligula regagne son palais. Sa mise à mort est programmée. Le protocole veut que Chaéréas marche immédiatement derrière lui. Cornelius Sabinus, chef des cohortes prétoriennes – il hait tout autant le fou – réclame le mot d'ordre de la journée ; l'empereur s'arrête pour répondre : « Jupiter ! » C'est le lieu et l'instant fixés. Chaéréas assène à son maître un grand coup entre les épaules et hurle le mot que l'on adresse à un sacrificateur : « Frappe ! » Caligula tombe sur les genoux, Cornelius Sabinus le transperce d'un coup d'épée. Les centurions l'achèvent. Pour faire bonne mesure, on tue aussi Caesonia, on prend le bébé Drusilla par les talons et on lui fracasse le crâne contre la muraille.

Qui va succéder à l'empereur dément ? Aucun membre de sa famille n'est, plus qu'un autre, fondé à revendiquer la charge impériale. Nul ne pense à Claude, neveu de Tibère, alors âgé de cinquante ans. Ce lettré, spécialiste reconnu de l'histoire d'Étrurie, se complaît dans un effacement et une pusillanimité qui le font passer aux yeux des siens pour un faible d'esprit. Son grand-oncle Auguste s'est inquiété de son avenir : « Nous devons prendre une fois pour toutes notre parti sur ce qui le regarde, pour ne plus nous en écarter. Car s'il a les qualités requises et, pour ainsi dire, universelles, il n'y a pas à balancer ; on doit le faire passer graduellement par les mêmes honneurs que son frère. Si, au contraire, nous le trouvons incapable et indigne, s'il ne jouit ni de la santé du corps ni de celle de l'esprit, il ne faut pas donner à rire de nous et de lui à ces mauvais plaisants qui tournent tout en jeu et moquerie[1]. » Les craintes d'Auguste se trouveront confirmées : « Il n'en fut pas moins le jouet de la cour. Arrivait-il trop tard pour souper, on ne le recevait qu'avec peine, après lui avoir laissé faire le tour de la table à la recherche d'une place. S'endormait-il après le repas, ce qui lui arrivait souvent, on lui lançait des noyaux d'olives et de dattes ; ou bien des bouffons se faisaient un jeu de le réveiller avec une férule ou un fouet. On lui mettait aussi des brodequins dans les mains lorsqu'il ronflait afin que, réveillé subitement, il s'en frottât le visage[2]. » Sa mère avait proclamé son regret de ne l'avoir pas « fini ». Régner ? Lui-même n'y veut pas songer.

Affolé par le meurtre de Caligula et voyant des prétoriens furieux courir dans tous les sens pour empêcher les esclaves de s'échapper, Claude se dissimule derrière une tapisserie. Un soldat isolé voit ses pieds en dépasser et le tire de là. Reconnaissant Claude, il le salue du titre d'empereur. Les prétoriens qui accourent aux nouvelles réagissent de même : ils le hissent sur une litière et, pour le mettre en lieu sûr, l'emmènent à leur caserne. On aime bien dans l'armée le seul frère survivant de Germanicus. On apprécie sa simplicité de mise et – qualités toutes militaires – le grand mangeur, le fort buveur, l'impénitent amateur de femmes. Outre une foule de maîtresses, il s'est marié plusieurs fois et n'a pas redouté d'épouser en dernier ressort une fille de quinze ans, Messaline, fort désirable par ailleurs et qui l'a aussitôt rendu père. Elle est sur le point de lui donner un second bébé, un fils que l'on appellera Britannicus.

Le lendemain de la mort de Caligula, la foule ameutée autour du Sénat se rallie au vœu de l'armée et fait de Claude un empereur.

A quatre ans, un enfant est en mesure de se souvenir. Je me rappelle de façon frappante un voyage accompli au

---
1. Lettre d'Auguste publiée par Suétone, *Vies des douzes Césars*, « Claude », I.
2. Suétone, *op. cit.*, « Claude », VIII.

même âge en compagnie de ma grand-mère. Il est infiniment probable que Néron ait gardé en mémoire l'accession au trône impérial de ce Claude autour duquel tournaient toutes les conversations et pareillement le souvenir de l'annonce qui, à grands cris, a dû lui être faite du retour à Rome de sa mère sur-le-champ amnistiée par le nouvel empereur. Comment le petit Néron eût-il pu oublier le jour où des inconnus étaient venus l'arracher à la tendre indulgence de sa tante Domitia Lepida ? De part et d'autre, comment n'aurait-on pas répandu de larmes ? Quand on est petit, les pleurs des grandes personnes paraissent si incongrues qu'elles marquent à jamais.

Si, comme la plupart des membres de la famille impériale, Domitia Lepida possède trois résidences, l'une à Rome, l'autre dans les environs pour fuir les chaleurs de l'été, la troisième à la campagne, on aura tendance à penser que c'est dans l'une ou l'autre des dernières que le petit Néron a vécu auprès de sa tante. Pour qu'il rejoigne sa mère, il aura donc fallu le transporter jusqu'à Rome.

Découvrir Rome à quatre ans ! Voici l'ancien Forum où l'on se presse toujours ; le nouveau qu'a ouvert Auguste aux confins de Suburre et sur lequel se dresse le sanctuaire voué à *Mars Ultor*[1]. Outre le temple de Vénus, voici côte à côte ceux de Saturne et de la Concorde, le tout cerné par les statues alignées d'Enée jusqu'à César ; les rues trop étroites où, entre des immeubles trop hauts et délabrés, piétine la plèbe ; les palais dans leurs jardins ; les thermes et les cirques ; les théâtres et les amphithéâtres ; le Capitole « où bat le cœur de la Rome impériale » ; le Palatin – l'une des sept collines – où, flanquée d'une administration impériale pléthorique, s'élève la demeure de l'empereur : « des étages de palais, des labyrinthes de salles et de couloirs[2] ». Certes l'enfant, porté en litière dans les bras d'une nourrice ou assis sur l'encolure d'un cheval, n'a pu concevoir qu'il s'agissait

---

1. Mars vengeur.
2. Pierre Grimal, *A la recherche de l'Italie antique* (1961).

de merveilles mais – on ne peut en douter – son regard les a enregistrées.

C'est sur le Palatin que l'on porte Néron. Sa mère Agrippine vient de regagner la demeure qu'elle y possède, laissée vacante durant son exil.

En cette même année 41, pour quelle raison, à peine devenu empereur, Claude va-t-il signer un édit expulsant les juifs de Rome ? Cette précipitation s'explique mal.

Dans l'*Urbs,* les anciennes inscriptions permettent d'identifier onze synagogues. Philon d'Alexandrie, rencontrant ses frères juifs à Rome, les montre nombreux dans le quartier du Trastevere. Les mentions que l'on a découvertes dans la plus ancienne des catacombes juives, celle de Monteverde, semblent prouver que les juifs de Rome parlaient en majorité le grec et le latin. Philon les situe à tous les niveaux de la société romaine, les plus nombreux se rencontrant dans la plèbe et exerçant de petits métiers : artisans, boutiquiers, colporteurs, ouvriers sur le port, voire simples vendeurs d'allumettes soufrées. Charles Perrot, spécialiste reconnu du sujet, voit dans leurs inscriptions funéraires « souvent pleines de fautes d'orthographe » la preuve qu'ils étaient « financièrement et culturellement pauvres[1] ». Ce qui ne diminue en rien leur attachement à Rome qu'ils considèrent comme « leur » ville. En l'an 4 av. J.-C., à la mort d'Hérode le Grand, huit mille juifs romains ont supplié Auguste de prendre personnellement le contrôle de la Palestine plutôt que de l'abandonner à la famille hérodienne : on doit en croire Flavius Josèphe.

Expulser des juifs si parfaitement intégrés conduit à se priver délibérément d'une main-d'œuvre dévouée et compétente. La postérité n'aurait pu se l'expliquer si elle n'avait reçu l'appui éclairé d'un historien, ce Suétone déjà rencontré par le lecteur. Dans son ouvrage *Vies des douze Césars,*

---

1. Charles Perrot, « Les communautés juives de Rome » et « La Diaspora juive de Rome » in *Aux origines du christianisme* (2000).

il énumère les entreprises et les actions de Claude. Parmi celles-ci, deux lignes seulement mais qui prennent une valeur incommensurable : « Il chassa de Rome les juifs, qui excitaient des troubles à l'instigation de Chrestus. »

Le lecteur doit se convaincre que l'information de l'historien latin, fils d'un chevalier qui fut tribun militaire, est de premier ordre, ses fonctions l'ont placé dans l'intimité de l'empereur Trajan : il y fut *a studiis* puis *a bibliothecis*. Lors de l'avènement d'Hadrien, le voici *ab epistulis*, donc responsable de la correspondance de l'empereur. Homme d'étude, il s'est toute sa vie adonné à des recherches érudites. Imposante est la liste de ses œuvres dont la plupart ne nous sont malheureusement pas parvenues[1]. Il passe aisément – on dirait allégrement – de la littérature à l'histoire, d'exposés sur la vie quotidienne à d'autres sur les institutions. Toujours il fait état de ses sources : les auteurs l'ayant précédé dans l'étude du sujet – Actorius Naso, Julius Saturninus, Aquilius Niger, Julius Marathus, C. Drusus – mais surtout les archives impériales auxquelles, en permanence, il a accès. D'elles proviennent les lettres autographes d'Auguste, les testaments de César, d'Auguste et de Tibère qu'il cite en décrivant même l'aspect matériel des documents. Il puise largement dans les informations de première main que sont les *Actes du Sénat* interdits de publication par Auguste mais accessibles aux chercheurs tels que lui. Il en est de même du *Journal du peuple* où se trouvent consignées les affaires publiques, celles des notoriétés de l'Etat et de la famille impériale. Ce qui permet à M. Jacques Gascou, analyste de son œuvre, d'estimer que la compréhension de la société romaine par Suétone est supérieure à celle de Tacite « et l'emporte même souvent sur Dion Cassius lui-même, historien de l'époque impériale le plus attentif à la politique

---

1. Entre autres : *Les Jeux des Grecs* ; *Les Jeux publics des Romains* ; *L'Année romaine* ; *Les Usages et mœurs des Romains* ; *Le Costume des Romains* ; *Les Mots injurieux* ; *Les Signes abréviatifs* ; *Sur la république de Cicéron* ; *Variétés* (De Rebus variis).

administrative des empereurs ». Il en est de même pour tout ce qui concerne les spectacles, les distributions de vivres ou d'argent, l'urbanisme. Même s'il s'agit de graffiti, il tient à la citation littérale.

C'est donc à un auteur infiniment crédible que nous devons la première allusion d'origine romaine au christianisme : « Les juifs qui excitaient des troubles, à l'instigation de Chrestus. »

Qui voudrait croire que le nom *Chrestus* puisse désigner quelqu'un d'autre que le Christ ? En 41, Jésus est mort depuis onze ans. Les informateurs de Claude ont dû entendre parler de « gens de Chrestus » et en ont déduit – un peu vite – que le principal meneur, un certain Chrestus, se trouvait à Rome. L'agitation en question marque sans doute le moment où des juifs de Rome devenus chrétiens, supportés jusque-là, commencent à faire naître l'irritation de leurs frères attachés à la tradition : on trouve ailleurs de semblables difficultés.

Il n'est rien qu'un empereur romain ait détesté plus que le désordre, celui de la rue surtout. Sans doute a-t-on signalé à Claude que les troubles se renouvelaient par trop, et même s'aggravaient, pour qu'il se décidât à signer l'édit d'expulsion.

CHAPITRE III

L'Épître aux Romains

D'Antioche, métropole grecque implantée au nord de la Syrie, Ammien Marcellin, contemporain enthousiaste de sa gloire, voit sans hésitation « la perle de l'Orient ». Troisième ville du monde romain selon Flavius Josèphe – les deux autres étant Rome et Alexandrie –, elle suscite au Ier siècle les rêves discordants de l'Empire tout entier. Sa réputation se confirmera jusqu'aux IIIe et IVe siècles. Jugez-en : 500 000 habitants ; un ensemble bâti qui s'étend du fleuve Oronte jusqu'aux pentes du mont Silpios. Des rues innombrables serpentant parmi des collines, des ravins, des rochers, des torrents. Une avenue longue de 4 kilomètres où des gens toujours pressés se bousculent. Au sein du faubourg de Daphné renommé pour sa fraîcheur et ses sources, un oracle fameux attire les foules. Toute l'année, la ville est en fête, multipliant cortèges et spectacles parmi lesquels les courses de char ne sont pas les moindres. Un luxe provocant. Tous les genres de prostitution, une immoralité extrême censurée par Juvénal : « Des êtres corrompus, une pourriture séculaire. » Il faut donner la parole à Renan : « Toutes les folies de l'Orient, les superstitions les plus malsaines, le fanatisme de l'orgie. » On comprend assez que les légions que l'on y envoie en quartiers d'hiver en sortent, dit-on, « amollies ».

Contraste presque unique dans l'histoire : d'une telle ville le christianisme va prendre l'élan qui l'imposera au monde.

« Allez, enseignez toutes les nations ! » Ces paroles de Jésus ressuscité s'adressant aux apôtres, Matthieu les situe en Galilée. S'agit-il d'un souhait ? D'une incitation ? Bien davantage : d'un ordre.

On voudrait croire que c'est en lisant les évangiles que les premiers chrétiens l'ont entendu. Ne nous leurrons pas : quand la foi nouvelle confirme son expansion, les évangiles sont loin d'être encore rédigés. Les premiers chrétiens ont connu l'injonction de Jésus par une tradition orale omniprésente dès après sa mort. Enseigner : tout prouve que, dans les années 30, ils l'ont fait avec les différences tenant à leur formation antérieure autant qu'à leur origine sociale. Ce à quoi il faut ajouter le plus important : la foi ardente qui les habite.

Après les persécutions conduites férocement par Paul, qui ont suivi la mort d'Etienne, le Tarsiote s'est mis en route pour Damas où étaient signalés des chrétiens qu'il fallait, pensait-on, mettre à la raison. Au moment où Paul approche de la ville, une lumière violente le jette à terre. On le relève presque sans vie.

A Damas, ayant repris ses sens et reçu en toute lucidité le baptême chrétien, il prend conscience que, Jésus ressuscité une dernière fois pour lui seul, lui a confié une mission dont Luc a, de sa bouche, recueilli les perspectives inouïes. « Voici pourquoi en effet je te suis apparu, aurait dit le Nazaréen : je t'ai destiné à être serviteur et témoin de la vision où tu viens de me voir, ainsi que des visions où je t'apparaîtrai encore. Je te délivre déjà du peuple et des nations païennes vers qui je t'envoie pour leur ouvrir les yeux, les détourner des ténèbres vers la lumière, de l'empire de Satan vers Dieu, afin qu'ils reçoivent le pardon des péchés et une part d'héritage avec les sanctifiés, par la foi en moi[1]. » Paul dira et redira que Jésus, à Damas, était auprès de lui : « En tout

---

1. Ac, XXVI, 16-18.

dernier lieu, il m'est aussi apparu à moi, l'avorton[1]. » « N'ai-je pas vu Jésus, Notre Seigneur[2] ? » Il ne doutera plus : « Si quelqu'un est en Christ, il est une nouvelle créature. Le monde ancien est passé, voici qu'une réalité nouvelle est là[3]. »

Long, infiniment long, le périple de Paul. De Damas il passe en Arabie où, sans que nul sache ce qu'il y a fait, il séjourne pendant trois années au terme desquelles il se rend à Jérusalem dans le but de s'enquérir, auprès de Pierre et Jacques, de la vie terrestre de ce Jésus dont il ignore tout. Les apôtres l'accueillent sans empressement mais, durant quinze jours, répondent à ses questions. Un certain Barnabé, cypriote d'origine, se prend d'intérêt pour ce personnage peu banal. D'autres, reconnaissant le persécuteur, veulent le mettre à mort. Il repart pour Tarse auprès des siens. Là, Barnabé viendra le quérir pour l'emmener, quasiment de force, à Antioche.

Pourquoi Antioche ? Après le martyre d'Etienne, la plupart des hellénistes de Jérusalem s'y sont réfugiés. Un foyer de vie chrétienne s'y est organisé dont la piété et la solidarité exemplaires ont frappé les païens, majoritairement zélateurs des dieux romains et grecs. La nouvelle communauté a désigné pour la diriger un groupe de cinq hommes, dont Barnabé. La tâche s'accroissant à mesure de nouvelles conversions, le Cypriote a songé à recruter ce Saul dont, à Jérusalem, la foi lui était apparue vive.

« C'est à Antioche, précise Luc, que, pour la première fois, le nom de chrétiens fut donné aux disciples[4]. » *Christianos* est à l'évidence inspiré de *Christos*. Ce sont des non-chrétiens qui ont forgé le vocable. Peut-être par dérision.

Il faudra une année pour que la communauté, longtemps réservée quant à l'attitude à prendre à l'égard du « persécuteur » Paul, en vienne à une totale confiance. Sur la liste

---

1. 1 Co, XV, 8.
2. 1 Co, IX, 1.
3. 2 Co, V, 17.
4. Ac, XI, 26.

des cinq principaux dirigeants de la communauté chrétienne d'Antioche où Barnabé a droit à la première place, on voit apparaître le nom de Paul. En dernier.

C'est le temps où l'on constate qu'un petit nombre de non-juifs, Romains ou Grecs – peut-être las de leur ribambelle de dieux –, cherchent à la synagogue ce Dieu unique dont le renom est venu jusqu'à eux. Flavius Josèphe s'étonne du « nombre de Grecs qu'ils [les juifs] attiraient à leurs cérémonies religieuses », faisant « d'eux en quelque sorte une partie de leur communauté ». Josèphe n'est pas seul en son genre : à ces gens, désignés comme des « craignant-Dieu » – on eût mieux fait de parler d'« espérant-Dieu » –, certains chrétiens s'intéressent également : vont-ils se faire juifs sans être informés de l'existence de Jésus ? D'autres s'inquiètent : qu'adviendra-t-il si des païens réclament le baptême ? Les uns, comme Pierre, tiennent pour que l'on obtempère sans discussion ; d'autres préconisent que les convertis se fassent juifs avant que d'être baptisés. La distinction n'est nullement abstraite : se faire juif avant d'aller au baptême, c'est accepter la circoncision, ce qui risque d'éloigner beaucoup d'adultes. Paul est de ceux qui préconisent le baptême sans conversion au judaïsme. Le débat fait rage mais s'éternise.

Selon les Actes des Apôtres, une vision vient mettre fin au conflit. Elle ordonne que, sans tarder, l'on fasse connaître Jésus aux païens. Barnabé et Paul décident d'obéir.

En 45, ils s'embarquent pour Chypre où, très vite, ils comprennent que, pour affronter les premiers païens, il leur faut passer par la synagogue et, de ce fait, poursuivre l'évangélisation de leurs frères juifs. D'emblée, une tactique est mise au point : à peine ont-ils gagné une agglomération où l'on dénombre des juifs et, attendant le jour du sabbat, ils se présentent à la synagogue. Une tradition séculaire veut que l'on y donne la parole aux juifs qui pérégrinent ; on leur demande simplement de commenter la Torah. Ce que font sans difficulté Barnabé et Paul. Au moment où l'on croit leur discours achevé, ils ne manquent pas de faire connaître que Dieu a envoyé au peuple élu le Messie annoncé par les

Ecritures. Ce qui déchaîne, le plus souvent, un beau scandale. Certains quelquefois veulent en apprendre davantage. Rarement en découlera une conversion mais, pour l'instant, ils s'émerveillent d'en obtenir une seule.

Vont-ils regagner Antioche pour rendre compte ? Il leur en faut plus. Ils s'embarquent à Paphos pour Attaleia – aujourd'hui la ville turque d'Antalya – et, s'élevant vers le nord, s'enfoncent à travers l'Anatolie.

A Antioche de Pisidie, en plein pays galate, la « méthode » semble pour la première fois donner les fruits espérés. Aux premières paroles de Paul et Barnabé, on ne les jette pas dehors. Même, on leur propose de revenir sur leurs révélations lors du prochain sabbat. La rumeur répandue dans le pays attire dans la synagogue, la semaine suivante, non seulement des juifs mais une clientèle adepte de la religion locale ou relativement convertie aux dieux de l'Olympe. Chacun se montre avide d'en savoir plus sur le personnage mystérieux dont il est question. Quand Paul et Barnabé quitteront les lieux, ils pourront certes s'enorgueillir d'avoir converti des juifs, mais aussi – et surtout – d'avoir rallié des païens à Jésus. Ce qu'ils ont voulu, vécu, subi, perdu, gagné, je l'ai conté dans un autre livre[1].

La conquête s'est poursuivie en dépit des pires obstacles levés sur le passage des deux hommes : Paul est flagellé et survit même à une lapidation. L'un et l'autre veulent l'oublier dans l'espoir que les traces laissées par leur prédication ne s'effaceront pas.

A leur retour à Antioche, en 49, c'est avec passion que l'on écoute le récit de leurs conversions. Las ! Les points de vue quant à l'attitude à tenir relativement aux païens s'affrontent toujours. Une scission pourrait marquer la fin d'un immense espoir. Pourquoi ne pas interroger l'Eglise de Jérusalem alors conduite par Pierre et Jacques ? Une délégation se met en route. A sa tête : Paul et Barnabé.

---

1. *L'Avorton de Dieu, une vie de saint Paul* (2003).

Est-ce après l'évasion de Pierre de sa prison que Jacques, au sein de la communauté chrétienne de Jérusalem, est devenu le responsable du rang le plus élevé ? Si l'on veut en savoir davantage sur Jacques, frère du Seigneur, c'est à l'*Histoire ecclésiastique* d'Eusèbe de Césarée – la plus ancienne de la chrétienté – qu'il faut s'adresser. Pierre et Jean se seraient effacés au profit de Jacques. Tout ce qui concerne la direction de l'Eglise de Jérusalem relève désormais de lui. Président le collège des anciens, il est aussi l'héritier des pouvoirs apostoliques de Pierre. L'Eglise de la ville relève, sur le plan spirituel, de trois colonnes qui ont nom : Jacques, Pierre et Jean. En un temps où l'ordre des appellations comporte une signification, Jacques est cité le premier.

Pour connaître plus intimement le personnage, il faut s'en rapporter à Hégésippe, chrétien du IIe siècle qui s'est donné pour tâche – félicitons-nous – de collationner les informations sur le premier âge de l'Eglise : « Cet homme fut sanctifié dès le sein de sa mère ; il ne but ni vin, ni boisson enivrante ; il ne mangea rien qui eût vécu ; le rasoir ne passa pas sur sa tête ; il ne s'oignit pas d'huile et ne prit pas de bains. A lui seul, il était permis d'entrer dans le sanctuaire car il ne portait pas de vêtement de laine, mais de lin. Il entrait seul dans le Temple et il s'y tenait à genoux, demandant pardon pour le peuple, si bien que ses genoux s'étaient endurcis comme ceux d'un chameau. [...] A cause de son éminente justice, on l'appelait le Juste et Oblias, ce qui signifie en grec rempart du peuple et justice, ainsi que les prophètes le montrent à son sujet[1]. » Dans l'Epître aux Galates, Paul considère Jacques comme le « chef des Hébreux ». Jacques incarne le principe du judéo-chrétien qui, croyant pleinement à la divinité de Jésus, ne veut pour autant rien abdiquer des pratiques de la loi juive.

On ne sait rien du lieu, à Jérusalem, où s'est déroulée la rencontre que certains voudront dénommer – pompeusement

---

1. Cité dans Eusèbe, *Histoire ecclésiastique*, II, 23, 5-7.

et à tort – « concile » ni où elle s'est tenue : il faut naturellement exclure le Temple. On peut croire à une certaine solennité dans l'accueil et, du côté des visiteurs, à de l'émotion mêlée d'inquiétude.

C'est devant Jacques, assisté pour l'occasion de Pierre et de Jean, que sont introduits Paul et Barnabé. Ils exposent avec chaleur leur point de vue : comment aurait-il pu en être autrement ? La discussion se prolonge. Les « colonnes » hésitent.

Barnabé et Paul plaident et plaident encore. Dans le camp opposé, on ne s'étonnera guère que Pierre soit le premier à faiblir.

– Pourquoi provoquer Dieu en imposant à la nuque des disciples un joug que ni nos pères ni nous-mêmes n'avons été capables de porter...

Paul et Barnabé en profitent pour exposer fougueusement « les signes et les prodiges que Dieu, par leur intermédiaire, avaient accomplis chez les païens ». Cela dure. A son tour, Jacques se prononce :

– Je suis d'avis de ne pas accumuler les obstacles devant ceux des païens qui se tournent vers Dieu.

Ecrivant bien des années après, Paul se souviendra de l'opposition qui s'est fait jour à Jérusalem parmi les judéo-chrétiens qui entouraient Pierre, Jean et Jacques : « A ces gens-là nous ne nous sommes pas soumis, même pour une concession momentanée. » Sa thèse l'a emporté peu à peu : « Ils virent que l'évangélisation des incirconcis m'avait été confiée, comme à Pierre celle des circoncis. » La scène finale ne peut qu'impressionner : « Reconnaissant la grâce qui m'a été donnée, Jacques, Céphas [Pierre] et Jean, considérés comme des colonnes, nous donnèrent la main, à moi et à Barnabé, en signe de communion, afin que nous allions, nous vers les païens, eux vers les circoncis[1]. »

Peut-être existe-t-il de la part de Paul quelque triompha-

---

1. Ga, II, 9.

lisme. Il prend pour un succès définitif ce qui signifie plutôt une simple tolérance accordée à une minorité considérée comme peu dangereuse.

Quand Barnabé et Paul regagnent Antioche, ils peuvent brandir un message *écrit* de l'Eglise de Jérusalem destiné aux païens qui aspirent à se faire chrétiens : « L'Esprit Saint et nous-mêmes, nous avons en effet décidé de ne pas vous imposer aucune autre charge que ces exigences inévitables : vous abstenir des viandes de sacrifices païens, du sang des animaux étouffés et de l'immoralité. Si vous évitez tout cela avec soin, vous aurez bien agi. Adieu[1] ! » C'est là, pour les païens convertis – les pagano-chrétiens –, « encouragement et soutien ».

Avec les craignant-Dieu, on s'empresse désormais de faire table commune. Tout prend plus de poids encore quand, sans s'être apparemment annoncé, Pierre les rejoint. Quelle joie quand, sans se faire prier, on le voit s'asseoir à la table des païens ! Il ne s'agit pas d'une simple bonne manière : on ne s'installe pas à ces tables dans le seul but de se nourrir mais – en mémoire du dernier repas de Jésus – pour s'y unir par la prière. Il en a été ainsi dès les premiers jours de l'existence de la communauté de Jérusalem.

Aucun argument de distance ne peut empêcher l'information de rejoindre Jérusalem. Quoi ! choisi par Jésus lui-même, Pierre partage la table des païens ! C'en est trop. L'Eglise mère réagit. Les messagers expédiés à Antioche parlent rudement. A ce point que Pierre vacille et se range – assez piteusement – aux objurgations qui lui sont présentées. C'est là plus que Paul n'en peut supporter. Il écrira : « Je me suis opposé à lui ouvertement, car il s'était mis dans son tort. En effet, avant que soient venus les gens envoyés par Jacques, il prenait ses repas avec les païens ; mais, après leur arrivée, il se mit à se dérober et se tint à l'écart, par crainte des circoncis[2]. »

---

1. Ac, XV, 28, 29. La lettre est présentée par Luc comme un document d'archives.
2. Ga, II, 11, 12.

La colère de Paul s'accroît de la désertion de pagano-chrétiens ébranlés par l'attitude du chef des apôtres. Ce qui le frappe douloureusement, c'est le comportement de Barnabé, son compagnon, son frère : « Barnabé lui-même fut entraîné dans ce double jeu ! » Tout au long de sa vie, Paul se souviendra de l'affreuse algarade qui l'a opposé à Pierre : « Je dis à Céphas devant tout le monde : "Si toi qui es juif, tu vis à la manière des païens et non à la juive, comment peux-tu contraindre les païens à se comporter en juifs ?" Nous sommes, nous, des juifs de naissance et non pas des païens, ces pécheurs[1] ! »

Il lui a crié :

— Nous savons cependant que l'homme n'est pas justifié par les œuvres de la loi, mais seulement par la foi de Jésus Christ ; nous avons cru, nous aussi, en Jésus Christ, afin d'être justifiés par la foi du Christ et non par les œuvres de la loi car, par les œuvres de la loi, *personne ne sera justifié*[2] !

La conduite de Pierre pourrait s'expliquer par la découverte d'un fort courant traditionaliste parmi les chrétiens d'Antioche. S'il a voulu sauvegarder le lien entre le judéo-christianisme et le christianisme hellénistique, il y est parvenu. Cette obsession de sa part se reflète dans la place considérable – voire prépondérante – que Matthieu lui réservera dans son évangile. Paul n'en hâte pas moins son départ pour un deuxième voyage déjà projeté. Sans Barnabé.

La tradition locale atteste de la présence durable de Pierre à Antioche. Pour Origène, célèbre Père de l'Eglise, il a été évêque d'Antioche pendant sept ans. Ce que confirmera Eusèbe de Césarée qui fait de lui le fondateur de l'Eglise d'Antioche et le premier évêque de cette ville.

On montre toujours à Antioche, vers la frontière syrienne, à 3 kilomètres du centre ville, une grotte où demeure la trace de chrétiens des premiers temps. Elle se nomme la « grotte de saint Pierre ».

---

1. Ga, II, 14, 15.
2. Ga, II, 16.

Dès lors que l'on constate, dans la plupart des lieux où l'on enseigne la doctrine du Christ, un accroissement régulier du nombre des convertis, deux questions traversent l'esprit. La première : pour quelle raison – ou quelles raisons – ont-ils voulu se faire chrétiens ? « On devient, on ne naît pas chrétien », dira Tertullien. La seconde, justement : comment se fait-on reconnaître chrétien ? Pour les juifs convertis, pas de problème : ils ont acquis la conviction que Jésus était bien le Messie et n'ont eu besoin de rien d'autre. Quant à l'adhésion des païens à la chrétienté, elle peut trouver son origine dans l'écoute d'un prédicateur éloquent aussi bien que dans l'observation d'un voisin ne ressemblant pas aux autres. Elle peut découler du spectacle d'une chrétienne ou d'un chrétien martyrisés et de leur comportement presque toujours héroïque. Ce à quoi s'ajoute, ne l'oublions pas, le sentiment de l'usure du paganisme. Il n'a pas frappé seulement les craignant-Dieu.

Le plus important semble avoir été l'exemplarité. D'entendre les chrétiens s'interpeller entre eux du nom de *frère* ou *sœur* ne manque pas de frapper les païens. Ceux-là même qui se moquent ne contestent pas l'intégrité de la vie quotidienne de ceux qu'ils découvrent. Peregrinus, héros d'un roman du très sceptique Lucien de Samosate, remarque l'importance que les fidèles de Jésus attachent aux « Livres sacrés ». Il les voit imprégnés de compassion pour autrui et pratiquant l'entraide au-delà de ce qui se fait ailleurs. Il s'étonne de la fraternité qui les unit, de leur mépris pour l'argent et de la certitude où ils sont de vivre éternellement mais il les plaint, pauvres naïfs, de s'être laissés égarer.

Le célèbre médecin Galien, lui, jette sur eux un regard clinique : « La plupart des gens, écrit-il, ne peuvent suivre une démonstration avec une attention soutenue, voilà pourquoi il est besoin qu'on leur serve des paraboles. C'est ainsi que, de notre temps, nous avons vu ces hommes qu'on appelle chrétiens tirer foi des paraboles. Cependant ils agissent de temps en temps comme de véritables philosophes. Leur mépris de la mort, nous l'avons à vrai dire sous les yeux. [...] Il y en a aussi qui, pour la direction, la discipline de l'âme et une rigoureuse application au monde, se sont avancés assez loin pour ne pas le céder en rien aux vrais philosophes[1]. »

Dignité, intransigeance, pureté des mœurs, fraternité – « voyez comme ils s'aiment ! » –, c'est là ce qui a frappé de nombreux païens et les a entraînés vers ces chrétiens jusqu'à se convertir eux-mêmes.

Un chercheur, Vittorio Fusco, s'est appliqué à isoler dans les textes les formules pratiquées le plus souvent, en s'abordant, par les chrétiens des deux premiers siècles :

– *Christ est mort pour nous.*

Ou bien :

– *Christ est mort pour nos péchés.*

Ou encore :

– *Christ est mort pour tous.*

S'échangent aussi questions et réponses :

– Jésus !
– *Dieu l'a ressuscité des morts.*
– Jésus !
– *Jésus est Seigneur.*
– Jésus !
– *Il m'a aimé et s'est livré pour nous.*
– Jésus !
– *Un seul est Dieu, un seul est Seigneur*[2].

Je redoute ici que le lecteur manifeste quelque incrédulité : cette peinture des premiers chrétiens n'est-elle pas trop idyllique ? Qu'il se rassure, je suis de son avis. Ces témoignages m'impressionnent sans me convaincre. Ils font preuve d'une perfection qui n'était pas, loin de là, le fait de tous. Le spectacle d'une fraternité vécue par les chrétiens est d'évidence à l'origine de la conversion de Tertullien :

---

1. Cité par A. Hamman, *La Vie quotidienne des premiers chrétiens* (1979).
2. Vittorio Fusco, *Les Premières Communautés chrétiennes, Traditions et tendances dans le christianisme des origines* (2001).

pour s'en convaincre, il n'est que de lire *l'Apologétique,* son premier livre. Mais Tertullien est Tertullien.

Comment les premiers chrétiens auraient-ils pu tous rester à l'abri des faiblesses humaines ? Sans doute faudrait-il aussi différencier les communautés villageoises qui vivent sous le regard de tous et les citadins qui peuvent passer inaperçus. En ville, les fidèles de Jésus s'efforcent d'être loyaux envers la cité, n'affichent aucune coutume offensante, se vêtent des mêmes toges et s'expriment en latin ou en grec. Ils n'en suscitent pas moins des antipathies profondes, des haines en quelque sorte « racistes ». Celles-ci seront en grande partie responsables des accusations fallacieuses à l'origine des persécutions sanglantes : incestes devenus réglementaires ; enfants égorgés rituellement pour être mangés aux repas de fête de la secte. Il n'est pas exclu que la formule : « Ceci est mon corps, ceci est mon sang » ait, mal comprise, suggéré le soupçon de cannibalisme. De même que le baiser de paix pratiqué entre *frères* et *sœurs* dans les assemblées ait pu faire naître l'accusation d'inceste. La lettre attribuée à Irénée sur le martyre des chrétiens de Lyon est révélatrice d'un tel état d'esprit : « Nous faisions des repas dignes de Thyeste[1] ; nous étions des incestueux comme Œdipe. »

Cet ostracisme peut s'expliquer : les chrétiens citadins restent à l'écart, ne se mêlent jamais – et pour cause – aux rites du culte romain. Leurs certitudes trop affirmées sont prises pour de l'arrogance. En cherchant les raisons de la réprobation générale qui a accablé les chrétiens après l'incendie de Rome, les historiens latins signalent le refus de prier les dieux de l'Olympe ; ils se croient supérieurs ; ils pratiquent des mœurs infâmes et haïssent l'humanité tout entière.

La conversion au christianisme doit être appuyée d'un acte de foi dont la sincérité fera l'objet d'un examen. Si celui-ci est favorable, le candidat – *catéchumène* – recevra

---

1. Dans la mythologie, Thyeste séduit l'épouse de son jumeau Atrée.

l'instruction nécessaire pour être admis parmi les chrétiens. la *Didachè* ou *Doctrine des douze apôtres*, compilation de divers textes du Ier siècle, nous informe sur les obligations auxquelles le catéchumène doit consentir : « Il y a deux chemins, l'un de la vie, l'autre de la mort. Entre les deux existe une grande différence.

« Le chemin de la vie, le voici. Premier commandement : tu aimeras Dieu qui t'a créé, puis tu aimeras ton prochain comme toi-même, et ce que tu ne veux pas qui te soit fait, toi non plus tu ne le feras pas à autrui.

« Tu ne seras point adultère ; tu ne souilleras pas de jeunes garçons ; tu ne commettras ni fornication, ni vol, ni envoûtement, ni emprisonnement ; tu ne tueras point d'enfants par avortement ou après la naissance ; tu ne désireras pas les biens de ton prochain ; tu ne te parjureras pas, et tu ne porteras pas de faux témoignages ; tu ne médiras pas et tu ne garderas pas de rancune.

« Tu n'auras pas deux manières de penser, ni de parler, car duplicité est piège de mort ; ta parole ne sera ni menteuse ni vaine, mais efficace. Tu ne seras ni avare, ni rapace, ni hypocrite, ni cruel, ni orgueilleux et tu ne formeras pas de mauvais desseins contre ton prochain. Tu ne dois haïr personne, mais tu dois édifier les uns, prier pour eux et, quant aux autres, les aimer plus que ta vie[1]. »

Quand le catéchumène démontre qu'il est prêt à admettre de telles règles de vie et à se les appliquer à lui-même, il peut recevoir le baptême. Dès les premières années, l'Eglise se veut héritière de Jean le Baptiste :

« Baptisez dans l'eau vive. Si vous n'avez pas d'eau vive, baptisez dans une autre eau, et si vous ne pouvez le faire dans l'eau froide, baptisez dans l'eau chaude. Si vous n'avez ni de l'une ni de l'autre, versez par trois fois de l'eau sur la tête, au nom du Père, du Fils et du Saint Esprit[2]. »

Comme on voit, la préférence est donnée à un fleuve ou

---

1. 1 *Didachè*, I, II.
2. 1 *Didachè*, VII.

une rivière : toujours le Baptiste. On appréciera le dédain accordé à l'eau chaude.

Le christianisme a-t-il voulu être une morale ? Voulu, non, mais il le fut sous un aspect si neuf qu'il a pu troubler bien des néophytes. Non seulement on commande au chrétien de vivre selon les préceptes de Jésus, mais on l'incite, autant que faire se peut, à lui ressembler. On ne peut que se rallier au commentaire de Daniel-Rops : « Il n'est aucun des principes de la morale qui ne se trouve ainsi transfiguré par l'idée d'une surnaturelle ressemblance [1]. »

Révélatrices, les règles données par Paul : « Soyez purs, parce que vos corps sont les membres mêmes du Christ » ; « Soyez généreux comme le Christ qui a tout donné, même sa vie » ; « Oubliez-vous vous-même, comme celui qui, étant Dieu, s'est incarné sous l'humble forme de l'homme » ; « Maris, aimez vos femmes comme le Christ a aimé l'Eglise. »

Quand on constate que les chrétiennes sont honorées parce qu'elles renoncent au mariage pour se donner au Seigneur, on peut à bon droit évoquer les Vestales de Rome aussi bien que la virginité louée, en Palestine, chez les Esséniens et les Nazirs. A Antioche où l'on vénère les vierges, Cyprien les proclame « couronnes de l'Eglise » et Origène s'exalte : « Un corps immaculé, voilà l'hostie vivante agréable à Dieu ! » Une femme mariée et fidèle ne le serait donc pas ?

Bien plus que la virginité, choix de quelques-unes, c'est le sens neuf donné au mariage qui touche les femmes de ce temps. La primauté donnée par le christianisme à un mariage préconisant la fidélité entre époux n'a pu que leur paraître enviable.

Comment les classes les plus humbles n'écouteraient-elles pas avec faveur un langage qui aboutit à une sorte d'égalité où peuvent se retrouver un noble, un plébéien et – extraordinaire nouveauté – un esclave ?

---

1. *L'Eglise des apôtres et des martyrs* (1948).

Parcourant de nouveau la région abordée lors de son premier voyage, Paul a pu y constater – ô bonheur – la persistance de la foi chrétienne chez « ses » convertis. Aux côtés de Marc, son nouveau compagnon, il marche – tous ces voyages se font à pied – vers l'actuelle Ankara, gagne Pergame puis Troas. Traversant la mer Egée, il passe en Macédoine, donc en Europe. Il va y mettre en place de nouvelles communautés : à Philippes, Thessalonique, Bérée, Corinthe.

Dans cette dernière ville – la plus considérable qu'il ait connue à l'exception d'Antioche –, est-ce sur l'agora aux bâtiments couverts de marbre parmi une foule qui semble ne prendre de repos ni de jour ni de nuit, qu'il se convainc d'avoir trouvé un terrain favorable à sa mission ? Il y demeure dix-huit mois. Aux Corinthiens il adressera deux longues épîtres dans lesquelles se retrouveront les conseils et prescriptions qui donneront une structure à l'enseignement de Jésus : « Beaucoup de Corinthiens, en écoutant Paul, devenaient croyants et recevaient le baptême [1]. »

Les vingt et une lettres de l'apôtre Paul – les fameuses Epîtres – sont, sans discussion possible, les documents chrétiens les plus anciens. La première est datée de 50 ou du début de 51. Pour comprendre l'évolution du christianisme, l'ensemble est incomparable. Toutes ces lettres, Paul les a dictées. Pour tenir en haleine, en Asie comme en Europe, les communautés chrétiennes mises en place par lui, il leur écrit. Ainsi sont nées les Epîtres aux Corinthiens, aux Galates, aux Ephésiens, aux Philippiens, aux Colossiens, aux Thessaloniciens.

La pensée de ce petit homme chauve et barbu va trop vite pour qu'il se hasarde à écrire lui-même. Toujours pressé, il lui faut économiser son temps. Il ne fait exception que pour rendre une idée plus forte ; il lui advient alors d'ajouter au bas du texte dicté quelques lignes de sa main. Convaincre est pour lui impératif.

---

1. Ac, XVIII, 8.

Concentré à la fois et bouillant, on l'imagine allant de long en large et si sûr d'avoir raison que l'un de ses meilleurs commentateurs le dépeint ainsi : « Il vibre, s'échauffe, pense à mille choses à la fois, élargit le sens des mots. » Parfois même il se perd en chemin, « laissant l'adversaire désemparé sinon convaincu [1] ».

En ce temps, écrire est un métier. Pour devenir scribe, il faut accomplir de longues études, apprendre à user, si nécessaire, de tablettes de cire ; se servir plutôt d'un interminable rouleau, large de vingt à quarante centimètres, composé soit de papyrus, soit de parchemin. Comme ces deux matériaux sont coûteux – le parchemin plus que le papyrus –, le scribe utilise chaque face. Il fabrique lui-même ses encres, taille ses plumes dans du jonc ou du roseau. Michel Quesnel, spécialiste respecté de ce sujet, nous apprend que cet attirail permettait d'écrire en moyenne soixante-douze mots à l'heure [2]. A la fin des Epîtres, le scripteur s'autorise à ajouter son propre nom et même en profite pour adresser au destinataire un message personnel. Dans certains textes, Paul se reprend : *Ah si !*, liberté peu commune dans la littérature antique mais explicable : le coût du parchemin n'incite pas à recommencer un passage entier.

Les soixante-douze mots à l'heure n'obligent pas le scribe à se faire aussi sténographe. Il en aurait eu les moyens : on a retrouvé à Murabba'at, en Palestine, un manuscrit du IIe siècle couvert de signes sténographiques autorisant à croire à la possibilité d'une écriture abrégée [3].

A l'automne 52, après un séjour de six mois à Antioche, Paul se propose de poursuivre à Ephèse l'œuvre si bien inaugurée ailleurs. A peine est-il installé dans la ville et, pour un motif que l'on connaît mal, on le jette en prison. De sa cellule, il garde tendus les fils avec ses chrétiens : c'est là qu'il

---

1. F. Amiot, *L'Enseignement de Paul* (1988).
2. *Histoire des Evangiles* (1987).
3. Daniel Marguerat : « Les lettres de Paul. Une théologie en dialogue avec son temps » in *Les Premiers Temps de l'Eglise* (2004).

L'Epître aux Romains

rédige l'Epître aux Colossiens, communauté située en Phrygie. Ses lettres portent le poids de sa captivité : « Oui, moi, Paul qui suis un vieillard, moi qui suis maintenant prisonnier de Jésus Christ[1]. » Ou encore : « La salutation de ma main, à moi Paul, la voici. Souvenez-vous de mes chaînes. »

Ce qui l'affecte bien plus que la prison, c'est de savoir d'autres chrétiens s'acharner à contrecarrer son enseignement. Partout où il a prêché circulent ceux qui, à la doctrine de Paul, opposent celle de Jacques. Le frère du Seigneur regrette-t-il le droit accordé à Paul de prêcher les incirconcis ? S'effraie-t-il des libertés que Paul, selon lui, accorderait aux nouveaux convertis ?

S'ouvrent enfin les portes de sa prison. Il reprend son périple. Au printemps de 57, le petit homme ose regagner Corinthe. Quand il voit les Corinthiens – *ses* Corinthiens – sur le point de s'échapper les uns après les autres, il livre bataille pour les reconquérir. Il n'y parvient qu'à demi.

Accueilli par son ami Gaius, il ne tarde pas à convoquer un scribe pour lui dicter une nouvelle lettre. Jusque-là, il s'est adressé à des communautés qu'il a fondées ou redressées. Pour la première fois, il écrit à des gens qu'il n'a jamais vus et dont il ignore le cadre de vie, les traditions, les intentions et jusqu'aux rapports exacts qu'ils ont avec le christianisme.

Il entame l'Epître aux Romains.

Pour qu'il se soit senti obligé d'écrire aux chrétiens de Rome, il a fallu que la peinture qu'on lui a faite d'eux soit prometteuse. Le lecteur a le droit de se demander s'il l'eût fait pour une autre ville. Je répondrai : sans doute pas. A Tarse, Saul a grandi dans la certitude de la grandeur de l'Empire. Plus tard, où qu'il soit allé, il a constaté l'adulation où l'on tenait les lois romaines. Même les ennemis de Rome raisonnent en fonction de sa gloire. N'oublions pas : Paul a hérité de son père la citoyenneté romaine.

---

1. Il n'a pas encore cinquante ans.

Rome lui manque. Donc il écrit aux Romains. Voici, de ce grand texte, les premières lignes :

« Paul, serviteur de Jésus Christ, appelé à être apôtre, mis à part pour annoncer l'Evangile de Dieu. Cet Evangile qu'il avait déjà promis par ses prophètes dans les Ecritures saintes concerne son Fils issu selon la chair de la lignée de David, établi selon l'Esprit Saint, Fils de Dieu avec puissance par sa Résurrection d'entre les morts, Jésus Christ Notre Seigneur. Par lui, nous avons reçu la grâce d'être apôtre pour conduire à l'obéissance de la foi, à la gloire de son nom, tous les peuples païens dont vous êtes, vous aussi que Jésus Christ a appelés. A tous les bien-aimés de Dieu qui sont à Rome, aux saints par l'appel de Dieu, à vous, grâce et paix de la part de Dieu, notre Père, et du Seigneur Jésus Christ. »

Nous voici sûrs d'une chose : les Romains qui ont lu ces lignes ont dû se demander quel homme leur avait écrit. Un homme, vraiment ?

A l'intention des chrétiens de Rome, Paul s'explique : considérant que tel est son devoir envers l'Eglise de Jérusalem, il vient d'organiser une collecte à l'intention des chrétiens pauvres de la ville, si nombreux. Il leur portera lui-même l'argent récolté. Au retour, il se rendra en Espagne où il est sûr de ne trouver que des païens. De cette bizarre conviction, il tient à donner l'orgueilleuse raison : « Je me suis fait un point d'honneur de n'annoncer l'Evangile que là où le nom de Christ n'avait pas encore été prononcé, pour ne pas bâtir sur les fondations qu'un autre avait posées. » C'est d'ailleurs « à maintes reprises, ce qui m'a empêché d'aller chez vous ». Paul sait que, sur les bords du Tibre, des chrétiens s'assemblent, certains depuis longtemps : « Dans le monde entier, on proclame que vous croyez. [...] Je fais sans relâche mention de vous, demandant continuellement [à Dieu] dans mes prières d'avoir enfin, par sa volonté, l'occasion de me rendre chez vous. »

L'occasion d'être exaucé va donc se présenter. En allant en Espagne, il s'arrêtera à Rome : « Je me dois aux Grecs comme aux barbares, aux gens cultivés comme aux ignorants ; de là, mon désir de vous annoncer l'Evangile, à vous aussi qui êtes à Rome. » Un peu de mélancolie : « Je n'ai plus de champ d'action dans ces contrées[1]... »

Comment connaît-il si bien les chrétiens de Rome ? A l'origine, se trouvent nécessairement Prisca et Aquilas ; pendant les longs mois passés à Cenchrées à fabriquer ensemble des tentes, ils ont dû beaucoup parler. Au cours de ses voyages, d'autres chrétiens de Rome n'ont pas manqué de compléter son information.

Dans son Epître, il affirme son intention de s'adresser aux chrétiens romains de toutes origines : « Détresse et angoisse pour tout homme qui commet le mal, pour le juif d'abord et pour le Grec ; gloire, honneur et paix à quiconque fait le bien, aux juifs d'abord puis aux Grecs, car en Dieu il n'y a pas de partialité. » Il insiste : « Si toi qui portes le nom de juif, qui te reposes sur la loi et qui mets ton orgueil en ton Dieu, toi qui connais sa volonté, toi qui, instruit par la loi, discernes l'essentiel, toi qui es convaincu d'être le guide des aveugles, la lumière de ceux qui sont dans les ténèbres, l'éducateur des ignorants, le maître des simples, parce que tu possèdes dans la loi l'expression même de la connaissance et de la vérité... Eh bien ! toi qui enseignes autrui, tu ne t'enseignes pas toi-même ! » Il admoneste : « Sans doute la circoncision est utile si tu pratiques la loi mais si tu transgresses la loi, avec ta circoncision tu n'es plus qu'un incirconcis. Si donc l'incirconcis observe les prescriptions de la loi, son incirconcision ne lui sera-t-elle pas comptée comme circoncision ? Et lui qui, physiquement incirconcis, accomplit la loi, te jugera, toi qui, avec la lettre de la loi et la circoncision, transgresses la loi. » Est-il informé d'une majorité d'origine juive parmi les chrétiens de Rome ? « Mais quoi ? avons-nous encore, nous juifs, quelque supériorité ? Absolument pas ! Car nous l'avons déjà établi : tous, juifs

---

1. Comprendre : dans les contrées où je me trouve actuellement.

comme Grecs, sont sous l'empire du péché. » Il cite abondamment Esaïe pour démontrer que « la justice de Dieu a été manifestée » mais refuse d'y voir une différence avec « la justice de Dieu par la foi en Jésus Christ pour tous ceux qui croient ». Il développe l'un des thèmes auxquels il tient le plus : « Nous estimons que l'homme est justifié par la foi, indépendamment des œuvres de la loi. Ou alors, Dieu serait-il seulement le Dieu des juifs ? N'est-il pas aussi le Dieu des païens ? Si ! il est aussi le Dieu des païens, puisqu'il n'y a qu'un seul Dieu qui va justifier les circoncis par la foi et les incirconcis par la foi[1]. »

Impossible de refléter par quelques citations le sens de ce grand texte. Impossible de n'être pas convaincu, la dernière page refermée, que l'œuvre entière en appelle à une sorte d'union sacrée entre ex-païens et juifs de naissance. Ce qui frappe aussi, c'est qu'en tête de chacune des épîtres de Paul, l'Eglise à laquelle il écrit est désignée par son nom. A l'Epître aux Romains, l'adresse manque. Serait-ce que les chrétiens de Rome ne sont pas encore organisés en Eglise ?

Au moment où il rédige son texte, Paul est donc sur le point de partir pour Jérusalem afin d'y porter le produit de la collecte qu'il a organisée en Macédoine et en Achaïe. Il se sent inquiet : « Et nous-mêmes, pourquoi à tout moment sommes-nous en danger ? Tous les jours, je meurs[2]. » Les Actes des Apôtres confirment cette angoisse : « Maintenant, prisonnier de l'Esprit, me voici en route pour Jérusalem ; je ne sais quel y sera mon sort, mais en tout cas, l'Esprit Saint me l'atteste de ville en ville, chaînes et détresses m'y attendent[3]. »

Historiens et exégètes s'accordent pour voir en l'Epître aux Romains la plus importante des lettres de l'apôtre Paul. Le commentaire que Luther fera, en 1516, marquera le point de départ de la Réforme. Quand, au XXe siècle, des spécialistes chrétiens de trois religions (catholiques, protestants, orthodoxes) envisageront de s'affronter à une tâche que

---

1. Rm, II, 17-27 ; III, 9-31.
2. 1 Co, XV, 30, 31.
3. Ac, XX, 22, 23.

d'aucuns, tant les points de vue étaient éloignés, jugeaient impossible – une traduction œcuménique de la Bible –, ils décideront, en traduisant en premier lieu l'Epître aux Romains, d'en faire un test : « La traduction œcuménique de la Bible ne se heurterait pas à des obstacles infranchissables si l'Epître aux Romains pouvait être présentée dans une version agréée par tous. » Le résultat démontrera que, d'un tel enjeu théologique, on peut triompher. L'éditeur de la Traduction œcuménique de la Bible (TOB) s'est réjoui de l'heureuse formule du pasteur Boegner : « Le texte de nos divisions est devenu le texte de notre rencontre[1]. »

Longtemps, dans cette épître, on a voulu voir une sorte de « lettre-traité », voire une somme théologique. On estime aujourd'hui qu'il s'agit plutôt d'un écrit de circonstance. Au moment où il rédige ce texte, Paul est déchiré par le danger qu'il voit poindre d'une sécession de la jeune Eglise chrétienne : l'une judéo-chrétienne se situant dans l'héritage de la synagogue, l'autre – la sienne – composée surtout de païens convertis.

On ne peut qu'être frappé par le nombre de chrétiens romains que Paul est capable, à la fin de son épître, de désigner par leur nom. Il en a connu plusieurs en d'autres lieux. S'ils se retrouvent à Rome, on veut croire que c'est en vertu de la fascination que l'*Urbs* exerce dans toutes les régions de l'Empire. Ainsi en est-il de Phoebé, « ministre de l'Eglise de Cenchrées », qu'il recommande à ses frères chrétiens car « elle a été une protectrice pour bien des gens et pour moi-même ». Etant première de la liste, on s'est demandé si Paul n'avait pas chargé cette Phoebé de porter aux Romains l'épître écrite à leur intention. Les noms de Prisca et Aquilas nous apprennent qu'ils sont redevenus romains et même que les chrétiens se réunissent chez eux. Vingt-quatre sont désignés dont voici les derniers : « Philologue et Julie, Nérée et sa sœur, Olympas et tous les saints qui sont avec eux.

---

1. Traduction œcuménique de la Bible (1988), Introduction à l'Epître aux Romains.

Saluez-vous les uns les autres d'un simple baiser. Toutes les Eglises du Christ vous saluent. »

Paul croyait pouvoir traverser Rome à la faveur de la mission en Espagne qu'il s'était fixée. Le moment approche où il ne pourra plus rien décider. C'est en prisonnier chargé de chaînes qu'il découvrira l'*Urbs*.

CHAPITRE IV

Du haut du Palatin

On ne sait rien de la rencontre, en 41, dans leur demeure du Palatin, d'une mère oubliée et d'un enfant perdu. Pour faire naître une familiarité qui n'avait jamais existé, il eût fallu, pour Agrippine et Néron, triompher d'obstacles multipliés par le comportement neuf de la mère : à vingt-six ans, elle ne montre plus que sévérité et hauteur. Est-ce à l'égard d'un petit garçon terrorisé qu'elle aurait exercé la *ferocia* dont Tacite l'a accablée ? Plutôt que de se jeter dans les bras de cette étrangère – les lui a-t-elle seulement ouverts ? –, l'enfant aura peut-être quémandé des nouvelles de sa tante Domitia Lepida. La rebuffade n'a pas dû se faire attendre. Il manquera toujours à Néron de n'avoir pas eu droit, en sa prime jeunesse, à la tendresse d'une mère. « La fin de l'enfant, disait Aristote, c'est l'homme. »

Pour Néron, le Palatin a dû se révéler tel un spectacle toujours en mouvement, accompagné d'une vivante leçon d'histoire. C'est donc sur cette colline que Romulus avait creusé le sillon au centre duquel s'était inscrite la ville de Rome ? On n'a pas dû attendre pour lui faire visiter pieusement la cabane du berger Faustulus auquel Romulus et Remus avaient dû de survivre. Le cœur battant, il a dû s'introduire comme tant d'autres dans la grotte de la louve qui les avait allaités.

Sur les dires de Virgile et de Tite-Live, les anciens ont fixé la fondation de Rome approximativement au VIIIe siècle av. J.-C. Or, en 1947, les archéologues ont arraché de la terre les vestiges de cabanes datées, elles aussi, du VIIIe siècle. A ceux qui visitent le Palatin au XXIe siècle, on offre le spectacle de ces trois cabanes soigneusement abritées des intempéries. Rêvons.

Gravir aujourd'hui les pentes du Palatin, c'est s'engager dans un prodigieux voyage à travers le temps. Quittant l'ombre des pins parasols, on s'élève dans un océan de briques où s'enchevêtrent – désordre éloquent – les ruines des demeures que l'on y a construites durant trois siècles. Certaines se sont trouvées enfouies par des propriétaires, souvent impériaux, qui n'en ont gardé que les fondations : d'où, pour les archéologues, un travail de Sisyphe.

A l'époque républicaine déjà, le Palatin était un quartier résidentiel où demeuraient des personnages célèbres tels que Cicéron, Marc Antoine, Livius Drusus, Hortensius, Tiberius Claudius, père du futur empereur Tibère. Auguste y est né en un lieu nommé « La Tête aux bœufs ». Tant qu'il est demeuré Octave, il a logé dans l'assez simple demeure de l'orateur Licinius Calvus. Après la victoire qui l'a fait maître de Rome, il semble avoir voulu « sacraliser la Maison impériale en s'implantant sur la colline sacrée[1] ». Il a choisi pour sienne la maison antérieurement habitée par l'orateur Hortensius auquel Cicéron ne marchandait pas son admiration. A la suite d'acquisitions successives, cette résidence s'est notablement agrandie pour abriter une administration que le maître des lieux a voulue, à juste raison, près de lui pour être, à tout instant, à sa disposition.

Selon leur caractère, les successeurs d'Auguste ont, les uns, peu modifié le site et d'autres – c'est le cas de Néron – l'ont transformé de fond en comble. La partie aujourd'hui la plus évocatrice est traditionnellement dénommée « Maison de Livie » en souvenir de l'épouse d'Auguste censée y avoir demeuré. L'archéologue Pietro Rosa a démontré que ce secteur particulièrement bien conservé n'était autre qu'une partie du palais d'Auguste. Les murs en sont ornés de peintures

---

1. Robert Turcan, *Vivre à la cour des Césars* (1987).

rendues célèbres par leur pouvoir d'évocation : ainsi dans le *tablinum* – petit salon de réception –, l'image d'*Hermès délivrant Io que surveille Argus*.

Après Auguste, Tibère en acquerra le droit d'y résider. On montre aujourd'hui la Domus Tiberiana sans dire que Tibère y a très peu résidé et peut-être jamais. Quant aux demeures privées qui subsistaient encore, elles ont, les unes après les autres, été absorbées afin que le Palatin devînt « la colline impériale par excellence [1] ».

Caligula a accru considérablement la surface de son palais et multiplié le nombre des bâtiments. Pline l'Ancien s'en est plaint : « Par deux fois nous avons vu la ville encerclée par les résidences des empereurs Caius (Caligula) et Néron. » Flavius Josèphe confirme : « Le palais s'était progressivement accru des constructions successives des membres de la famille impériale, appelées du nom de leurs constructeurs ou de ceux qui avaient entrepris quelque partie de l'ensemble de la résidence. »

Au sud, le palais domine le Circus Maximus et l'empereur peut contempler de chez lui les spectacles qui s'y donnent. Des terrasses supérieures, devenues immenses, on jouit d'une vue superbe sur l'Aventin, la voie Appienne et les monts Albains.

A part Tibère, aucun des empereurs ne s'est installé ailleurs que sur le Palatin. Ce faisant, ils auraient cru attenter à la mémoire d'Auguste, fondateur de leur dynastie.

Les progrès de la science historique et de l'archéologie sont tels que l'on est à même aujourd'hui de dresser la liste, entre le IIe siècle av. J.-C. et 64 après J.-C., des constructeurs, des propriétaires ou occupants des maisons du Palatin. La description de certaines demeures érigées en ce temps ne permet aucun doute quant à la fortune des résidants. Certaines éclaboussaient sans pudeur par leur luxe et leur architecture provocante. Il est peu probable que ce fut le cas de la résidence d'Agrippine.

---

1. Robert Turcan, *op. cit.*

A peine de retour à Rome, celle-ci s'est empressée de réclamer ses biens que Caligula s'était appropriés et ceux de son fils passés aux mains des Ahenobarbi. Ebloui à la vue de sa trop belle nièce, Claude lui a restitué son dû et fait rendre gorge aux parents à la barbe rousse. C'est bien davantage que veut Agrippine : la richesse, la vraie. De quoi lui permettre d'assouvir sa soif de puissance. Elle n'en doute pas : la solution passe par un mari. Elle jette son dévolu sur Passenius Crispus, excellent orateur qui, outre sa renommée, est à la tête de l'une des plus imposantes fortunes de Rome. Qu'il soit marié avec une Ahenorbarbi, Agrippine n'en a cure. Subjugué par ses caresses, Crispus répudie sa femme, épouse Agrippine et fait d'elle l'héritière de tous ses biens.

L'exil n'a rien ôté à Agrippine de sa subtilité mais elle cultive aussi l'art de la patience. Au spectacle de la folle passion que porte Claude à Messaline, elle juge que le moment n'est pas venu de se camper en rivale. Pline et Sénèque nous la montrent s'étant créé une sorte de cour parallèle. « Aimable et généreux », son nouveau mari lui fait connaître les philosophes et les écrivains du moment. En leur compagnie, il lui est loisible de prendre conscience de la lassitude éprouvée par nombre de Romains au spectacle des débordements dont font preuve les classes élevées. Elle en fait son profit : parle-t-on devant elle d'une femme qui trompe son mari, on la voit soudain de glace. C'est s'assurer, sans trop de mal, le respect de la part la plus sage de la société. Tacite lui reconnaît « à l'extérieur, l'austérité, plus souvent même l'orgueil ; à l'intérieur de sa maison, aucun dérèglement sinon lorsque cela servait sa domination[1] ».

L'un des habitués de son « salon » n'est autre que Lucius Anneus Seneca, autrement dit Sénèque, illustre philosophe, né à Cordoue au début du siècle au sein d'une famille fortunée. Sa jeunesse a été marquée par un conflit avec son père, lui-même écrivain amateur. Opposé aux ambitions littéraires

---

1. *Annales*, XII, 7.

de son fils, il tient à lui voir embrasser la carrière politique. En découle un long séjour obligé en Egypte. De retour à Rome et en partie soumis à la volonté paternelle, il est nommé questeur en 33-35, puis tribun de la plèbe en 38-39.

Bel homme, particulièrement brillant, il est doté d'une séduction exceptionnelle. Avocat, défenseur éloquent du stoïcisme, il ne se refuse néanmoins aucun des charmes de la vie : il aime l'argent à ce point qu'il deviendra, sous le règne de Néron, sans doute l'homme le plus riche de Rome. A l'époque où nous sommes, il apprécie d'être reçu au sein des grandes familles. Il courtise volontiers les jeunes femmes.

Qu'il ait rencontré Julia chez Agrippine, sa sœur, est plus que vraisemblable. Elle aussi fort belle, ayant juste fêté ses vingt-trois ans, s'applique avec constance à oublier l'abstinence à laquelle l'exil l'a réduite. Elle plaît à Sénèque et Sénèque lui plaît. Bien que leur liaison soit quasiment affichée, Julia doit bien constater, lors de chacune de ses visites au palais impérial, que Claude la dévore des yeux. Plus il avance en âge et plus s'accroît sa frénésie amoureuse. Julia n'a pas reçu en partage – il s'en faut – les dons stratégiques de sa sœur. Dans le lit de son oncle où elle rêve d'entrer, elle s'imagine capable d'évincer Messaline. C'est mésestimer une adversaire redoutable. Sortant bec et ongles, la jeune impératrice dénonce hautement à Claude la liaison de Julia et de Sénèque. N'y voyant rien de pendable mais ne jurant que par sa jeune et voluptueuse épouse, Claude fait comparaître Julia devant les magistrats sous l'accusation – ô hypocrisie ! – d'avoir « attenté à l'hymen de l'empereur ». Une année après être rentrée à Rome, la malheureuse est condamnée à la déportation. Sénèque n'est pas épargné : banni en Corse, il en estimera *Barbares* les habitants car impropres à écouter ses discours.

Julia n'aura pas à se morfondre longtemps en exil. Sur l'incitation vraisemblable de Messaline, Claude la fait bientôt mettre à mort.

En quittant sa tante Domitia Lepida, le petit Néron a-t-il gagné au change ? On constate un progrès : le danseur et le barbier ont disparu de son horizon. Les remplacent deux précepteurs avertis, Anicetus et Beryllus, affranchis tous deux et de même formation hellénistique. Nous retrouverons plus tard Anicetus, préfet de la flotte de Misène par la grâce de l'empereur Néron. Ce qui laisse à penser que l'élève n'a pas gardé un mauvais souvenir du professeur. Beryllus se verra lui aussi comblé : il sera chargé de la correspondance de l'empereur en langue grecque, fonction d'importance à laquelle s'ajoutera celle d'« introducteur des ambassadeurs ».

Très tôt, Néron va donc s'initier à la langue de Socrate, supériorité évidente en un temps où le grec est la langue de communication d'un Empire cosmopolite. Il accède à la littérature, à la grammaire, aux mathématiques. L'histoire, la culture et la religion de l'Egypte lui sont enseignées par Chaeremon, auteur de plusieurs ouvrages sur son pays d'origine. Son initiation à la rhétorique – Rome grouille de rhéteurs – convient parfaitement à un prince appelé à prononcer des discours. La philosophie ? Agrippine y a mis son veto : elle jure cette discipline inutile pour Néron, peut-être dangereuse.

A la faveur de cette éducation et des progrès qu'elle surveille de près, on verra Agrippine se rapprocher peu à peu de son fils. Peut-être s'en est-elle étonnée elle-même. Si, en grandissant, Néron se voit enfin mieux traité par sa mère, c'est que celle-ci vient seulement d'ouvrir les yeux : elle trouve assez beau ce petit blond-rouquin et lui décèle un esprit plus vif qu'elle ne l'eût cru. Elle en tire aussitôt une logique : un grand avenir est promis à la chair de sa chair.

Reste Messaline. L'apparition à Rome d'une Agrippine flanquée d'un rejeton n'a pas manqué, de sa part, de susciter quelque inquiétude. On l'avait oublié, ce petit Néron. Le voyant aux côtés de cette mère altière ayant retrouvé par l'argent une influence souveraine, l'impératrice folle de son corps a senti s'esquisser la perspective d'un compétiteur propre à porter ombrage à Britannicus, son propre fils. A-t-elle voulu faire assassiner Néron ? On a fait grand cas, à l'époque, d'un serpent glissé dans le lit du fils d'Agrippine : simple peau séchée au sort de laquelle nul ne s'est attardé.

Le sort tragique réservé à sa sœur Julia a dû frapper Agrippine en plein cœur. Assez vite, elle a décelé en ce crime comme un avertissement. Il ne lui faut à aucun prix encourir le courroux de Messaline. Elle évitera sagement de se trouver en sa présence. Raison de plus d'être toute à son cher Néron.

Une fois achevées les leçons de la journée, on voit, malgré l'interdit de ses précepteurs, l'enfant se précipiter au Cirque dès que l'on annonce une course de chars. Il est si habité par sa nouvelle passion qu'un jour, étourdiment, il commente devant ses maîtres le malheur d'un cocher traîné par ses chevaux. Voilà des précepteurs fort en colère : a-t-il osé enfreindre leurs ordres ? Sa réponse – « Je parlais d'Hector » – montre tout à la fois une bonne connaissance de *l'Iliade* et une remarquable agilité d'esprit. Du reste, quand il sera autorisé à pratiquer tous les exercices hippiques, il y excellera.

Il a dix ans quand, en 47, pour célébrer le huitième centenaire de la fondation de Rome, Claude offre au peuple ces « jeux des Troyens » et dont l'origine, selon Virgile, remonte au fils d'Enée. Il s'agit d'opposer, en une bataille simulée, des garçons de six à douze ans appartenant aux plus nobles familles. Revêtus d'une tenue guerrière, coiffés d'un casque et armés d'un javelot, ils sont partagés en deux compagnies équestres. La tradition veut que l'une ait pour chef le fils de l'empereur. Britannicus n'a que six ans, il est chétif mais, bon gré mal gré, il doit prendre le commandement de son groupe. A la demande d'Agrippine, la compagnie rivale est confiée à Néron. Au milieu d'une foule en délire, deux mères côte à côte conjuguent la plus redoutable des jalousies, celle des mères abusives.

A la tête de sa troupe, paraissant nettement plus que son âge, montrant en selle une assurance étonnante, Néron fait une entrée saluée d'ovations. Suétone soulignera l'autorité avec laquelle il commandait ses cavaliers. Pauvre petit Britannicus ! Il se laisse facilement dominer.

Lançant son cheval au galop, Néron soulève un nuage de poussière qui, enveloppant Britannicus, risque de l'étouffer. Claude, qui porte à son fils une vive affection, ne peut qu'en être contrarié. Le lecteur a toute licence d'imaginer la contenance des deux mères.

Un nouveau professeur fait son entrée dans la salle d'études de Néron. Agrippine a-t-elle elle-même conduit Sénèque à son fils ? S'étant morfondu en Corse depuis huit ans, on le voit auréolé de son destin de persécuté. Il vient de publier un essai qui déjà fait grand bruit : *La Brièveté de la vie*. Au centre de l'ouvrage, l'éloge de la philosophie : seule elle peut aider l'homme à usurper le temps qui échappe. L'idée l'obsède. Il y reviendra dans la première de ses *Lettres à Lucilius :* « Toute chose est à autrui, le temps seul est à nous [1]. »

Ayant lui-même pratiqué l'ascèse dans sa jeunesse, il est logique que Sénèque ait, à tout le moins, tenté d'initier Néron à la sagesse et tenu à le faire accéder aux grandes œuvres du passé et du présent. Est-ce de tels exercices que va découler l'attirance du garçon pour la poésie ? Tôt il compose des vers dont Suétone garantit l'authenticité : « Il n'est pas vrai, comme on l'a dit, qu'il donnât pour siens ceux d'autrui. J'ai eu entre les mains des tablettes et des cahiers où se trouvaient des vers de lui [depuis] fort connus et entièrement de son écriture. On voyait bien qu'ils n'étaient ni copiés, ni écrits sous la dictée d'un autre ; mais qu'ils étaient le fruit laborieux de sa pensée, tant il y avait de corrections, d'additions et de surcharges. » A ce goût s'est ajouté celui de la musique dont on l'a instruit dès l'enfance.

Agrippine n'en doute plus : son fils sera le nouvel Auguste. Tout dépend des délais que les dieux accorderont

---

[1]. Cf. la présentation de *La Brièveté de la vie* par Pierre Pellegrin (2005).

à Claude. S'il vient à mourir trop vite, Néron ne sera pas en âge d'être appelé au trône. Britannicus non plus d'ailleurs.

Dans la société romaine, sur chacun de ceux qui, par leur naissance, leur talent, leur courage ou leur fortune, se sont hissés au sommet, plane le risque d'une mort violente. La mode est au poison. Ceux de la famille d'Auguste qui rêvent d'accéder à leur tour à l'Empire ne songent qu'à évincer les concurrents du même sang. Les femmes se mettent sur les rangs. Faute de pouvoir tenir une arme et la liberté des mœurs les y invitant, les plus ambitieuses passent de bras en bras et de lit en lit. Du spectacle que lui offre la société romaine, Néron est désormais en âge de tout comprendre.

Claude va sur ses cinquante-sept ans. Il a beaucoup vieilli. Sa haute taille lui conserve un « certain air de grandeur ». Gratifié d'un embonpoint qui ajoute à sa dignité, on lui trouve « une belle figure, de beaux cheveux blancs, le cou gras » mais des jambes fléchissantes. En toute occasion, il éclate en des colères « ignobles » qui le défigurent et suscitent le dédain de ceux qui en sont témoins.

Messaline entre dans sa vingt-quatrième année. Est-ce le vieillissement de son mari qui la conduit à prendre sans cesse de nouveaux amants ? Pline et Juvénal l'accusent de s'être offerte dans les mauvais lieux aux « hommes de la rue » et, par prudence, d'en avoir fait supprimer un certain nombre. A la cour, on balance : le mari est-il aveugle ou ferme-t-il les yeux ? Persuadée qu'une liaison unique l'aurait sans doute mise en danger, Messaline, cervelle légère, en a-t-elle déduit qu'un renouvellement accéléré de ses partenaires la protégerait ? Si elle juge que certains, autour d'elle, sont capables de révéler à son mari sa vie cachée, elle les accuse tranquillement de comploter la mort de l'empereur. Terrifié par la perspective d'être assassiné – il l'est en permanence –, Claude les fait exécuter. Le premier manquement à la règle que Messaline s'est elle-même fixée va la perdre.

Tout le palais sait maintenant que l'impératrice a rencontré un certain Caius Silius, jeune, naturellement séduisant et qui doit bientôt être élevé à la dignité consulaire. L'un et l'autre ont été frappés du même coup de foudre. Messaline jure et se jure qu'elle a découvert l'homme de sa vie ; elle n'en veut plus d'autre. Lui, parfaitement conscient des dangers qu'il encourt, se jette sans hésitation dans l'aventure. En quelques lignes superbes, Tacite campe la situation : « Déjà Messaline, lassée d'adultères trop faciles, se sentait portée vers des plaisirs inconnus, tandis que Silius lui-même, soit égarement voulu par son destin, soit parce qu'il estimait que le remède à des dangers menaçants résidait dans ces dangers mêmes, la poussait à cesser de dissimuler. » Célibataire et sans enfant, Silius parle de mariage et même se déclare prêt à adopter Britannicus. Si Messaline entre dans ce jeu follement risqué, c'est à cause, dit encore Tacite, « de l'énormité du scandale qui, lorsque l'on a tout gaspillé, est une ultime jouissance ».

Est-ce par la seule vertu de la passion que Silius s'est lui-même lancé dans un tel imbroglio ? Fils d'un consul, lui-même consul désigné, doté au plus haut niveau de relations nombreuses et apprécié par le peuple, ne s'est-il pas cru capable de renverser Claude et, devenu l'époux de l'impératrice, de se faire lui-même empereur ? Extravagant, ce projet ? Le parallélisme des récits de Tacite et Suétone est tel que l'on ne saurait en nier la réalité.

Du scénario venu bien sûr à leur connaissance, les affranchis – d'anciens esclaves rendus à la liberté – qui gouvernent Claude vont se faire une arme. Conscient de ses limites, Claude leur a depuis longtemps délégué le pouvoir. Ils sont quatre, tous grecs : Polybe, Calliste, Narcisse, Pallas. Ils ont à la fois fort bien administré l'Empire et accumulé de colossales richesses. Messaline, dont la cupidité n'a d'égale que son hypersexualité, s'est mise à guigner les biens de Polybe. Pour s'en emparer, il faut qu'il soit mis à mort. Du jour où elle l'a obtenu de Claude, elle est perdue.

Comment a-t-elle pu négliger la réaction des autres affranchis, leur intelligence de toutes situations comme leur force de nuisance ? Condensé d'expérience et d'astuce, le quatuor se voit réduit à un trio dont chaque partenaire se demande à qui elle voudra s'en prendre maintenant. Ils ouvrent eux-mêmes les hostilités. Un astrologue, recruté à propos, formule la prophétie qu'ils lui dictent : « Le mari de Messaline doit mourir dans l'année. » Mise sous les yeux de l'empereur, elle le plonge dans un océan d'épouvante. À qui s'en ouvrirait-il sinon à ses chers affranchis ? S'affirmant plus alarmés que lui-même, ils jurent de trouver rapidement la parade. Narcisse – délégué par les autres – la découvre : il suffit à Claude de divorcer de Messaline. Libre, celle-ci pourra se remarier, pourquoi pas avec ce Silius qui tourne autour d'elle avec un peu trop d'insistance. L'année écoulée, la prophétie n'aura plus de raison de s'exercer et, pour épouser de nouveau Claude, l'impératrice divorcera de ce Silius qui n'aura que ce qu'il mérite.

Voilà un Claude au comble du bonheur. Quels bons serviteurs que les siens ! On va jusqu'à dresser un contrat officiel – conforme à l'ancien droit romain – selon lequel Claude donne son accord au mariage de son épouse avec Caius Silius. On les suppose, la maîtresse et l'amant, émerveillés et22 se jetant dans les bras l'un de l'autre. Rien ne les empêche plus de célébrer à grand bruit le mariage qu'ils projetaient de contracter en secret.

Ayant prévu depuis longtemps un voyage à Ostie, Claude se met en route. Deux courtisanes l'accompagnent. Pourquoi pas ? Apprenant son départ, Messaline et Silius ne veulent pas perdre une heure pour célébrer leur mariage. Jamais Tacite n'a trouvé meilleure occasion de déployer son génie ; il montre la cérémonie se déroulant, à l'automne 48, quasiment en public : « Cependant Messaline, plus que jamais abandonnée au plaisir, célébrait dans la maison un simulacre de vendange : on serrait les pressoirs, l'étuve bouillonnait ; et des femmes, couvertes de peaux de bête, bondissaient à la façon des bacchantes offrant un sacrifice ou saisies de délire. Elle-même [Messaline], les cheveux dénoués, secouant un thyrse[1], et auprès d'elle Silius couronné de lierre, tous deux

---

1. Bâton entouré de lierre, habituel attribut des bacchantes.

chaussés de cothurnes, agitaient la tête en tous sens, tandis que retentissaient autour d'eux les cris d'un chœur déchaîné [1]. » Redoutant de n'être pas cru, l'historien insiste : « Rien n'a été imaginé ici pour étonner. Ce que je rapporte, je l'ai entendu dire et j'en ai lu le récit écrit par des hommes plus âgés que moi. »

Quand il apprend que son plan a si totalement réussi, Narcisse se hâte de gagner Ostie : « Sais-tu bien, dit-il à l'empereur, que tu as été répudié ? Le mariage de Silius a été vu par le peuple, le Sénat et les soldats ; et, si tu n'agis pas promptement, le mari est maître de la Ville. »

Hors de lui, Claude lui accorde les pleins pouvoirs. A Rome, les affranchis sont prêts à passer à l'action. S'engage une répression de grand style. Silius est arrêté l'un des premiers, aussitôt mis à mort. On se saisit des proches de Messaline soupçonnés d'avoir soutenu le projet : des sénateurs, des dignitaires, des militaires. Ils passent de vie à trépas. De retour à Rome et enchanté d'une telle efficacité, Claude commande un banquet pour fêter l'échec du complot. A Narcisse il ordonne d'aller quérir Messaline afin, si elle le peut, qu'elle s'explique devant lui.

Où se trouve-t-elle, l'épouse ? Dès l'arrestation de Silius, elle a gagné le palais de Lucullus où, conservant malgré tout quelque espoir, elle attend de connaître son sort. Accourue pour lui venir en aide, Lepida – sa mère – dissipe les illusions qu'elle lui voit encore. Elle la supplie « de ne pas attendre celui qui la tuerait. Sa vie était achevée et elle ne devait chercher rien d'autre qu'une mort honorable ». Or les exécuteurs sont en route : connaissant l'art consommé de Messaline de se faire écouter de son faible époux, Narcisse a choisi de rester sourd à la demande de son maître. Il charge le tribun de service et l'affranchi Evode, flanqués de centurions, de procéder à l'exécution. Que ne s'est-elle donné, Messaline, la mort honorable conseillée par sa mère ? « En ce cœur corrompu par les plaisirs, il ne restait aucune trace

---

1. *Annales*, XI, 22.

d'honneur ; les larmes, les plaintes inutiles se prolongeaient, lorsque la porte fut enfoncée sous l'élan des arrivants ; le tribun se plaça debout, près d'elle, en silence, tandis que l'affranchi l'accablait d'injures nombreuses dignes d'un esclave. Alors, pour la première fois, elle comprend quel est son destin. Elle prend un poignard qu'elle approche, en vain, tant elle tremble, de son cou ou de sa poitrine. D'un coup, le tribun la transperce. »

C'est un Claude encore attablé qui apprend la mort de Messaline. Il ne montre aucune émotion, demande à boire et, sans commentaire, achève son dîner. Le lendemain, le Sénat décrétera que « le nom et les images de Messaline doivent disparaître de tous les lieux publics et privés. Toute mention d'elle doit être rayée sur les monuments ».

Le joli enfant que dorlotait Domitia Lepida vient d'avoir douze ans. Il s'est mué en un jeune garçon un peu gras, au visage agréable doté d'une abondante chevelure tirant légèrement sur le roux et que ses laudateurs veulent à tout prix voir blonde. Pline l'Ancien lui accorde des « dispositions naturelles », Tacite souligne sa vivacité d'esprit et Suétone reconnaît son excellente mémoire.

Prometteur, tout cela ? Attendons.

Du Palatin, où il réside à l'image de ses prédécesseurs, Claude annonce, en 49, qu'il est temps pour lui de se remarier. A cette nouvelle, Agrippine réagit vivement. Chasseresse en arrêt, elle attend son heure. Soucieux de conserver la faveur de l'empereur, chacun des trois affranchis tient à proposer une candidate. L'information n'échappe pas à Agrippine : quand Lollia Paulina, dont la société romaine admire l'élégance, laisse entendre qu'elle croit avoir des chances, elle juge urgent de faire connaître sa propre candidature. Puisque les affranchis serrent les rangs, elle fait son amant de Pallas, celui que préfère Claude.

Elle se présente maintenant journellement au Palatin. Elle s'y rend aussi la nuit, se conduisant, dit Dion Cassius, « d'une façon trop tendre pour une nièce », ce que confirme

Tacite : « sans être encore épouse, ayant déjà sur lui le pouvoir d'une épouse ». Par l'effet d'un hasard remarquable, son époux Passenius meurt. Il laisse à Agrippine et Néron l'intégralité de sa fortune. Obstacle levé. Un autre subsiste : la tradition romaine considère le mariage d'un oncle et d'une nièce comme un inceste caractérisé. Une union de ce genre est censée entraîner la colère des dieux : on peut s'attendre à un déluge ou à tout le moins une épidémie. Seul le Sénat peut voter une mesure d'exception. Peut-être Suétone a-t-il entrouvert une porte interdite en affirmant que, pour l'amour d'Agrippine, Claude « soudoya des sénateurs ».

Le mariage célébré, voici Agrippine ayant atteint son but : elle est impératrice. Son premier acte d'autorité : elle exige que son éphémère et infortunée compétitrice, Lollia Paulina, alors éloignée de Rome, soit mise à mort. Pour être sûre d'avoir été obéie, elle se fait apporter la tête de l'infortunée. La décomposition ayant ravagé la face, elle se saisit de la tête et, lui ouvrant la bouche, elle examine longuement « ses dents que Lollia avait faites d'une façon particulière [1] ».

Elle a trente-deux ans. Les contemporains la dépeignent d'une « opulente beauté ». Dès le premier jour, elle gouverne le palais ; « une main virile, dit Tacite, qui ramenait à soi les rênes de l'autorité ». Elle fait place nette : toute personne qu'elle sait avoir été proche de Messaline est poussée hors du palais impérial et remplacée par l'une de ses créatures. Elle épure le commandement de la garde prétorienne. Nommés par l'impératrice défunte, Rufrius Crispinus et Lucius Geta, préfets du prétoire, sont destitués. L'armée prétorienne n'a pas besoin de deux chefs, répète Agrippine à Claude : un seul fera l'affaire, à condition de le choisir brave et compétent. Il faut surtout qu'il lui soit dévoué ; elle tient déjà en réserve L. Afranius Burrus [2].

Une inscription découverte au XIXe siècle, à Vaison-la-

---

[1]. Dion Cassius, *Histoire romaine*, LX, 32.
[2]. C'est à tort que Racine écrit Burrhus.

Romaine, résume assez bien sa carrière : « Afranius, fils de Sextius, de la tribu Voltinia Burrus, tribun militaire, intendant de l'Augusta, de Tibère César, du divin Claude, préfet du prétoire, honoré d'ornements consulaires. » Ce que résume Tacite en moins de mots : « Il se rappelait trop bien ce qu'il devait à sa protectrice. »

Comme toujours, Agrippine voit juste : il lui faut marier Néron, douze ans, à Octavie, fille de Claude, huit ans. Les fiançailles anticipées sont nombreuses à Rome mais on bute cette fois sur un obstacle difficilement contournable : Octavie est déjà fiancée à L. Junius Silanus lequel, par sa mère, descend d'Auguste. Rien ne saurait embarrasser la terrible femme. Alors qu'elle vient d'épouser son oncle, elle ose accuser d'inceste le jeune Silanus : il serait l'amant de Junia Calvina, sa sœur ! Tacite, s'il juge celle-ci « belle et provocante », ne croit pas à l'inceste : il s'agit plutôt d'une « affection fraternelle, non point incestueuse mais imprudente ».

Avide de se ménager les bonnes grâces d'Agrippine, le censeur en titre L. Vitellius dénonce au Sénat le crime de Silanus. Détail : Junia Calvina fut la bru de ce même Vitellius. Silanus se voit brusquement exclu de l'ordre sénatorial. Frappé de dégradation civique, il se donne la mort.

Claude en tire les conséquences : il accorde Octavie à Néron. Ce n'est pas assez. Agrippine exige de lui qu'il adopte Néron. Non sans courage, l'affranchi Narcisse tâche d'éclairer l'empereur sur ce que signifierait une telle décision : devenu fils adoptif, Néron mettrait en péril l'accession au trône de Britannicus, son fils par le sang. Voyant Claude proche de se rallier à ce sage conseil d'un affranchi, Agrippine joue la carte d'un autre, son amant : Pallas incite Claude, « dans l'intérêt même de l'Etat », à doter la fragilité de Britannicus d'un soutien solide en la personne d'un « frère aîné ». Incapable de rien refuser à son épouse, l'empereur fait promulguer l'acte d'adoption[1].

---

1. 25 février 50.

Pénétrant dans la famille des Claudii, celui que l'on nomme toujours Domitius prend enfin le nom de Néron. Qualifiée elle-même du titre d'Augusta, Agrippine pourra entrer en char au Capitole, honneur qui jusque-là n'a été accordé qu'aux prêtres du plus haut rang. Elle se proclamera « fille d'un *imperator*, sœur, épouse et mère des souverains du monde ». Traduisons : fille de Germanicus, sœur de Caligula, épouse de Claude et mère d'un Néron qu'elle voit déjà promis à l'Empire.

Britannicus ? On le dépeint rejeté dans l'ombre, quasiment abandonné, « laissé même sans esclaves pour le servir » et n'en tournant pas moins en dérision les attentions que multiplie à son endroit sa belle-mère « car il en comprenait la fausseté ». Un court dialogue permet de lui attribuer au moins l'esprit de repartie. Lors d'une rencontre au palais, Néron lance : « Salut, Britannicus ! » Réplique du plus jeune : « Salut, Domitius ! »

Décidément inféodé à Agrippine, le Sénat réclame à grands cris que l'*imperium* proconsulaire soit décerné au fils adoptif. Lors des Jeux du Cirque, le peuple voit défiler Britannicus en toge prétexte – celle que l'on porte dans l'enfance – tandis que Néron, coiffé d'une couronne de laurier, se pavane en une tunique et une toge brodées d'or : tous reconnaissent le vêtement triomphal.

En faisant répandre dans Rome que l'épilepsie de Britannicus le rend incapable de régner, Agrippine est-elle allée trop loin ? Dans l'entourage impérial, nombreux sont désormais ceux qui, supportant de moins en moins un tel acharnement maternel, défendent hautement la primauté de Britannicus. Entre autres, le fidèle Narcisse qui, une fois encore, au risque de sa vie, dénonce à Claude le sens des ultimes manœuvres de sa femme. On assiste alors, de la part de l'empereur, à un bien étonnant retournement. Au Sénat, Vitellius avait soutenu la légalité du mariage d'Agrippine avec son oncle et l'annulation des fiançailles d'Octavie : il se voit accusé de haute trahison. Tarquinius Priscus s'est campé comme partisan acharné de l'impératrice : il est chassé du Sénat. Découvrant que l'on veut mettre en cause la légitimité de Britannicus, l'empereur a-t-il balayé sa faiblesse coutumière ?

Il va plus loin : devant toute la cour, il embrasse ostensiblement Britannicus et l'invite d'une voix forte à « achever de grandir » : « Je te rendrai compte de toutes mes actions. » L'empereur cite même un vers grec : « Qui a fait la blessure la guérira. » Sur son ordre, on frappe des monnaies à l'effigie de Britannicus.

En octobre 54, Britannicus a treize ans. Anticipant à son tour l'âge légal, Claude lui fait revêtir cette toge virile que l'on porte quand on est réputé capable de gérer les affaires de l'Etat. Suétone confirme cette évolution brutale : « Alors que l'on parlait devant lui d'une femme adultère, il répond :

— Le sort m'a aussi donné des femmes impudiques et elles ne sont pas restées impunies. »

Agrippine tremble.

Est-ce pour se prouver que sa toute-puissance n'est pas tout entière annihilée que sa haine se tourne soudain vers Domitia Lepida, sa belle-sœur, celle-là même qui a élevé le petit Néron et que, pour cette raison, elle n'a cessé de jalouser ? Elle reproche hautement à Domitia de se croire « d'une illustration égale à la sienne ». Tacite : « Ni leur beauté, ni leur âge, ni leurs richesses ne différaient beaucoup ; toutes deux étaient débauchées, de mauvaise réputation, violentes et rivalisaient autant par leurs vices que par les avantages qu'elles avaient reçus de la fortune. »

Les propos que Narcisse répand ouvertement ne peuvent que parvenir aux oreilles de l'impératrice :

— Claude a été si bon pour moi que je donnerais ma vie pour le servir. Si je me taisais sur les débauches d'Agrippine, ma honte serait plus grande encore que si j'avais tu celles de Messaline !

Voilà déjà beaucoup. Narcisse ose davantage : chaque fois qu'il rencontre Britannicus, il le prend dans ses bras et, à très haute voix, supplie ouvertement les dieux de lui accorder bientôt la vigueur de l'âge afin qu'il puisse protéger son père de ses ennemis !

L'empereur ouvre enfin les yeux. Convaincu des menées d'Agrippine, il se résout à la chasser en même temps qu'il présentera Britannicus comme son successeur à l'Empire. Ce qui arrête Agrippine « d'agir », c'est l'hostilité vigilante de Narcisse. Il épie jusqu'au moindre de ses gestes. Elle le sait.

Or la goutte terrasse littéralement l'affranchi[1]. Rien de plus douloureux qu'une telle crise en un temps où l'on ne dispose d'aucun palliatif. Ses médecins jugent bon de l'expédier en Campanie où, dans une station thermale, il suivra une cure de deux semaines. Agrippine dispose donc de quinze jours pour jouer – et gagner. Elle s'adresse à cette Locuste que l'on désigne volontiers à Rome comme « artiste en poison ».

Le 12 octobre 54, au cours d'un dîner de gala, Claude fête l'anniversaire de la naissance d'Auguste. On apporte un plat de champignons, mets dont il raffole. Repérant un cèpe de forte dimension, il le dévore à belles dents. Locuste est passée par là. Lorsque Claude perd connaissance, les convives ne s'étonnent pas : ils le croient ivre, état où il se trouve trop souvent. « On l'emporta hors de table, écrit Dion Cassius, comme si (ce qui lui était maintes fois arrivé) il avait été gorgé par l'excès de l'ivresse. »

Pour Agrippine, il est mort. Cependant qu'on le conduit dans sa chambre, elle l'y suit. Horreur : des vomissements accompagnés de diarrhée le libèrent du poison. La terrifiante mère improvise. Le médecin Stertinius Xénophon figure parmi les invités ; regagnant la salle du dîner, à grands cris, elle supplie le médecin de sauver son mari. Xénophon comprend instantanément le sens de l'appel : quand Claude était par trop ivre, il lui plongeait une plume d'oie dans la gorge afin de provoquer les vomissements salvateurs. Il va en user de même, avec cette diffé-

---

[1]. Dans son pamphlet *L'Apocoloquintose*, écrit en 54, après la mort de Claude, Sénèque confirme que Narcisse souffrait de rhumatismes ou de goutte.

rence toutefois : la plume d'oie est enduite d'un poison beaucoup plus violent que celui qui imprégnait le cèpe fatal. La mort tarde peu à intervenir. Claude expire sans avoir prononcé une parole, ni esquissé un geste.

Le lendemain matin, 13 octobre, le nombre de couvertures amoncelées sur le lit de Claude empêche de reconnaître s'il est mort ou vivant. Se présentent à l'heure convenue les comédiens favoris de l'empereur. Agrippine se garde d'annuler l'audition. Attentifs à ne rien voir, ils alternent, au rythme du tambour, chants et bons mots. De temps à autre, Agrippine se penche vers le lit et, d'une voix suffisamment claire, demande à son époux si le divertissement lui convient. Sous les yeux des histrions, elle va jusqu'à faire appliquer au cadavre des cataplasmes bouillants.

Résultat d'une affaire menée de main de maître par Burrus, une cohorte vient se ranger en bon ordre devant le palais. Eclairés sur le sens de cette mobilisation, les prétoriens confirment leur appui à l'impératrice : ils soutiendront l'accession de Néron à l'Empire. Au fil de la matinée, les onze autres cohortes apportent également leur soutien. Ayant mémoire de la somme que leur avait accordée Claude au moment de s'emparer du trône, les militaires se bornent à exiger 15 000 sesterces pour chacun des participants.

Tout au long de la matinée, le palais fait publier des bulletins de santé spécifiant que, frappé par un malaise au cours de la nuit, l'empereur se porte de mieux en mieux. Aucune précaution n'est négligée par la femme que rien jusquelà n'a arrêtée. Elle ne laisse à personne le soin d'annoncer à Britannicus et Octavie la mort de leur père. A part ses brefs entretiens avec le cadavre, elle ne les quitte guère : et s'il prenait à Britannicus l'idée de s'échapper du palais, de se présenter à l'armée et de se la rallier ? Fondant en larmes à volonté, elle ne cesse de réitérer à l'adresse du crédule adolescent qu'il est la réplique idéale de son père tant aimé.

Depuis le matin, une pluie drue frappe la ville. Le troisième jour avant les ides d'octobre, à midi exactement, Néron quitte le palais. Le plan a été soigneusement arrêté : avant toute autre démarche, il doit rejoindre une caserne pour s'y faire entendre des prétoriens. Caparaçonné, son cheval l'attend sous la pluie. L'héritier autoproclamé de Claude se présentera-t-il crotté devant l'armée ? On improvise. Escorté par Burrus, il accomplira le trajet en litière. Il prononce les quelques phrases préparées par Sénèque, destinées surtout à convaincre ces braves qu'ils recevront la somme exigée. L'attendant, les prétoriens ont calculé qu'il s'agissait de cinq années de solde ! L'enthousiasme se déchaîne. « On raconte que quelques soldats hésitèrent, regardant derrière eux et demandant où était Britannicus ; mais bientôt, comme personne ne prenait une initiative contraire, ils suivirent ce qu'on leur offrait [1]. »

Au fils d'Agrippine, ces ovations ouvrent toutes grandes les portes de l'Empire. Rassuré, il peut gagner le Sénat qui, depuis le matin, siège sans désemparer. Les sénateurs s'empressent de proclamer leur dévouement à l'empereur. Cela dure jusqu'au coucher du soleil. De la part des Pères conscrits, pas la moindre hésitation : ayant reçu l'ovation de l'armée, Néron doit être reconnu empereur. « Il ne sortit que le soir, commente Suétone, n'ayant refusé aucun des honneurs excessifs dont on le combla, si ce n'est le titre de Père de la patrie. » Sénèque, qui le suit maintenant pas à pas, lui a évité une telle erreur en lui soufflant à l'oreille, pour se dérober, de se réclamer de son trop jeune âge.

Tentons, en nous aidant de Suétone, de dépeindre le jeune prince au moment où le palais impérial devient le sien : taille « médiocre », figure « plutôt belle qu'agréable, yeux bleus et vue faible, jambes fort grêles, tempérament robuste ». Ses effigies sculptées proposent des yeux trop petits enfoncés dans leurs orbites ainsi que des traits plus empâtés d'année en année.

---

1. *Annales*, XII, 18.

J'insiste : l'empereur qui vient d'accéder à un pouvoir quasi absolu n'a que dix-sept ans. J'ai eu le bonheur de voir mes trois enfants rejoindre cet âge. Dix-sept ans, c'est l'âge où nos gosses passent le bac. Etait-on moins gosse à Rome, au Ier siècle, que nos enfants au XXe ?

Nous en savons infiniment plus sur Néron que, par exemple, sur un roi mérovingien. Nous le devons aux historiens latins qui se sont intéressés à lui jusque dans les plus petits détails. Le seul reproche qui puisse leur être fait – à Suétone surtout –, c'est une tendance regrettable à attribuer à Néron, de son avènement à sa chute, un caractère identique.

Des menées de sa mère pour le porter au pouvoir il n'a rien ignoré. Même s'il n'a pas été mêlé directement à l'empoisonnement de son père adoptif, il est trop lucide pour s'en dissimuler la réalité. De se voir bénéficiaire d'un assassinat a dû, au premier abord, le laisser désemparé. Tout ce que nous savons de l'époque – et de lui-même – nous convainc que, vite, il a dû balayer ce sentiment désagréable. Qu'importe une vie humaine de plus ou de moins ! Héritier du divin Auguste, il tient désormais dans sa main cet Empire de Rome dont il perçoit l'immensité, compte les millions de sujets et estime les incalculables richesses. Il s'est jusque-là laissé emporter par la musique, la poésie, les arts. Peut-il sans ivresse y ajouter la maîtrise du monde ?

A la fin de la première journée de son règne, quand on lui demande le mot d'ordre pour la nuit, il n'hésite pas :

– La meilleure des mères !

Les funérailles nationales décrétées par le Sénat pour Claude, Néron veut qu'elles soient magnifiques. Dans son oraison funèbre, il ne redoute pas de hisser Claude au rang des dieux. Il salue l'antiquité de sa race, rappelle les victoires de ses ancêtres et ses travaux d'historien, souligne avec force que, sous son règne, l'Empire n'a subi aucun revers hors de ses frontières. Tout cela est écouté avec faveur mais, dit Tacite, « quand il en vint à la clairvoyance et la sagesse [de Claude], personne ne put s'empêcher de rire ».

Il se reprend, annonce sa volonté d'œuvrer en collaboration étroite avec le Sénat dont il entend respecter les « antiques prérogatives ». Il se déclare exempt de haine. S'il lui advient d'être victime de quelque injustice, il ne ressentira aucun désir de vengeance. Lui régnant, la vénalité ne sera plus qu'un vain mot et l'on ne trouvera personne, dans son entourage, qui se fasse acheter ou ne soit accessible à quelque manœuvre critiquable. Qu'on le sache : il imposera une séparation totale entre sa maison et l'Etat.

Dans leur joie, les sénateurs décrètent que le discours de Néron sera gravé sur une table d'argent. Des voix nombreuses s'élèvent pour que de nouveaux honneurs lui soient proposés, en particulier l'érection de statues d'or et d'argent. Il refuse :

— Vous me remercierez quand je l'aurai mérité.

C'est à croire que, dans son berceau, il a trouvé l'un des secrets de la popularité : afficher de la modestie.

Au point où nous en sommes de notre histoire, il faut imaginer le palais du jeune empereur Néron peuplé d'un énorme personnel : hommes libres, affranchis et esclaves. La maison civile en compte plusieurs milliers. La maison militaire se compose d'une garde impériale chargée de protéger le palais – neuf cohortes –, sous le commandement de deux préfets du prétoire. Chacune, relevée chaque jour à la huitième heure, comprend 480 fantassins et 120 cavaliers.

Dès le règne d'Auguste, la correspondance avec les particuliers, les fonctionnaires et collectivités de toute sorte, gouverneurs ou procurateurs a nécessité la création d'un bureau des dépêches, *ab epistulis*. La gestion des comptes, de plus en plus envahissante, a obligé Tibère à créer le service *a rationibus,* autrement dit un ministère des Finances. La police secrète et l'ensemble de ce que Robert Turcan désigne comme les « renseignements généraux » – agents informateurs, espions chargés de rapporter à l'empereur ce qui se dit dans Rome, employés chargés d'intercepter et de lire les lettres des particuliers – se montrent de plus en plus avides de bureaux et de bâtiments. Faut-il ranger au nombre de ces « services spéciaux » les tueurs et hommes de main professionnels chargés d'un travail qui se doit de rester discret, expéditif et surtout efficace ?

Néron ne semble pas avoir hésité sur le choix de ses collaborateurs immédiats. Fasciné par Sénèque et affichant son estime pour les mœurs et l'expérience militaire de Burrus, il ne peut oublier les services rendus dès sa proclamation. Les deux hommes ne se ressemblent en rien. Leur zèle identique et sincère au profit de Néron a fait d'eux en quelque sorte des associés. Tacite : « Tous deux, chargés de guider la jeunesse de l'empereur et, ce qui est rare lorsqu'on partage le pouvoir, s'entendant entre eux, avaient, pour des raisons opposées, une égale influence, Burrus par son attention aux affaires militaires et l'austérité de sa vie, Sénèque par ses leçons d'éloquence et son amabilité sans compromission. Tous deux se prêtaient appui pour retenir plus facilement, au moyen de plaisirs permis, la jeunesse du prince sur la pente où l'aurait fait glisser sa répugnance pour la moralité[1]. »

Administrativement, le préfet du prétoire Burrus détient une autorité plus large mais, de sa propre analyse, Sénèque est *Amicus principis*, l'ami du prince. Burrus est un guide et un compagnon. Sénèque va se rendre indispensable par une présence quasi permanente auprès de Néron.

Le jeune empereur aurait-il chassé de sa vie la musique et la poésie ? Ceux qui le connaissent peu l'ont cru. Ils ignorent qu'il a, dès sa proclamation à l'Empire, fait venir auprès de lui Terpnos, le meilleur joueur de cithare de son temps. Plusieurs soirs de suite, après avoir pris son repas et jusque bien avant dans la nuit, il l'écoute jouer et chanter. Jamais il ne cessera lui-même de s'exercer au chant. Sachant sa

---

1. *Annales,* XIII, 2.

voix faible et sourde, il la conforte en s'inspirant des précautions prises par les chanteurs professionnels : poitrine couverte d'une lame de plomb, il se couche sur le dos ; il use de lavements et de vomitifs, se prive des aliments et fruits reconnus nuisibles à la voix[1]. Ainsi préparé pourra-t-il paraître sur une scène et exposer son rang impérial aux critiques ou même aux lazzis que l'on adresse généralement à un acteur. Toute vérité a deux visages. Néron en a plusieurs.

---

1. *Vies des douzes Césars*, « Néron », XX.

CHAPITRE V

L'ensemencement

Nous ne manquons pas de cartes de l'Eglise des premiers temps. Aucune n'est d'époque, elles ont été établies plus tard à l'aide des indications trop rares laissées par les contemporains. Sur l'une d'elles où l'on peut reconnaître les côtes de la Syrie et du Liban d'aujourd'hui, s'étalent les ports où l'on accostait il y a vingt siècles. Entre Antioche et Azotus – ancienne cité de Philistins –, voici Joppé, Sébaste, Césarée de Palestine, Ptolémée, Tyr, Sidon. Chacun accueille désormais une Eglise. Le contexte géographique suggère une interpénétration tant quotidienne que spirituelle : il suffit d'embarcations conçues pour le cabotage et les fidèles du Christ passent rapidement d'un lieu à un autre [1].

Que ces chrétiens descendant peut-être des Phéniciens aient d'abord préféré regarder vers le large ne peut étonner. A la fin du Ier siècle et au début du IIe, on les voit en Syrie et en Asie Mineure gagner l'intérieur des terres.

Diversité : tel est le maître mot qui va accompagner la progression de la pensée chrétienne. Longtemps les historiens ont cultivé le mythe des catégories populaires ralliées les premières à la religion nouvelle et laissant loin en arrière les classes sociales plus élevées. Le père Hamman, qu'il faut citer dès qu'il est question de la vie quotidienne des premiers chrétiens, rappelle que Paul de Tarse a converti à Chypre

---
1. A. Hamman, *op. cit.*

Sergius Paulus, un proconsul – ce qui n'est pas rien – et que, de son propre aveu, à Thessalonique et à Bérée, il a gagné à la cause du Christ de nombreuses femmes nobles. A Corinthe, le trésorier de la ville s'est fait chrétien. Les Eglises de Rome, d'Alexandrie, de Lyon ou de Carthage réuniront des communautés tout aussi composites. Si, de l'époque de Pierre jusqu'à la fin du IIe siècle, l'on étudie la liste des papes, on trouve quatre Romains, trois Italiens, cinq Grecs, un Syriaque, un Carthaginois.

Selon Eusèbe de Césarée, les apôtres se seraient dispersés la douzième année après la Résurrection de Jésus. Comme la date correspond à la persécution d'Hérode Agrippa qui jeta Pierre en prison et fit supplicier Jacques, fils de Zébédée, on ne peut exclure cette éventualité. On marquera plus de réserve quant à la destination que la Providence leur aurait assignée : Jean s'en serait allé en Asie ; André et Thomas au pays des Scythes (Russie du Sud) ; Matthieu en Ethiopie et Barthélemy jusqu'aux limites de l'Inde. Les premiers explorateurs occidentaux, quand ils débarqueront en Inde, auront la surprise de rencontrer des « chrétiens de saint Thomas ». Il existe encore au XXIe siècle 300 000 « thomassistes », notamment à Malabar. Selon une autre thèse, ils descendraient plutôt d'Eglises nestoriennes formées dans l'empire perse à la fin du Ve siècle.

Même si ces succès des apôtres ont pu enchanter les premiers chrétiens, on croira davantage à des conversions plus humbles, plus anonymes. L'admirable réseau des « voies » mis en place par les légions romaines ne peut que les faciliter. Sur ces routes dallées de pierre, on traverse l'Empire dans tous les sens. De Rome, on rejoint le Finistère breton ; on gagne Athènes aussi bien que Byzance, les embouchures du Rhin comme celles du Danube. Une fois le Bosphore franchi, on peut aisément atteindre Ninive. En Afrique du Nord, une voie romaine court du Nil à l'Atlantique.

On ne saurait omettre les possibilités multiples de déplacements par mer offertes aux amateurs. Plusieurs ports de la Méditerranée ont donné naissance à d'énormes métropoles :

Athènes, Antioche, Ephèse, Alexandrie, Carthage. Le grouillement de ceux qui vont s'embarquer prolongé des semaines passées à bord des navires, tout favorise les rencontres. Sur ces bateaux, on s'entasse : Paul parle tout naturellement de 276 voyageurs, Flavius Josèphe s'étonne à peine des 600 personnes qui naviguent avec lui. Un homme d'affaires de Phrygie s'enorgueillit d'être venu soixante-douze fois à Rome. Les étudiants voyagent à la recherche des meilleurs professeurs : Athènes le dispute à Alexandrie et Marseille à Lyon. Pline se plaint de cette recherche permanente de « l'ailleurs » : « Nos compatriotes parcourent le monde et ignorent leur propre pays. » Que d'occasions pour les chrétiens d'expliquer leur foi et de narrer la destinée d'un nommé Jésus !

Si la poste officielle est réservée à l'autorité romaine, les personnes privées sont réduites à chercher des possibilités de correspondre. Le plus souvent, on profite d'un voyageur, d'un commerçant, d'un soldat revenant de permission. Dans les cas exceptionnels, les plus aisés engagent un messager. Certains en font profession.

Dès que les Eglises s'installent, les évêques commencent à échanger leurs informations, leurs points de vue, leurs craintes ou leurs exhortations. Après le massacre des martyrs de Lyon, le récit en est déposé entre les mains du pape Victor par l'évêque Irénée lui-même. Or on sait que l'Eglise d'Ephèse s'est trouvée, dans un délai très court, en possession d'une copie. Il est clair qu'Irénée a dû en confier le texte à un compatriote s'embarquant à Ostie pour Ephèse.

Les fouilles archéologiques ont permis de mettre au jour des moyens de correspondance fort inattendus. Certains, faute de mieux, se servent de fragments de métal ou de morceaux de poterie, d'autres de parchemin – peau d'animal spécialement préparée – ou de papyrus fabriqué en Egypte à l'aide d'une plante de la famille des cypéracées dont on découpe la tige en bandes étroites. Juxtaposées et collées, elles forment des feuilles. Une fois la lettre écrite, elle est enroulée, fermée par une ficelle dont on scelle les extrémités.

Pour la circulation du courrier, la saison et le climat jouent le premier rôle. En Méditerranée, la navigation est interdite l'hiver. Le reste du temps, il faut compter avec les vents : s'ils sont contraires, le courrier est retardé. On a enregistré des sortes de record : une lettre partie de Cappadoce à destination de Rome met cinquante jours pour être remise à Cicéron. Une autre, de Syrie à Rome, exige le double de ce temps. Une lettre de commerce émise par une fabrique de Pouzzoles parvient à Tyr cent sept jours plus tard. Le fils de Cicéron reçoit, à Athènes, une lettre de son père expédiée quarante-six jours auparavant : « Voilà qui est rapide », constate le fils [1].

Aux Ier et IIe siècles, parmi les négociants et les commerçants de toutes origines circulant en permanence, les juifs abondent. Sensibilisés par les échanges de la Diaspora, certains d'entre eux ont dû se trouver porteurs de la Bonne Nouvelle du Messie mort et ressuscité [2]. D'où le cri que l'on entend parfois proféré en milieu chrétien : « Le salut vient des juifs » !

On ne saurait par ailleurs minimiser les multiples migrations observées en ce temps. On en plaisante à Rome. Le cosmopolitisme romain inspire même des pamphlets. Quelles que soient les raisons, surtout factuelles, de ces allers sans retour, ils favorisent le mouvement des idées. La langue grecque généralement adoptée par les Eglises devient un outil de conversion : le grec est l'anglais de l'époque. Le pouvoir implanté en Orient par Alexandre le Grand a donné force de loi à la langue du conquérant. L'annexion de provinces hellénistiques a accentué ce mouvement. Voyant dans le grec un synonyme d'occupation, voire d'idolâtrie, les juifs l'ont durant des années tenu en suspicion. Ils s'y sont peu à peu ralliés. A Alexandrie, aux IIIe et IIe siècles av. J.-C., on a même traduit la Bible hébraïque en grec : la Bible des

---

1. Précisions collationnées par A. Hamman, *op. cit.*
2. Marcel Simon, *Verus Israël* (1964).

Septante deviendra un outil précieux pour les juifs de la Diaspora mais aussi une chance pour la diffusion du christianisme naissant auprès des païens[1]. Doit-on rappeler que les Épîtres de Paul furent écrites en grec ?

Parallèlement à la démarche des apôtres et de leurs successeurs, il faut reconnaître la prédication modeste qui « ne se faisait pas au grand jour, publiquement, sur les places et les marchés, mais sans bruit, à l'oreille, par des paroles échangées, à voix basse à l'ombre du foyer domestique[2] ». Eusèbe de Césarée évoque ces « disciples d'alors dont l'âme était touchée par le Verbe divin » et qui, délibérément, partaient remplir la mission d'évangélistes. Allant de lieu en lieu, « ils se contentaient de jeter les bases de la foi chez les peuples étrangers, y établissaient des pasteurs et leur abandonnaient le soin de ceux qu'ils venaient d'amener à la foi. Puis ils partaient de nouveau vers d'autres contrées et d'autres nations ».

Eusèbe poursuit : « Il y avait encore, en ce temps-là, un grand nombre d'évangélistes de la parole qui avaient à cœur d'apporter un zèle divin à imiter les apôtres pour accroître et édifier la parole divine. » Confirmation chez Origène : « Les chrétiens ne négligent rien de ce qui est en leur pouvoir pour répandre leur doctrine dans l'univers entier. Pour y parvenir, il en est qui ont pris à tâche d'aller de ville en ville, de village en bourgade, pour amener les autres au service de Dieu. »

Tout en ricanant de son mieux, Celse, grand ennemi du christianisme, confirme cette volonté missionnaire en voulant l'amoindrir : « Nous observons dans les maisons privées des tisserands, des cordonniers, des foulons, des gens de la dernière ignorance et dénués de toute éducation ; en présence de maîtres, hommes d'expérience et de jugement, ils se garderaient bien d'ouvrir la bouche. Rencontrent-ils les

---

1. Jean-Pierre Moisset, *Histoire du catholicisme* (2006).
2. B. Aubé, *Histoire des persécutions* (1875).

enfants de la maison ou des femmes, aussi stupides qu'eux-mêmes, ils dégoisent leurs merveilles. »

Paul obéissait à un plan. Rarement l'imitent les messagers évoqués à l'instant. Tout démontre pourtant qu'ils sont complémentaires. Paul et Jean ont prêché l'Asie Mineure et ses prolongements ; les anonymes franchissent les frontières de l'Empire vers le royaume d'Edesse tôt christianisé ; des communautés s'installent en Perse à la fin du Ier siècle ; vingt ans après la mort du Christ, l'Italie connaît ses premières communautés. Les ralliements se révèlent pourtant plus rapides en Orient qu'en Occident. La Gaule, l'Espagne, l'Afrique ne s'ouvriront qu'au début du IIe siècle. Dès lors, le mouvement s'accélère. A tel point que Hermas, l'auteur du *Pasteur*, compare, vers 120, le christianisme à « un arbre dont les branches couvrent le monde civilisé ».

L'Eglise naissante devra beaucoup à la *pax romana*. Devant elle, s'ouvre une période de paix politique telle qu'elle nous paraît invraisemblable et, pour tout dire, irréelle. La conquête de l'Espagne s'est achevée en 19 avant notre ère et celle de la Gaule vers 50. Aucun soldat étranger ne se présentera plus, avant trois siècles, les armes à la main à l'intérieur de l'Empire. Imaginez : pas de guerre de Trente Ans au XVIIe siècle, pas de guerre de Sept Ans au XVIIIe, aucun conflit armé sous la Révolution et l'Empire, en 1870, en 1914-1918, en 1939-1945 ! Vers 220, le chrétien Origène écrira : « Dieu voulant que toutes les nations fussent prêtes à recevoir la doctrine du Christ, sa Providence les soumit toutes à l'empereur de Rome. »

Ce monde où progresse le christianisme est aussi celui de l'esclavage que Daniel-Rops définissait à juste titre comme « la plaie ouverte au flanc du monde antique ». Le droit parle alors de *res*, chose. L'esclave est en effet une chose que l'on achète et revend. Les enfants d'esclaves sont eux-mêmes esclaves ; habitués à leur servitude dès leur plus jeune âge, leur sort paraît moins affreux que celui des prisonniers capturés au cours des combats, ceux par exemple appréhendés durant la conquête de la Gaule, celles de l'Espagne, de la Grèce, de la Bretagne, de l'Afrique du Nord et de la Syrie, tous devenus esclaves. On ose à peine concevoir des hommes libres issus de familles libres, devenus soldats pour défendre leur pays et qui, du jour au lendemain, sont réduits au statut de *chose*. Aucun droit ne leur est laissé. L'acquéreur fait d'eux ce qu'il veut : ils travailleront sous les coups dans les champs, descendront dans les mines où l'on dépasse rarement une année de vie ou seront domestiques dans des maisons où la discipline s'exerce généralement par le fouet. S'il est acheté par un particulier, son sort sera pire. Pensons aux femmes acquises délibérément pour être livrées à la prostitution. A celles qui se voient soumises, sans possibilité de refus, aux lubies ou vices de malades sexuels.

La seule chance d'un esclave ? Exciper, le cas échéant, d'une forte éducation. On les repère, on les utilise selon leurs compétences et, souvent, on en fera des affranchis. La Rome impériale est peuplée d'affranchis qui atteignent, auprès du prince, le plus haut rang : c'est le cas sous les règnes de Claude et de Néron.

On voudrait croire que le christianisme fut à l'origine d'un adoucissement du sort des esclaves. En apparence, il n'en est rien. Quatre siècles passeront après Jésus sans que l'esclavage soit remis en cause. Quatre siècles, cependant, au cours desquels le christianisme plaidera pour un monde renouvelé où riches et pauvres, puissants et faibles, hommes libres et esclaves se retrouveraient frères en Jésus Christ. Exemple éloquent : dès le IIe siècle, on voit une femme libre chrétienne jetée aux bêtes sauvages en compagnie de son esclave chrétienne qui ne veut pas séparer sa cause de celle de sa maîtresse. L'esclave s'appelle Blandine.

On hésite à faire figurer les persécutions au nombre des moyens de conversion. Tout démontre pourtant que le comportement des martyrs suscite non seulement l'admiration des païens mais soulève chez d'autres le désir d'embrasser une foi qui permet d'affronter délibérément la souffrance pour s'élever jusqu'à Dieu.

C'est sous le règne de Néron, en 64, que la première répression cruelle – ô combien – se déchaîne à Rome au lendemain de l'incendie qui a dévoré la ville [1]. On ne trouve guère de persécutions sous les empereurs qui succèdent à Néron : Galba, Othon, Vitellius, Vespasien, Titus. Domitien est considéré par l'historiographie chrétienne comme le deuxième empereur persécuteur. Dans une lettre du pape Clément datant de 96, l'allusion à de grands malheurs dont a eu à souffrir l'Eglise de Rome suffit à confirmer le virage sanglant.

Les premières persécutions attestées avec certitude se sont organisées en Asie Mineure. A Pergame, Antipas est mis à mort : Tertullien rapporte son martyre. Sous le règne d'Hadrien, Telesphore, septième évêque de Rome, meurt en un « glorieux martyre ». Pour que la punition se révèle exemplaire, l'empereur Auguste avait livré dans l'amphithéâtre un bandit célèbre aux bêtes sauvages. Contre les chrétiens, la méthode va être reprise dans tout l'Empire avec des raffinements croissants de cruauté cherchant visiblement à satisfaire les « pires instincts » des foules.

Parfois, comme à Carthage, des mouvements populaires prennent l'initiative. On s'assemble devant la résidence du procurateur et l'on réclame à grands cris la mise à mort des membres de la secte haïe : « Plus de cimetière pour eux ! Plus de cimetière ! » On garde le souvenir de Perpétue, originaire d'une cité située au sud de Carthage. Fille d'un noble fortuné, elle a reçu une éducation enviable et fait ce que l'on appelle un « beau mariage ». Convertie au Christ, ayant déjà donné naissance à un fils, elle attend un autre enfant. On la jette en une prison immonde. Restés païens, ses parents la supplient d'abjurer. Elle s'y refuse. Sa captivité dure tout l'hiver. Elle est enceinte de huit mois quand le procurateur Hilarianus la fait appeler devant lui. Leur dialogue est parvenu jusqu'à nous :

– Prends en pitié les cheveux blancs de ton père et la jeunesse de ton enfant. Sacrifie !

---

1. Voir ci-après le chapitre IX.

— Non. Je ne sacrifie pas.
— Tu es chrétienne ?
— Je suis chrétienne.

On fait entrer l'infortuné père. Ses supplications ne servent de rien. Elle accouche trois jours plus tard avant d'être jetée dans l'amphithéâtre en compagnie d'une autre femme, Félicité, et de deux esclaves chrétiens. Ceux-ci, Revocatus et Saturninus, sont la proie d'un ours et d'un léopard. Contre les deux femmes, on lance une vache furieuse dont les assauts les blessent sans les tuer. Pour mettre fin à ce massacre qui commence à émouvoir le public – le lait de Perpétue se perd –, on fait venir un gladiateur. Au lieu de l'égorger, troublé sans doute par cette jeune mère, il ouvre dans son flanc une blessure affreuse. Perpétue elle-même place le glaive sur sa gorge et commande au maladroit d'achever son œuvre. Elle a vingt-deux ans.

Elle meurt.

A Alexandrie, à la fin du IIe siècle, quand un chrétien anonyme s'adressera à un fonctionnaire local appelé Diognète – le lecteur reconnaîtra le nom –, il est clair que le destinataire de la lettre ne cultive pas, envers les chrétiens, la haine qui persiste toujours mais témoigne une curiosité à laquelle il serait souhaitable de répondre. Visiblement, l'expéditeur s'en préoccupe : « Les chrétiens ne se distinguent des autres hommes ni par le pays, ni par le langage, ni par les vêtements. Ils n'habitent pas de villes qui leur soient propres, ils ne se servent pas de quelque dialecte extraordinaire, leur genre de vie n'a rien de singulier... Ils se répartissent dans les cités grecques et barbares suivant le lot échu à chacun ; ils se conforment aux usages locaux pour les vêtements, la nourriture et la manière de vivre, tout en manifestant la nature extraordinaire et vraiment paradoxale de la cité qui est la leur.

« Ils résident chacun dans sa propre patrie mais comme des étrangers domiciliés. Ils s'acquittent de tous leurs devoirs de citoyen et supportent toutes les charges comme des étrangers. Toute terre étrangère leur est une patrie et toute patrie une terre étrangère. Ils se marient comme tout le monde, ils ont des enfants, mais ils ne jettent pas leurs nouveau-nés. Ils partagent tous la même table mais non le même lit.

« Ils sont dans la chair, mais ne vivent pas selon la chair. Ils passent leur vie sur la terre, mais ils sont citoyens du ciel. Ils obéissent aux lois établies, mais leur propre manière de vivre est supérieure à celle qui est définie par les lois. Ils aiment tous les hommes et tous les persécutent. On les méconnaît et on les condamne ; on les tue et par là ils gagnent la vie. Ils sont pauvres et ils donnent la richesse à beaucoup. Ils manquent de tout et ils surabondent en toutes choses. On les méprise et dans ce mépris ils trouvent leur gloire. On les calomnie et ils sont justifiés. On les insulte et ils bénissent. On les outrage et ils honorent. Ne faisant que le bien, ils sont châtiés comme des criminels. Châtiés, ils sont dans la joie comme s'ils naissaient à la vie. Les juifs leur font la guerre comme à des étrangers ; ils sont persécutés par les Grecs, et ceux qui les détestent ne sauraient dire la cause de leur haine.

« En un mot, ce que l'âme est dans le corps, les chrétiens le sont dans le monde [1]. »

Qui ne souhaiterait d'avoir connu ces chrétiens-là ?

---

1. Cité par Jean Bernardi, *Les Premiers Siècles de l'Eglise* (1987).

CHAPITRE VI

Le ventre qui enfanta Néron

Empereur depuis trois mois seulement, Néron se voit déjà – à la fin de l'année 54 – confronté à un événement d'une gravité exceptionnelle : l'Arménie, enjeu économique de premier ordre et sous le contrôle de Rome depuis soixante-dix ans, s'échappe brusquement du giron romain.

De nombreux produits orientaux – la soie, les épices, les métaux précieux – ne peuvent parvenir à destination que par des voies surveillées par les Parthes. D'où un équilibre instable qui, en 20 av. J.-C., a conduit Parthes et Romains à reconnaître entre eux une frontière intangible. Renonçant à faire de l'Arménie une province romaine et préférant, à sa tête, soutenir des princes « amis » – encouragés d'ailleurs par la présence de plusieurs cohortes cantonnées sur l'Euphrate –, Rome a pu croire à un *modus vivendi* idéal[1]. Une série de conflits dynastiques comme en connaît l'Orient va soudain compromettre tout l'équilibre.

En ce temps, Vologèse Ier est roi des Parthes. Sur l'Arménie règne Mithridate, « appuyé par nos forces », dit Tacite cette fois à l'aise dans l'euphémisme. Fils du roi des Hibères – ne pas confondre avec les Ibères d'Espagne –, Radamiste le chasse du pouvoir en lui jurant qu'il n'attentera pas à sa vie « par le fer ni par le poison ». Il tient parole en le faisant étouffer sous des couvertures. Ce qui ne peut manquer de

---

1. Eugen Cizek, *Néron* (1982).

frapper Vologèse : « Pensant que l'occasion se présente d'envahir l'Arménie que possédaient ses ancêtres et dont un roi étranger s'était emparé par un acte honteux, il rassemble des troupes et se prépare à installer son frère Tiridate sur le trône[1]. »

L'affaire s'engage conformément au plan du roi des Parthes. Radamiste et ses Hibères sont chassés sans combat. Las, par la faute d'un hiver rigoureux et de provisions insuffisantes, une épidémie fond sur la population et oblige Vologèse à abandonner les positions conquises. Apprenant cette vacance du trône, Radamiste regagne l'Arménie et, fort content de lui, s'y assoit. Pas pour longtemps. Une insurrection des Arméniens l'en chasse. « Radamiste n'eut comme recours que la rapidité des chevaux qui les emportaient lui et sa femme. » Vologèse ne perd pas de temps : occupant de nouveau le terrain, il installe une deuxième fois Tiridate sur le trône.

A cette insulte délibérée, le jeune Néron va-t-il réagir ? A Rome on en a douté : « On se demandait comment un prince qui venait juste de terminer sa dix-septième année pourrait soutenir un tel poids ou le repousser et quel secours on pouvait attendre d'un prince gouverné par une femme » et, qui plus est, lancé dans « une guerre assurée par ses précepteurs[2] ».

Or Néron prend sa décision comme s'il abattait une arme sur un ennemi. Inactives depuis longtemps, des légions romaines campent toujours en Orient. Il les mobilise, réquisitionne la jeunesse des provinces voisines, noue des alliances avec les souverains de la région. Quand il ordonne de jeter des ponts sur l'Euphrate, le but devient clair : envahir le territoire des Parthes. Il n'hésite pas davantage quant au choix du commandement et le confie à Corbulon, connu pour ses brillantes victoires en Germanie. La guerre va durer

---

1. *Annales*, XIII, 2.
2. *Annales*, XIII, 6.

plusieurs années. Corbulon viendra successivement à bout de Tiridate et de Vologèse. Même si la solidité et la science de Burrus sont passées par là, le choix de la conduite à tenir appartient tout entier à Néron.

L'empereur travaille. On le sait dans Rome et cela plaît. Avant de signer un édit ou un jugement, il en prend longuement connaissance et, s'il s'agit d'une sentence qui lui semble injuste, il refuse de la ratifier. S'adressant à Néron dans un texte célèbre, Sénèque se souviendra : « Au moment de châtier deux brigands, Burrus, ton préfet, homme exceptionnel, né pour t'avoir comme prince, [...] en vint à insister. Alors qu'il te présentait le parchemin contre son gré et qu'il te le remettait contre ton gré, tu t'écrias : "Je voudrais ne pas savoir écrire !"[1]. »

Si de telles réactions avaient été connues hors du palais impérial, l'impression se serait partout répandue de l'accession au trône d'un prince plein de sagesse dont on ne pouvait attendre que du bien. L'influence de Sénèque, très forte à cette époque, s'est trouvée doublée de celle de Burrus. En apparence acquis à la cause d'Agrippine, ce dernier se révèle soucieux de protéger le jeune empereur contre la propension au crime qui pourrait naître de l'exemple maternel.

Agrippine a vu Claude, son époux, se plier docilement à ses exigences multiples. Que son fils – son fils ! – agisse autrement, elle ne veut pas même l'imaginer. Se considérant comme étant seule au pouvoir, elle le montre par sa volonté d'éliminer ceux qui pourraient faire obstacle au règne de Néron. Elle a acculé naguère au suicide le frère cadet de Marcus Junius Silanus, homme d'âge mûr, de mœurs irréprochables, alors proconsul d'Asie. Et si ce Marcus, mettant en avant sa descendance directe d'Auguste, allait vouloir se venger ? Arrière-petit-fils du fondateur de la dynastie, en réunissant autour de lui un parti, il pourrait chercher à détrôner Néron. Agrippine tient en horreur l'idée seule d'une telle

---

1. *De la clémence.*

entreprise. Pour y parer, elle n'innove en rien : les exécuteurs de Marcus Julius Silanus seront ceux-là – P. Celer, chevalier romain, et l'affranchi Hélius – qui ont introduit le poison dans le cèpe de Claude. L'affaire se déroule également au cours d'un repas. On présente le poison au proconsul, « d'une façon tellement évidente, dit Tacite, que personne ne s'y trompa ». On emportera le cadavre.

La vindicte de l'incroyable mère se tourne alors vers Narcisse, sa bête noire. Elle le soupçonne d'avoir conservé des lettres de Claude pouvant la compromettre. Cependant qu'il poursuit sa cure en Campanie au-delà des limites fixées par la médecine et ne manifestant – on le comprend – aucune intention de regagner Rome, Agrippine le fait jeter en prison. Après et avant tant d'autres, on le contraint à se donner la mort. Peut-être l'affaire se fit-elle « contre le gré[1] » du jeune empereur.

Au moment où Narcisse disparaît de notre histoire, il n'est pas exclu de le gratifier d'une certaine sympathie à l'égard des chrétiens de Rome. L'épître que saint Paul adresse aux Romains contient des saluts à « ceux de la maison de Narcisse, qui sont dans le Seigneur ». Certes, il devait exister plus d'un Narcisse à Rome ; seuls les puissants disposaient d'une « maison ».

Deux ans seulement après l'accession de Néron au trône impérial, Sénèque publiera un essai procurant à l'historien l'accès inespéré à l'un des dialogues que le nouvel empereur et son ancien maître ont échangés. Idée centrale : si la clémence est une vertu recommandée à tous les hommes, elle doit l'être aussi aux responsables du pouvoir, surtout si celui-ci a dix-neuf ans. Ce texte rare, il faut le lire tout entier.

« Ecrire sur la clémence, Néron César, je l'ai entrepris pour jouer en quelque sorte le rôle de miroir et te montrer à toi-même [qui es] sur le point de parvenir à la plus grande de toutes les voluptés. En effet, quoique le fruit véritable des

---

1. *Annales*, XIII, 1.

bonnes actions soit bien de les avoir faites et qu'il n'y ait aucune récompense qui soit digne des vertus, sinon elles-mêmes, il est plaisant d'examiner et de parcourir une bonne conscience, puis de jeter les yeux sur cette immense multitude en discorde, séditieuse, indocile, courant à sa ruine autant qu'à celle des autres si elle brise son joug et de parler ainsi à soi : "C'est donc moi qui, de tous les mortels, ai été préféré et choisi pour jouer sur terre le rôle des dieux ? Moi qui ai pouvoir de vie et de mort sur les peuples ? Le sort et le statut qui reviennent à tout un chacun sont placés entre mes mains ; ce que la fortune a voulu donner à chacun des mortels est annoncé par ma bouche ; selon notre verdict, les pays et les villes trouvent des raisons de se mettre en joie ; aucune région ne fleurit sans mon accord ou ma bénédiction ; tous ces milliers d'épées retenues par ma paix seront dégainées sur un signe de ma tête ; quelles nations il faut exterminer, lesquelles déporter, auxquelles il faut donner la liberté, auxquelles l'enlever, quels rois il faut réduire en esclavage, lesquels il convient de couronner, quelles villes tombent en ruine, lesquelles sont construites, tout cela est de ma juridiction. Malgré un tel pouvoir sur les affaires, la colère ne m'a pas contraint à des châtiments injustes, ni l'ardeur juvénile, ni l'insouciance ou l'opiniâtreté des hommes qui souvent mettent à l'épreuve la patience des tempéraments même les plus tranquilles, ni même ce désir funeste, mais fréquent dans les grands empires, de démontrer sa puissance par la terreur. Le fer est enterré ou plutôt enserré à mes côtés, car je suis très économe de tout sang, même le plus vil ; il n'y a personne qui, manquant de tout le reste, ne trouve grâce à mes yeux par égard pour son humanité. J'ai écarté ma sévérité, mais je tiens ma clémence à portée de ma main ; et je me surveille, comme si les lois, que j'ai ramenées de la moisissure et des ténèbres[1] à la lumière, allaient me demander des comptes. J'ai été ému par le jeune âge de l'un, par la vieillesse de l'autre ; j'ai gracié l'un pour

---

1. Sénèque ne redoute pas de désigner ici le règne de Claude.

son élévation, l'autre pour son abaissement ; chaque fois que je ne découvrais aucun motif d'être miséricordieux, je me suis retenu. Aujourd'hui, si les dieux immortels me demandent des comptes, je suis prêt à énumérer tous les hommes." »

Ici Sénèque s'adresse de nouveau à Néron : « Tu peux le proclamer hardiment : tout ce qui a été placé sous ta garde et ta protection est maintenu en sécurité et la société ne subit aucun tort venant de toi, ni violemment, ni secrètement. C'est un honneur des plus rares et qui n'a été accordé jusqu'ici à aucun empereur, celui que tu as convoité : l'innocence[1]. »

A-t-il existé un autre souverain, dans l'histoire du monde, à qui un tel programme de règne aurait été proposé ? Le plus remarquable – j'ai envie d'écrire : le merveilleux – est que Néron s'y conformera. Du moins dans les premiers temps. On gardera le souvenir de cette petite « équipe » au sein de laquelle un empereur tout-puissant sollicite les avis de deux aînés aux antipodes l'un de l'autre.

Si l'on prend connaissance des mesures prises alors par le jeune homme, on les voit conformes aux conseils qu'il a reçus. Il refuse que lui soit attribué le titre d'*imperator* et lui préfère celui de *princeps*, « premier des citoyens ». Comment ne pas penser à Auguste, instigateur du principat ? Sans prendre la peine de consulter sa mère, il interdit aux avocats, généralement fort à leur aise, de réclamer des honoraires ; aux sénateurs récemment nommés d'organiser des combats de gladiateurs, parce que trop onéreux pour eux. Il abolit les impôts trop lourds et tient que l'on distribue au peuple 400 sesterces par tête. Suétone le montre alors « ne laissant échapper aucune occasion de faire montre de générosité et de clémence, et même d'affabilité ».

Que peut penser Agrippine de cette popularité qui s'accroît hors de sa propre influence ? Comment n'évoquerait-

---

[1]. L'édition en français de *De la clémence* à laquelle je me réfère, traduite du latin par Franck Lemonde, compte 65 pages imprimées.

elle pas le temps où Néron se promenait avec elle sur la même litière ? Celui où leurs profils superposés figuraient sur les monnaies[1] ? De jour en jour, sa haine se déchaîne envers ce Sénèque et ce Burrus qu'elle tient pour des usurpateurs : ne lui ont-ils pas volé le pouvoir ?

On la voit écrire sous son propre nom aux cités, aux rois, aux procurateurs. Elle lance des ordres sans même songer à en référer à Néron. En veuve éplorée, elle clame que les mesures préconisées à son fils par ses conseillers vont à l'encontre de celles prises par Claude.

Au temps où régnait son mari, elle assistait aux délibérations du Sénat. On lui objecte maintenant qu'une femme ne peut y être admise. Enflammée de colère, elle exige de son fils qu'il invite les sénateurs à tenir séance en son palais. Il y consent. Elle se cache derrière un rideau pour ne rien manquer de ce qui va être dit. Ils s'entassent de leur mieux dans la bibliothèque sans savoir qu'ils doivent leur inconfort à une femme inconsolable de son pouvoir envolé.

Toute tolérance a ses limites. On annonce l'arrivée à Rome d'une ambassade arménienne. Du vivant de son mari, « elle se tenait souvent à côté de Claude, soit lorsqu'il s'occupait des affaires de l'Etat, soit lorsqu'il donnait audience à des ambassadeurs, assise sur une tribune particulière[2] ». Estimant que rien ne devrait changer, elle se prépare, lors de l'audience annoncée, à rejoindre Néron. Sénèque juge inopportune cette présence qui pourrait donner à penser aux ambassadeurs que l'empereur ne peut gouverner sans sa mère. Néron prend place et ordonne que l'on introduise les Arméniens.

Remue-ménage dans la salle : Agrippine vient d'entrer et s'apprête ostensiblement à rejoindre son fils. Visible est l'embarras de Néron. Sénèque garde son sang-froid : à voix basse, il conseille à son maître d'aller embrasser sa mère. Avis auquel Néron obéit avec un empressement remarqué

---

1. Ainsi en est-il d'une pièce d'or de l'année 55.
2. Dion Cassius, *op. cit.*, LXI, 3.

de tous. Tout en la serrant dans ses bras, il la reconduit, sans qu'elle puisse protester, vers la sortie.

Dire de Néron, marié de force à Octavie, qu'il ne porte aucun intérêt à celle-ci serait insuffisant. Littéralement elle lui répugne ; Suétone emploie le mot « dégoût » et Tacite dit qu'elle lui « faisait horreur ». On s'étonnera dans ce cas qu'il l'ait tolérée si longtemps : il ne la répudiera qu'en 62.

Au premier rang des amis proches de Néron, on rencontre souvent un fort joli garçon, Marcus Salvius Othon, considéré comme l'arbitre des élégances romaines. Bien qu'issu d'une respectable famille, on le considère comme un chenapan de la pire espèce. Ses excès de toutes sortes scandalisent les uns mais amusent les autres. Suétone affirme que cet Othon a conduit Néron à l'homosexualité, mais avait-il besoin d'initiateur ? Le certain est qu'il manifeste déjà un appétit vorace pour tous les plaisirs que procure le sexe.

On a de fortes raisons de penser que les sorties nocturnes auxquelles Néron va participer régulièrement ont été organisées par Othon. Faute de luminaires et hors les temps de pleine lune, la ville reste plongée de nuit dans l'obscurité totale. On n'ose guère s'y aventurer, sauf la bande d'Othon, vite devenue la bande de Néron. Avant de quitter le palais, l'empereur se vêt à la manière des esclaves et se coiffe d'une perruque, déguisement qui ne trompe personne. Au débouché de la via Flaminia se tient le rendez-vous des plaisirs. Au cours de ces équipées, Néron se veut l'un des plus enragés. En 58, il échappera de peu à une embuscade tendue sur la via Flaminia. Au cours des expéditions, les « frasques impériales » dégénèrent : rixes dans les cabarets, portes des boutiques enfoncées, étalages renversés, passants rossés. Si les malheureux protestent, on les jette, selon Suétone, dans les égouts.

L'une de ces « parties » sera marquée par la rencontre du sénateur Julius Montanus qui rentre chez lui en compagnie de son épouse. Probablement ivre, Néron aborde celle-ci et tente de se livrer sur elle à des « outrages » désignés comme tels par Dion Cassius. Furieux, le sénateur – qui n'a pas reconnu l'énergumène – lui porte de tels coups de poing qu'ils envoient l'agresseur au tapis. Néron rentrera au palais en un si triste état que son médecin devra lui prescrire un repos de quelques jours. Ayant appris l'identité de l'homme qu'il a martelé de ses poings, le sénateur adresse à l'empereur une lettre d'excuses. En la lisant, Néron s'écrie : « Il savait donc qu'il frappait Néron et il vit encore ! » On rapporte le propos à Montanus qui, l'interprétant comme une condamnation, met lui-même fin à ses jours.

Evoquant cette période, Tacite ajoute cette simple touche : « Chaque nuit, Rome offrait l'image d'une ville prise. »

C'est, semble-t-il, dans un couloir du palais que Néron va rencontrer une très jeune et fort jolie personne, « esclave achetée en Asie », selon le méprisant Dion Cassius. Affranchie, Acté – tel est son nom – figure parmi le personnel domestique. Qu'elle se soit donnée à lui sans faire de manière ne peut étonner mais la surprise se propage quand on apprend que Néron ne peut plus se passer d'elle et qu'il la comble de présents comme de faveurs. Tacite : « Voici que s'était insinuée profondément dans son cœur, en flattant son goût du plaisir et par des secrets inavouables, sans que les amis plus âgés du prince tentent de s'y opposer, une femme sans importance qui, sans faire aucun tort à personne, satisfaisait ses désirs[1]. » Une passion ? Sans doute. Avec cette réserve dont le cher Tacite prend la responsabilité : « En même temps, il prit pour confidents M. Otho et Claudius Senecio, deux jeunes gens d'une grande beauté. »

On ne sait ce qu'Agrippine a pensé des garçons mais l'omniprésence d'Acté dans la vie de son fils n'a pas tardé à lui devenir fort peu agréable. Quand Néron lui annonce qu'il se propose de répudier Octavie pour épouser Acté, la scène orageuse qui en découle fait grand bruit. Néron ne cède point. Tout au contraire, il clame que, si sa mère l'empêche d'aimer Acté, il abdiquera pour aller vivre à Rhodes

---

1. *Annales*, XIII, 12.

avec la femme qu'il a choisie. La lucidité d'Agrippine, jamais éteinte non plus que ses ambitions, lui démontre qu'elle est allée trop loin. Avec un cynisme qui lui ressemble bien, elle adhère aux amours de son fils. « Changeant de méthode, elle se met à prodiguer à son fils des caresses, lui offre d'utiliser plutôt sa chambre à elle et son intimité pour cacher ce qu'exigent son jeune âge et son rang. Bien plus, elle avoue s'être montrée sévère mal à propos et elle lui donne de l'argent sur ses propres richesses, lesquelles ne sont pas loin d'égaler celles de l'empereur. Excessive lorsqu'elle avait voulu retenir son fils, elle s'abaisse, inversement, à l'excès[1]. »

Peine perdue. Les yeux de Néron sont déssillés. Ses plus proches amis le mettent en garde contre l'hypocrisie de cette femme. Le jeune empereur trouve la faille qui atteindra le plus sûrement sa mère : il chasse Pallas, son amant. Ployant sous le poids de l'or qu'il a reçu de toutes parts, celui-ci demande seulement qu'on le tienne quitte envers l'Etat de sa gestion des deniers publics. Accordé. C'est la tête haute que l'affranchi quitte la résidence impériale.

On s'étonne que cet homme d'une vive intelligence n'ait pas compris que les temps où l'on était interdisaient tout espoir à longue échéance. L'an 62 verra s'achever le règne de Pallas en même temps que sa vie. Une dose de poison aura suffi. La raison : « Il immobilisait, par sa longue vieillesse, une immense fortune[2]. »

Le cadre : une salle du Palatin dont on ne peut dire qu'elle soit « à manger » puisqu'elle est à tout usage. Au début du mois de février 55, Néron célèbre la fête des Sigillaires. Autour des tables, de très nombreux convives se sont déjà allongés. On remarque que l'on a attribué à Britannicus une table voisine de celle de Néron. Il vient de fêter ses quatorze ans.

---

1. *Annales*, XIII, 13.
2. *Annales*, XIV, 65.

Pourquoi tant de regards fixés sur l'adolescent ? Peu de temps plus tôt, les mêmes invités ont assisté à la fête des Saturnales également placée sous les auspices de Néron. Ils n'ont rien oublié de ce qu'ils ont vu et entendu : sur le ton de la plaisanterie – mais il s'agissait plus d'un ordre que d'une invite –, Néron a demandé à Britannicus de chanter. L'assistance s'est raidie. Peu accoutumé à paraître en public, le fils chétif de Claude allait sûrement se ridiculiser. Or, à l'étonnement de tous, Britannicus s'est emparé d'une harpe et mis à chanter – fort bien – les vers d'Astyanax cités par Cicéron :

O mon père ! ô ma patrie ! ô palais de Priam !
Plus que ma naissance, la chance me fait défaut.
Sachez que je possédais un trône ; voyez donc
de quelle fortune, de quelle puissance,
de quelles richesses m'a précipité le sort[1].

Quand il s'est tu, un silence charmé a suivi. Pas de doute : l'adolescent détrôné a clairement bénéficié de la sympathie de l'assistance. Seule Agrippine, enragée d'être exclue du pouvoir, a pu préparer Britannicus à sortir ainsi de lui-même.

Quelques jours plus tard, quand, le 12 février, on a fêté l'anniversaire de Britannicus, l'ex-impératrice n'a pas eu un mot pour Néron mais s'est ostensiblement empressée auprès du fils de Claude. La provocation est allée si loin que Néron lui en a fait l'observation. Alors elle s'est déchaînée : « Elle se lança, tête baissée, dans l'intimidation et les menaces, et ne se priva pas de dire, aux oreilles du prince, et hautement, que Britannicus était désormais un homme, qu'il était le véritable rejeton de Claude, digne de prendre en main le pouvoir qui lui venait de son père, un pouvoir qu'exerçait un intrus, un fils adoptif, en persécutant sa mère ; elle ne refusait pas, disait-elle, de rendre publics tous les maux de leur maison infortunée, d'abord son propre mariage, ensuite l'empoisonnement de son mari ; les dieux et elle-même

---

1. Cicéron, *Tusculanes*, III, 42.

avaient pris une précaution, et une seule : son beau-fils avait survécu. Elle irait avec lui au camp [des prétoriens] ; on entendrait d'un côté la fille de Germanicus, de l'autre l'infirme Burrus et l'exilé Sénèque, l'un avec sa main mutilée, l'autre sa langue de professeur, réclamer le gouvernement du genre humain. Et, en même temps, elle tendait les bras, accumulait les insultes, invoquait Claude devenu un dieu, les mânes infernaux des Silanus et tant de forfaits commis en vain [1]. »

Tout contribuait au tragique de la situation : la solennité du cadre, la cour atterrée, les imprécations de la femme en furie, les gestes pour crier la haine et – épouvanté – le jeune Britannicus, prétendu héros de la fête devenu soudain l'objet d'un conflit le dépassant.

Nous n'avons aucun mal à imaginer Néron après l'affreuse algarade : abattu d'abord, ayant vu sa mère se laisser aller à une telle rage et, peu à peu, faisant le tri entre les imprécations, prenant conscience qu'elles étaient lourdes de menaces. Il était vrai que la légitimité d'un Britannicus pouvait convaincre l'armée et – qui sait ? – émouvoir les foules. Cette peur qui, depuis l'enfance, dormait en lui, comment ne se fût-elle pas éveillée ? Une fois de plus, Néron a tremblé. De se savoir plus populaire – à l'exception d'Auguste – qu'aucun autre empereur ne le rassurait nullement. Il savait sa mère capable de tout. Un danger se profilait contre lui. Il devait l'éliminer.

A Locuste, toujours active, on a fait commander du poison.

A la table de Britannicus, les vaisselles d'or ou d'argent s'emplissent de mets à profusion. Les esclaves versent aux convives des vins de grand prix. Règle en usage pour les membres de la famille impériale : un serviteur goûte le premier aux boissons et aliments servis à Britannicus. La ruse imaginée à cette occasion a frappé Tacite : « Une boisson

---

1. *Annales*, XIII, 14.

encore inoffensive, mais très chaude, et préalablement goûtée, est offerte à Britannicus ; puis, comme il la refuse parce qu'elle est brûlante, on y verse, dans de l'eau froide, le poison qui se répand dans tous ses membres de telle manière que la parole, en même temps que le souffle, lui sont ôtés[1]. »

Britannicus est épileptique. Chacun le sait. Cependant qu'on l'emporte inanimé, Néron rassure les convives. Surtout que l'on ne s'inquiète pas : il va recouvrer bientôt ses sens. Récit quasiment identique de Suétone : « Le jeune prince tomba aussitôt qu'il en eût goûté ; Néron dit aux convives que c'était une attaque d'épilepsie, mal auquel il était sujet ; et, dès le lendemain, il le fit ensevelir à la hâte et sans aucune cérémonie, par une pluie battante[2]. »

Avant même que le dîner du Palatin fût servi, on a préparé le bûcher au Champ de Mars. Quand on y porte le cadavre, les averses se révèlent si violentes que les Romains croiront y voir un signe de la colère des dieux.

Selon Dion Cassius, Néron aurait fait enduire de plâtre le cadavre afin que l'on ne pût constater les taches dont le poison l'avait constellé ; « la pluie abondante qui tomba dessus enleva le plâtre encore humide, de façon que le crime fut révélé non seulement aux oreilles mais aussi à tous les yeux[3] ».

Bien que Tacite, Suétone, Dion Cassius se soient portés garants du crime, de nos jours certains historiens l'ont mis en doute. C'est le cas notamment d'Arthur Weigall qui cherche en vain dans le caractère de Néron ce qui permettrait de ratifier la thèse de sa culpabilité : « Il n'avait que dix-sept ans et, pour quelques années encore, il devait être pur de toute souillure de meurtre[4]. » Rappelant que Sénèque a écrit *De la clémence* un an seulement après la mort de Britannicus, l'historien anglais estime, s'il y avait eu complicité

---
1. *Annales,* XIII, 16.
2. *Vies des douze Césars,* « Néron », XXXIII.
3. Dion Cassius, *op. cit.,* LXI, 7.
4. Arthur Weigall, *Néron* (1931).

de Néron, que le stoïcien n'aurait pu y introduire de telles lignes : « Cette bonté singulière qui est la tienne ne perd pas sa peine et n'a pas dû faire face à des ingrats ou à des critiques malveillants. On fait preuve de reconnaissance à ton égard : pas un homme ne fut aussi cher à un homme que tu ne l'es au peuple romain, tel son bien le plus grand et le plus précieux[1]. » Autre argument pour nier le crime : comment croire que Néron ait pu considérer Britannicus comme un rival sérieux ?

Georges Roux – autre biographe de Néron – formule également des doutes mais ils sont d'une autre espèce. Ayant consulté des toxicologues, il a reçu d'eux des indications qu'il juge troublantes. Tacite montre Britannicus s'effondrant inanimé et perdant à la fois la voix et l'esprit : *ut vox pariter et spiritus raperentur*. Dès lors que le verbe latin *rapere* signifie : ravir avec violence, l'idée d'un poison foudroyant s'impose. Or les toxicologues consultés affirment qu'il n'en existait pas de ce genre à l'époque de Néron. Autre argument de Georges Roux : Tacite, Suétone, Dion Cassius s'expriment au plein de la réaction antinéronienne. La mode est de ne parler que du mal qui lui est imputé. Tacite ne craint pas de renchérir : « La plupart de ceux qui ont écrit sur cette période racontent que Néron, avant le jour du meurtre, avait à plusieurs reprises abusé de l'enfance de Britannicus. »

Au lecteur qui douterait de l'empoisonnement, je ferai observer que sa description par les trois auteurs romains abonde en détails matériels précis, souvent concordants, dont plus de la moitié se révèlent inutiles pour étayer une démonstration. Agrippine ne s'y est pas méprise un instant. Tacite la dépeint au moment où Britannicus s'est effondré : « Agrippine laissa transparaître une telle peur, un tel bouleversement d'esprit, bien qu'elle cherchât à en dissimuler l'expression sur son visage, qu'il fut évident qu'elle était aussi peu au courant qu'Octavie, la sœur de Britannicus :

---

1. *De la clémence.*

c'est qu'elle comprenait que son ultime recours lui était arraché et que c'était un précédent pour un parricide [1]. »

Quant aux toxicologues, on reste libre de se demander comment ils pouvaient être sûrs qu'il n'existât pas, à l'époque de Néron, de poison violent. Les recettes de Locuste auraient-elles franchi deux millénaires ?

Dès ce jour, Octavie s'est mise à haïr son mari.

De l'événement, Agrippine vient de tirer la conclusion qui s'impose : le fils s'est hissé au niveau de la mère. Il a montré, pour faire mourir Britannicus, le même esprit de décision dont elle-même a fait preuve à l'égard de Claude. Pour se protéger, il lui faut prendre les devants, donc trouver un prétendant propre à détrôner Néron et plausible aux yeux des prétoriens : elle se sait en mesure d'acheter beaucoup de monde. Elle veut avant tout s'assurer de la fidélité de sa propre garde. Envers ceux qui la composent, elle entreprend des manœuvres de séduction. Informé aussitôt, Néron supprime cette garde. Restent aux ordres de l'ex-impératrice les mercenaires germaniques, héritage de la garde personnelle que s'était donné Caligula. Néron les lui ôte. Le Palatin tout entier la voit désormais errer, la colère au visage, la vengeance dans les yeux. C'est plus que Néron n'en peut supporter. Au cours de l'année 55, il invite expressément sa mère à transférer sa demeure au palais où résidait autrefois sa grand-mère Antonia, fille d'Antoine. Elle proteste, crie qu'elle n'ira pas. Néron persiste. Les Romains en tirent rapidement une leçon : « En la voyant pour la première fois sans son corps de garde prétorien, la populace prit soin de ne pas se trouver à côté d'elle, même par accident ; et si d'aventure quelqu'un la rencontrait, il se hâtait d'obliquer sans un mot [2]. »

Ostensiblement, Néron vient de temps à autre rendre visite à sa mère. Il prend garde de ne rester jamais seul en sa compagnie, se fait escorter d'officiers et fonctionnaires de la cour. A son entourage il répète qu'il espère voir sa mère

---

1. *Annales*, XIII, 16.
2. Dion Cassius, *op. cit.*, LXI, 8.

refouler ses rancœurs et sa haine. Si elle quitte Rome pour se porter dans l'une des nombreuses demeures qu'elle possède, peut-être cessera-t-elle ses plaintes.

« Rien, en ce monde des mortels, dit Tacite, n'est aussi instable et fuyant que le renom d'une puissance qui ne s'applique pas sur sa propre force. » Ce raisonnement concerne bien sûr Agrippine. L'auteur des *Annales* peint sa maison désertée. Sur la raison des visites de Néron, il s'interroge : « Par affection, ou peut-être par haine, on ne sait. »

Quand Néron a annoncé qu'il régnerait « suivant les principes d'Auguste », il est probable que beaucoup de Romains en ont douté. Il le démontre avec éclat. Au cours de l'hiver de 54-55, la ville a frôlé la famine ; l'empereur se soucie de rendre plus régulier et plus aisé l'approvisionnement de Rome. De cette tâche, il charge Faenius Rufus, un homme connu pour son intégrité. Parallèlement, au port d'Ostie, il engage des travaux – ils dureront plus de cinq ans – propres à faciliter l'arrivée des bateaux d'Egypte ou d'Afrique du Nord chargés de céréales. En 59, il inaugurera, sur le Caelius, un grand marché – *magnum macelleum* – où les Romains trouveront chaque jour ce qui leur est nécessaire.

Conscient que la ville manquait souvent d'eau, Jules César avait conçu un plan à cet égard, malheureusement resté non avenu. Néron ordonne qu'il soit actualisé et sans tarder mis en œuvre. Pour recevoir l'eau du grand aqueduc, il fait mettre en place un énorme réservoir, l'Aqua Claudia. Les Romains peuvent enfin bénéficier d'une véritable adduction d'eau.

On doit reconnaître à Néron le sens de la publicité : pour commémorer le succès de ses entreprises, il fait frapper des monnaies célébrant aussi bien Cérès, déesse des produits de la terre ; Annone, déesse des récoltes ; les travaux du port d'Ostie ; ceux du grand marché ; d'autres.

Néron aime Rome. On l'imagine, du haut de la terrasse de son palais, s'attardant à considérer l'*Urbs* et ses collines. Les bruits de la ville montent jusqu'au Palatin. D'heure en heure, s'accroît la rumeur d'une population continuellement en mouvement et qui étouffe entre ses murs. Faire tenir 1 200 000 habitants sur une aire de 2 000 hectares, cette réalité ne peut être que préoccupante. Aux 700 000 citoyens reconnus comme tels, il faut ajouter la garnison, la masse des pérégrins non identifiés – les immigrés de l'époque – et surtout la foule immense des esclaves. En Italie, on en estime le nombre à deux ou trois millions. La seule ville de Pergame en compte environ 40 000, soit le tiers de la population adulte. Faut-il croire aussi à un tiers d'esclaves à Rome ? Les textes montrent l'empereur sans cesse occupé de cette ville reconstruite, après son anéantissement par les Gaulois, dans un désordre auquel la République, puis l'Empire, ont tenté de remédier sans y parvenir. Néron voudrait des voies nouvelles, des quartiers remodelés. Rêve impossible. Ce qui l'obsède – comme déjà Jules César –, ce sont les incendies qui ravagent régulièrement la ville. Auguste a fait naître des corps de vigiles et de pompiers ; Néron fait élever à ses frais des « portiques » devant la façade d'un grand nombre de demeures. Du haut de ceux-ci, on pourra plus efficacement lutter contre les flammes.

D'année en année, s'aggrave l'antinomie entre les lieux dits officiels – Forums, Capitole, Champ de Mars –, ceux où règne le luxe, et les quartiers populaires. On passe des magnifiques demeures du Quirinal ou du Pincio aux immeubles agglutinés et souvent chancelants des rues étroites, ruelles, impasses des quartiers du Vélabre ou de Subure. Située au fond d'une dépression inondée chaque fois que le Tibre sort de son lit, cette zone souvent bourbeuse s'imprègne, l'été, d'une puanteur que les habitants accusent d'être génératrice des fièvres dont ils souffrent.

Comment opposer des règles d'urbanisme au déferlement d'une population surgissant de toutes les provinces d'Occident et d'Orient dans l'espoir de trouver l'aisance et qui sombre en fait dans la pire des précarités ? Les hors-la-loi de plus en plus nombreux terrorisent les pauvres gens. La disette est de règle.

Que pensent les habitants des beaux quartiers ? Sénèque : « Les yeux des nobles qui sont offusqués chez eux par la moindre tache supportent allégrement au-dehors les ruelles sales et boueuses, la crasse des passants, la vue des immeubles aux murs écaillés, lézardés, disjoints. »

Oublié l'ordre d'Auguste qui a fixé aux demeures une hauteur ne pouvant dépasser vingt mètres. On ne compte plus maintenant les immeubles de cinq étages et plus. Juvénal plaisante cette « Rome aérienne » qui ne tient debout que sur des poutrelles de bois aussi minces que des flûtes. Il se plaint comiquement de la cohue qui, à toute heure du jour, voire de la nuit, encombre les rues étroites. S'y faufiler devient un exploit. Les coups de coude ne sont que babioles comparés au danger de recevoir sur la tête une solive ou une barrique brandies, à bout de bras, par des porteurs qui tentent à grands cris de s'ouvrir un passage [1].

Pire est la nuit. Les règles fixées par Jules César sont toujours en vigueur : ce n'est qu'après le coucher du soleil que circulent les charrois. Le poète Martial se plaint du vacarme ininterrompu qui lui brise les oreilles : « A Rome, il n'est pas possible au pauvre de penser ou de se reposer. Impossible de vivre en paix le matin à cause des maîtres d'école [2], la nuit à cause des boulangers, toute la journée à cause des marteaux des chaudronniers. Ici un changeur inoccupé fait rouler sur sa table crasseuse des piles de pièces à l'effigie de Néron. Là un ouvrier espagnol bat du sable d'or et frappe de son maillet sa pierre usée. Rien n'arrête la troupe fanatique des fidèles de Bellone [3], ni le naufragé verbeux à la poitrine entourée de bandages, ni le juif auquel sa mère a appris à mendier, ni le colporteur chassieux qui vend ses allumettes soufrées [4]. » La plèbe circule, commente, bavarde, se bouscule aux fêtes et aux jeux, ouvre toutes grandes ses oreilles aux nouvelles.

Aucune ville, en aucun temps, ne semble avoir bénéficié d'autant de faveurs. Au cours d'une année, le peuple dispose

---

1. Juvénal, III.
2. Ils font classe dans la rue.
3. Déesse romaine de la guerre.
4. Martial, *Epigrammes*, XII, 57.

Le ventre qui enfanta Néron

de 202 jours fériés. Les chômeurs – il y en 150 000 à Rome – perçoivent des indemnités non négligeables. Ceux qui préfèrent travailler – cela arrive – bénéficient d'un jour et demi de repos rémunéré pour chaque journée d'activité.

Les Romains raffolent des jeux et, les associant au pain, on sait qu'ils en redemandent. Sachant qu'ils brûlent volontiers ce qu'ils ont adoré et tenant à la paix civile, Néron leur offre l'un et les autres. En 57, il fait édifier au Champ de Mars un amphithéâtre en bois d'une ampleur si considérable qu'il faudra une année pour l'achever. On y accueille des spectacles de gladiateurs avec cette restriction novatrice : d'ordre de l'empereur toute mise à mort est interdite. Au cirque comme au théâtre, il va plus loin, proposant, entre autres, les jeux Juvénaux et ceux célébrés pour la gloire de l'Empire. A l'instar de César et d'Auguste, il y fait tirer des loteries. Des billets sont projetés sur la foule et, selon l'intarissable Suétone, ceux qui s'en saisissent – les plus agiles – gagnent « des oiseaux par milliers, des mets à profusion, des bons payables en blé, des vêtements, de l'or, de l'argent, des pierres précieuses, des perles, des tableaux, des esclaves, des bêtes de somme, des bêtes sauvages apprivoisées, jusqu'à des vaisseaux, des immeubles de rapport, des terres[1] ».

L'entente serait-elle générale au sein de l'empire de Néron ? Au cours de l'année 57 et au début de 58, la fronde qui règne au Sénat nous convainc du contraire. Les difficultés ont surgi d'un projet de réforme fiscale caressé par le nouvel empereur. Le peuple se plaint quotidiennement des excès des publicains, autrement dit les collecteurs d'impôts. Illusion d'un jeune homme ou calcul savant – on en discute encore –, Néron annonce sa volonté d'abolir toutes les taxes indirectes « pour faire ainsi au genre humain le plus magnifique des présents ». A sa grande surprise, il provoque une levée de boucliers. Les sénateurs jugent que la suppression

---
1. *Vies des douze Césars*, « Néron », XI.

des impôts indirects aura pour corollaire des impôts directs à percevoir dans toute l'Italie. Exemptés jusque-là, les citoyens non romains se rebellent. Conscients qu'une telle réforme favoriserait surtout l'administration impériale, les sénateurs y mettent toutes les formes, redoublent d'égards envers l'empereur, mais la repoussent.

Pour la première fois de son règne, Néron se trouve en échec. Extrême, son irritation. On peut croire que, de cet épisode, a surgi la volonté – encore confuse – de changer de stratégie [1].

L'Empire est en paix, les impôts trop lourds sont abolis, la justice est rendue avec équité, le poète Calpurnius Siculus chante le rétablissement de la concorde, le Sénat se montre enchanté que les monnaies soient frappées de la mention *ex senatus consulto*, « par décret du Sénat ». A l'extérieur, Néron récuse les annexions brutales. Plutôt qu'une nouvelle guerre en Germanie, il préfère l'érection d'une digue sur la rive gauche du Rhin.

L'empereur Trajan affirmera que les cinq premières années du règne de Néron ont été plus profitables aux Romains que tous les autres règnes. Tacite, généralement fort hostile à Néron, traite rapidement de ces années-là : il n'aurait pu trouver à y redire [2].

Parmi les rares personnes qui daignent rendre visite à Agrippine, quatre ou cinq seulement ne dissimulent pas leur fidélité. Par exemple, un jeune homme de vingt ans, Rubellius Plautus, arrière-petit-fils de l'empereur Tibère, petit-neveu de l'empereur Claude et cousin de l'empereur Caligula. Dans le milieu étroit et cancanier de l'aristocratie, un bruit va se répandre : Agrippine verrait en lui un éventuel empereur dans le cas où Néron serait conduit à abandonner le trône. Il n'est pas impossible que, s'appuyant sur cette rumeur, une certaine Julia Silana, fort noble, fort belle et

---

1. Eugen Cizek, *op. cit.*
2. Guy Achard, *Néron* (1995).

fort débauchée, ex-amie d'Agrippine devenue son ennemie, ait conçu en compagnie de Domitia Lepida – toujours brouillée avec Agrippine – un mini-complot dans le but de perdre définitivement Agrippine aux yeux de Néron.

Comment avertir l'empereur du complot imaginaire organisé contre lui par sa mère ? On fait choix d'un affranchi de Domitia, un acteur comique nommé Pâris, que Néron accueille parce qu'il le fait rire. Terrorisé, l'infortuné ne peut refuser. Quelques jours plus tard, ce Pâris est à point nommé convoqué par Néron pour amuser ses convives un soir après dîner. Les deux conspiratrices lui fixent aussitôt son rôle : après avoir fait la preuve attendue de ses talents comiques, il prendra Néron à part pour lui dénoncer le projet de sa mère de le remplacer par Rubellius Plautus.

Quand, tard dans la nuit, Pâris arrive au palais, il trouve Néron et ses amis – parmi lesquels Burrus et Sénèque – fort éméchés à la suite d'un repas trop arrosé. Troublé au-delà de tout, Pâris oublie de faire son numéro. Il va droit à Néron et, tout de go, lui fait part de ce dont on l'a chargé. La dénonciation, dit Tacite en l'une de ses meilleures pages, « cause à Néron, qui l'écoute, une peur telle que celui-ci décide non seulement [de] faire tuer sa mère et Plautus, mais de destituer Burrus de sa préfecture, en disant que, nommé à ce grade par la faveur d'Agrippine, il lui rendait la pareille ». Cette colère s'exerce en présence de l'intéressé que l'on devine atterré. Elle n'a de sens que si Pâris, pour faire vrai et rappelant que les prétoriens étaient sous l'autorité de Burrus, préfet du prétoire, a dénoncé celui-ci comme prêt à appuyer l'opération prétendument projetée par Agrippine.

Une peur, insiste Tacite. Semblant oublier la menace qui pèse sur sa propre personne, Burrus tente de le calmer : avant de faire mourir Agrippine, il faut se convaincre de sa culpabilité et lui accorder le droit de se défendre. Burrus insiste : les accusateurs ne se sont pas dévoilés, on n'a entendu que les propos d'un histrion et il est clair qu'ils lui ont été soufflés par une maison ennemie. L'aube est proche, on a passé la nuit à banqueter. Tout cela risque d'entraîner une hâte excessive et – pire encore – une erreur[1].

Il faut croire que Sénèque a appuyé Burrus avec la force de persuasion que tous lui reconnaissent. Qu'un fils fasse arrêter sa mère, qu'il l'envoie en exil, voilà qui, à la rigueur, peut se comprendre. Mais la tuer ! Néron, qui se libère peu à peu des effets du vin, se laisse enfin convaincre. Au lieu d'envoyer des exécuteurs à sa mère, il consent à dépêcher auprès d'elle, à titre de témoins, une mission composée d'affranchis. Il fait volte-face : Sénèque et Burrus en feront partie. Ce dernier jure, s'il voit Agrippine convaincue du crime dont on l'accuse, qu'il la tuera de ses propres mains.

L'aube pointe quand la mission arrive chez Agrippine. L'ex-impératrice a dû être réveillée en sursaut. Est-elle en tenue de nuit quand elle accueille ces hommes visiblement pénétrés de la gravité de l'instant ? Burrus lui expose le contenu des accusations proférées contre elle et précise l'identité des accusatrices révélée sans doute par un Pâris menacé de torture. Comprenant tout, Agrippine le prend de haut. On en trouve la trace dans les propos que Tacite reproduit exceptionnellement sous la forme directe :

– Je ne suis pas étonnée que Silana, n'ayant jamais eu d'enfant, ignore les sentiments d'une mère ; les parents ne sauraient changer d'enfant comme une femme débauchée change d'amant... Ce n'est pas une raison pour que nous supportions, moi l'infamie, Caesar le remords d'un crime contre nature (*parricidium*). Quant à l'hostilité de Domitia, je lui en serais reconnaissante si elle rivalisait avec moi d'affection envers mon cher Néron ; mais en réalité, avec l'aide de son amant Atimetus et de l'histrion Pâris, elle compose une sorte de comédie de théâtre. Elle faisait construire des viviers dans sa villa de Baïes tandis que je préparais l'adoption [de Néron], l'octroi du pouvoir proconsulaire, la désignation au consulat et tout ce qui menait à l'Empire. Que se dresse quelqu'un pour prouver que j'ai essayé de corrompre

---

1. *Annales*, XIII, 20.

les cohortes à Rome, ou d'entraîner les provinces à se révolter ou inciter au crime des esclaves ou des affranchis ! Pouvais-je vivre, moi, si Britannicus avait obtenu le pouvoir ! Si Plautus ou un autre devient maître de l'Etat et est appelé à me juger, il ne se trouvera sans doute pas d'accusateur pour me reprocher, non pas des paroles qu'un excès de tendresse parfois rend imprudentes, mais des crimes dont je ne puis être absoute que par mon fils[1] ?

La sincérité d'Agrippine éclate si fortement – du grand art ? – que Sénèque et Burrus songent plus à tarir ses larmes qu'à l'interroger. Agrippine exige de son fils une audience immédiate. Entrés chez elle pour la juger, Sénèque et Burrus quittent son palais en tant que ses ambassadeurs. A peine en présence de l'empereur, ils jurent que l'innocence d'Agrippine ne fait aucun doute : ceux qui ont voulu la compromettre ne sont que des calomniateurs ! Voilà Néron ému à son tour. Il accepte de rencontrer sa mère. Tacite, encore et toujours : « Là, sans protester de son innocence, ce qui aurait eu l'air d'en douter, ni rien dire de ce qu'elle avait fait pour lui, ce qui aurait eu l'air de le lui reprocher, elle ne parla que de tirer vengeance de ses accusateurs et de récompenser ses amis, et elle l'obtint. »

Elle épouvante, Agrippine, mais, convenons-en, quelle femme !

Elle ne renonce pas – c'est fou – à reconquérir son fils. Ayant passé de peu la quarantaine, elle veut croire que les années n'ont eu que peu de prise sur sa beauté : elle se sent toujours désirable et sans cesse on le lui confirme. Qu'elle fasse de son fils son amant et elle est sûre de se retrouver dotée du pouvoir. Tacite est loin d'être assuré qu'elle y soit parvenue mais il cite un certain Cluvius Rufus, auteur d'un ouvrage retraçant l'époque de Néron : « Cluvius rapporte que, dans son ardent désir de conserver sa puissance, Agrippine alla jusqu'à oser, au milieu du jour, à l'heure où Néron

---

1. *Annales*, XIII, 21.

était échauffé par le vin et la bonne chère, s'offrir plusieurs fois à lui alors qu'il était à moitié ivre, elle-même parée et prête à l'inceste et que, déjà, l'entourage proche remarquait leurs baisers amoureux et les caresses préludant à la consommation de cette infamie. » Suétone ajoute : « Toutes les fois qu'il se promenait en litière avec sa mère, il satisfaisait sa passion incestueuse ; ce que prouvaient assez les taches de ses vêtements. » Généralement couverte et portée sur un brancard, la litière accueillait une couchette et, pour la tête, un coussin.

Ce n'est pas tant la réalité d'une telle liaison que redoute Sénèque que ses conséquences sur l'opinion. Il a l'idée d'exploiter la jalousie d'Acté, maîtresse toujours en titre. Il oublie que le coup de foudre de Néron remonte à trois années et que les amants tumultueux d'alors donnent maintenant l'exemple d'une union tendre et paisible. La jeune femme se borne à signaler à Néron que le bruit d'un inceste se propage déjà dans Rome. L'argument semble avoir atteint son but. De cet inceste nié, on ne parlera plus mais, quand on lit Dion Cassius, on constate que son éventualité a pu, chez Néron, se muer en obsession : « Je rapporterai un fait dont tout le monde convient : Néron aima beaucoup une courtisane à cause de sa ressemblance avec Agrippine et, lorsqu'il faisait l'amour avec elle et qu'il s'en vantait devant ses amis, il disait qu'il couchait avec sa mère [1]. »

Au vrai, il ne peut plus évoquer Agrippine sans angoisse. Pour éviter le plus possible de la rencontrer, il se retire dans sa villa de Tesculum ou celle d'Antium. C'est aussi le temps où il découvre Poppée.

Sait-il, à vingt et un ans, qu'il se trouve à un tournant de sa vie ? Ce dont il est sûr, c'est qu'il vient de rencontrer une créature éblouissante. Aucune femme, dit Tacite, ne pouvait lui être comparée. De Poppée, les contemporains s'empressent à louer le teint sans pareil et en livrent l'explication :

---

1. Dion Cassius, *op. cit.*, LXI, 2.

elle entretient la blancheur de sa peau en l'enduisant chaque jour de lait d'ânesse.

Fille d'un magistrat respecté sous le règne de Tibère, elle a épousé, très jeune, le préfet du prétoire Rufrius Crispinus, beaucoup plus âgé qu'elle et que son remplacement brutal par Burrus avait fort aigri. Rencontrant le très beau et très jeune Othon, l'ami de Néron, elle a sur-le-champ quitté pour lui son mari. Elle vient d'avoir vingt ans. Tacite se montre frappé par le double héritage qu'elle tient de sa mère : la beauté et la richesse. Il la montre faisant apparemment preuve de réserve mais s'abandonnant secrètement à une vie dissolue. Une de plus ! « Cette femme avait tout pour elle, sinon le sens moral[1]. »

Les historiens latins ne s'accordent pas sur les circonstances de la rencontre. On est tenté de donner aujourd'hui la préférence à la version selon laquelle Othon, très amoureux, aurait vanté imprudemment les qualités intimes de sa femme auprès de son ami, lequel l'aurait invitée à la cour où elle aurait « embrasé ses sens ». Othon a non seulement perdu sa femme, mais a été expédié en Lusitanie. Le plus loin possible à l'ouest de l'Espagne.

Devenue maîtresse officielle, la belle Poppée est aussitôt prise en grippe par Agrippine qui, les rares fois où elle voit encore son fils, lui dénonce l'ambition de la jeune personne. Réplique vigoureuse et efficace de Poppée : Néron, lui crie-t-elle, n'est à l'égard de sa mère « qu'un pupille, esclave des volontés d'autrui ». Tant que sa mère vivra, il ne connaîtra pas de paix !

L'idée chemine de faire disparaître l'obstacle maternel. Reste à savoir de quelle manière. Le poison ? Les morts de Claude et de Britannicus sont trop proches dans les mémoires. Néron prend conseil d'Anicetus, son ancien précepteur : il connaît la haine vigilante que le préfet de la flotte de Misène porte à Agrippine. Anicetus se montre ingénieux : il propose de construire une embarcation truquée dont, au

---
1. *Annales*, XIII, 14.

moment voulu, le toit s'abattra sur Agrippine. Néron approuve : sa mère doit mourir.

Nous sommes à la fin de l'hiver 58-59. A Rome, des pluies glacées s'abattent sur la ville. Quand Néron annonce son intention de passer au soleil les fêtes des Quinquatries – elles célèbrent la naissance du printemps –, tout l'entourage se réjouit de suivre l'empereur à Baïes, en Campanie, dans la magnifique villa qu'il y possède.

Depuis longtemps, ce port est célèbre pour ses eaux thermales et plus encore pour la vue incomparable qu'offre le golfe de Pouzzoles : « Le bijou de Vénus », dit Martial ; « le plus amène de l'univers », s'écrie Horace. Egal à lui-même, Sénèque rectifie : « La sentine de tous les vices. » Dès l'époque de Cicéron, les aristocrates fortunés s'y sont pressés. Les poètes chantent la ville de Tibère, plus tard celle de Caligula. Dès le commencement de son règne, Néron y a fait entreprendre de vastes travaux afin que soient réunies, en un seul et immense bassin, toutes les eaux thermales du lieu.

Agrippine se morfond à Antium. Assistée d'une dame de compagnie, d'un intendant et d'un affranchi dont on a dit qu'il était son amant, va-t-elle refuser l'invitation de le rejoindre à Baïes que lui adresse son fils ? La lettre n'est-elle pas rédigée en termes « des plus affectueux » ? Elle dispose elle-même à Baule, à trois kilomètres de la villa de Néron, entre le cap Misène et le lac de Baïes, d'une demeure baignée par une anse de la mer. On lui affirme que Néron a répété plusieurs fois : « Il faut souffrir l'humeur de ses parents et tout fils doit savoir apaiser ses ressentiments. » Elle accepte. Pour se rendre d'Antium à Baïes, elle voyage par mer et tient à y débarquer pour rencontrer, avant tout autre, ce fils qu'elle veut encore une fois reconquérir.

Néron l'accueille sur le rivage, la serre dans ses bras et la conduit à Baule où elle voit, parmi d'autres, un navire « particulièrement orné » – en fait une mini-galère – que lui destine Néron « comme un honneur supplémentaire attribué à sa mère ». Elle-même, précise Tacite, « avait coutume de se faire porter par une trirème, équipage de la marine de guerre ». Sa réaction illustre cruellement le peu de confiance que la mère éprouve toujours à l'endroit de son fils : éclairée soit par un pressentiment, soit par une confidence de dernière minute, elle refuse le « navire orné ». Changée, coiffée – elle veut être à son meilleur –, elle se fait porter en litière à Baïes.

L'accueil empressé de Néron aurait dissipé ses craintes s'il lui en était resté. S'engage entre la mère et le fils un long entretien. Néron s'exprime tantôt « avec la familiarité d'un jeune homme, revenant quand il le faut à la gravité comme s'il voulait associer sa mère à des affaires importantes ». Le dîner se prolonge longtemps. Enfin elle prend congé, il la conduit jusqu'au rivage. Avant de se séparer d'elle, il la garde un moment « serrée étroitement sur sa poitrine » – ne nous privons surtout pas de Tacite – « soit pour que la comédie fût complète, soit parce que la dernière vision qu'il avait de sa mère, promise à la mort, retenait ce cœur quelque sauvage qu'il fût ».

Non sans étonnement, Agrippine trouve devant elle le « navire orné » qui a fait la traversée pour venir la chercher. Ici l'historien se fait poète : « C'était une nuit brillante d'étoiles, calme, sur une mer tranquille, que l'on eût dite envoyée par les dieux pour rendre le crime évident. » Deux familiers d'Agrippine l'accompagnent : Crepereius Gallus et la suivante Acerronia. Cependant que les rameurs s'installent, Crepereius se tient près des avirons de gouverne et la suivante préfère se blottir aux pieds d'Agrippine. Elle-même, étendue, ne cesse de s'émerveiller du repentir de son fils et de son propre retour en faveur. La mini-galère glisse dans la nuit. Tout à coup, sur le signal donné par l'un des rameurs, le toit de la cabine s'effondre. Crepereius est tué sur le coup. Protégées par les montants du lit, Agrippine et Acerronia sont sauves. Assassins désignés, les rameurs attendent que l'embarcation, comme prévu, se disloque. Rien ne se produisant, ils se portent tous du même côté et la font chavirer. Acerronia, projetée dans l'eau, crie dans la nuit pour être secourue. On l'assomme à coups de rames. Bonne nageuse, Agrippine s'éloigne au plus vite. On jette sur elle un agrès qui ne fait que la blesser. Au moment où elle approche du rivage, des pêcheurs lui portent secours, la chargent dans leur barque et la déposent à côté de la litière et des porteurs qui l'attendaient. Elle rentre chez elle.

Néron a voulu la tuer. Bien. Elle reste en grand danger. Elle le sait. Comment doit-elle se comporter ? Elle décide que l'affaire sera un accident. Elle connaît son fils et sait que ce mensonge – et le ratage de la manœuvre – peuvent le déstabiliser. Que peut-elle faire d'autre ? Accuser hautement Néron de tentative d'assassinat ? Qui voudra écouter une mère affaiblie plutôt qu'un empereur tout-puissant ? Jouant le tout pour le tout, elle envoie à son fils son affranchi Agermus chargé de lui faire connaître que « grâce à la bienveillance des dieux et à la bonne fortune du prince », elle a survécu. Elle ajoute qu'il lui faut se reposer et demande que, pour le moment, on ne lui fasse pas visite.

Néron la croyait morte. Il la découvre vivante. Il hurle : sa mère va se venger, armer ses esclaves, soulever les prétoriens qui la gardent, survenir en force pour le tuer. Il sait de quoi elle est capable ! Elle regagnera Rome, ira se présenter au Sénat et se faire acclamer impératrice par le peuple.

Probablement Néron a-t-il traversé, cette nuit-là, la plus effroyable peur de sa vie. A Burrus et Sénèque, il demande, presque comme un enfant, ce qu'il doit faire. Long silence. Les deux hommes ne peuvent méconnaître qu'ils sont au service d'un jeune assassin en train de perdre pied au moment de tuer sa mère. Ils décident qu'il faut aller jusqu'au bout du crime. Ils donnent l'ordre de se saisir d'Agermus : on prétendra que l'affranchi, sur ordre de sa maîtresse, est venu tuer Néron. Lequel affranchi comprend qu'il doit mourir.

Le préfet Anicetus se chargera du dernier acte. Il entoure la villa d'Agrippine d'un cordon de gardes, enfonce la porte, fait arrêter les esclaves et pénètre dans la chambre d'Agrippine. Il la trouve couchée, veillée par une seule servante.

Dans la pièce ne brille qu'une petite lumière. La servante s'enfuit. « Toi aussi, tu m'abandonnes », dit seulement Agrippine. Les exécuteurs entourent le lit. L'un d'eux la frappe à la tête d'un coup de bâton mais ne fait que l'étourdir. Un centurion sort son épée pour lui porter le coup décisif. Elle lui montre son ventre.

— Frappe ici, c'est le ventre qui a enfanté Néron.

CHAPITRE VII

Pierre et Paul à Rome

Un citoyen romain d'un âge respectable pose la tête sur un billot. Un prétorien élève son glaive. Un ordre bref. Le glaive s'abat, la tête roule à terre. L'homme est Paul de Tarse.

Dans les jardins de Néron, au milieu des chrétiens qui hurlent sous les tortures, se dressent des pieux, appelés aussi croix. Nombreux sont ceux que l'on y cloue. L'un d'eux proteste. Il ne veut pas être crucifié *à l'endroit*, comme les autres. Il réclame hautement de l'être *la tête en bas*. On suppose que cela amuse les bourreaux. Au fond, pourquoi pas ? Voilà qui les changera. L'apôtre Pierre n'a rien dit de la raison pour laquelle il réclame un tel traitement. Nous, nous le savons : il ne se sent pas digne d'être crucifié comme l'a été le Seigneur.

Telles sont les images stéréotypées qui nous viennent en mémoire quand nous évoquons la mort des deux apôtres. Sont-elles authentiques ?

Le destin de Paul s'est écrit du jour où, ayant réuni sa collecte au profit des chrétiens pauvres de Jérusalem, il s'est embarqué à Assos, sur la côte nord du golfe d'Edremit. Luc qui, avec quelques compagnons, s'embarque avec lui, s'est souvenu de l'émotion qui planait sur leur groupe[1]. Elle était à son comble : « Tout le monde alors éclata en sanglots et

---

1. Dans ce passage des Actes et les suivants, Luc s'exprime à la première personne, manière qu'il utilise tout au long de son œuvre pour montrer que, dans ce cas, il n'est plus seulement l'historien de Paul mais un témoin personnellement impliqué.

se jetait au cou de Paul pour l'embrasser. Leur tristesse venait surtout de la phrase où il avait dit qu'ils ne devaient plus revoir son visage. Puis on l'accompagna jusqu'au bateau[1]. »

On navigue vers Rhodes et, au-delà, vers Tyr. En y débarquant, Paul trouve une Eglise chrétienne dont les membres tentent de le persuader de renoncer aux dangers qui l'attendent à Jérusalem. Passant outre, il s'embarque pour Ptolémaïs d'où, avec les siens, il repart pour Césarée, à 55 kilomètres de là. Une fois à Jérusalem, il loge chez un certain Mnason de Chypre, « disciple des premiers temps ». Aussitôt, il fait annoncer à Jacques sa présence dans la ville. Réponse immédiate : le successeur de Pierre l'attend. Paul s'est-il inquiété à tort ? « A notre arrivée à Jérusalem, dit Luc, c'est avec plaisir que les frères nous ont accueillis. Le lendemain, Paul s'est rendu avec nous chez Jacques où tous les anciens se trouvaient aussi. »

Connaissant Paul et Jacques, nous n'avons aucun mal à nous les figurer : le Tarsiote affichant une calvitie aggravée et une barbe grisonnante ; le frère du Seigneur dont les cheveux jamais rasés ni coupés ont dû atteindre une longueur terrifiante.

En entrant, Paul salue Jacques. L'accueil est courtois. L'évêque de Jérusalem invite Paul à s'expliquer sur le sens de ses missions et sur leur résultat. Avec l'ardeur que nous lui connaissons, celui-ci évoque « tout ce que, par son service, Dieu avait accompli chez les païens ». Encourageante, la réaction : « Les auditeurs de Paul rendaient gloire à Dieu[2]. »

Jacques réplique en mentionnant avec fierté les milliers de fidèles que l'on compte désormais parmi les juifs et se réjouit que ceux-ci soient restés partisans de la Loi. Voilà qui permet d'augurer d'autres entretiens pacifiques. Si Paul l'a cru, vite il a déchanté. L'entourage de Jacques l'éclaire

---

1. Ac, XX, 37 e, 38.
2. Ac, XXI, 19, 20.

sur la triste réalité : à Jérusalem, sa réputation est détestable, tant parmi les chrétiens de la ville – en majorité judaïsants – que de la part des juifs qui reconnaissent le seul Yahweh. Ce qu'ils croient savoir de l'enseignement donné par le Tarsiote scandalise les uns autant que les autres. Pour le faire bien comprendre à Paul, on lui tient ce langage :

– Ton enseignement pousserait tous les juifs qui vivent parmi les païens à abandonner Moïse ; tu leur dirais de ne plus circoncire leurs enfants et de ne plus suivre les règles. Que faire ? Ils vont sans aucun doute apprendre que tu es là. Fais donc ce que nous allons te dire. Nous avons quatre hommes qui sont tenus par un vœu. Prends-les avec toi, accomplis la purification en même temps qu'eux et charge-toi de leurs dépenses. Ils pourront ainsi se faire raser la tête et tout le monde comprendra que les bruits qui courent à ton sujet ne signifient rien mais que tu te conformes, toi aussi, à l'observance de la Loi[1].

Paul ayant consenti, la purification commence dès le lendemain. Les quatre hommes désignés deviennent cinq. Chaque jour, ils se rendent ensemble au Temple. L'épreuve est sur le point de s'achever quand – rencontre fatale – un juif s'arrête devant Paul, le dévisage et se met à hurler :

– Israélites, au secours !

Etonnés, les juifs les plus proches s'immobilisent. L'autre crie toujours :

– Le voilà, l'homme qui combat notre peuple et la Loi et ce Lieu dans l'enseignement qu'il porte partout et à tous ! Il a même amené des Grecs dans le Temple et il profane ainsi ce saint lieu !

Cette fureur gagne les autres. On s'élance pour s'en prendre à l'impie. Paul n'échappera au lynchage que par l'intervention de la cohorte romaine surgie de la forteresse Antonia qui jouxte le Temple. Pour le transférer à Césarée, les Romains devront le protéger de la colère des juifs. C'est en prisonnier que va le traiter le procurateur Antonius Felix.

---

1. Ac, XXI, 21-24.

Comment cet homme d'action, cet infatigable marcheur devant l'Eternel, dont l'avidité de conversions est une seconde nature, a-t-il supporté durant deux années la résidence forcée, chaînes aux pieds, qui lui est imposée à Césarée ? Port édifié par Hérode, nimbé d'une lumière éblouissante, le clou en est le fond de ciel immaculé et la mer toujours bleue. Le palais du gouverneur aux murs de marbre blanc devient – pour Paul – une prison. Les juifs de Jérusalem guettent : un jour on leur rendra le traître et c'en sera fini de lui. Ce jour approche peut-être. Le nouveau procurateur Portius Festus vient d'arriver et il semble sensible aux exhortations des juifs. Paul trouve la riposte : il excipe de sa citoyenneté romaine et fait valoir son droit à comparaître, à Rome, devant le tribunal de l'empereur. Portius Festus doit céder. Toujours enchaîné, on l'embarque avec d'autres prisonniers. Au prix d'un voyage d'un an semé de périls – il fait naufrage au large de Malte –, il est transféré à Rome. Quand, en 61, il y parvient, il a cinquante-trois ans.

On ne saurait en rester là sur Jacques. Flavius Josèphe lui consacre un passage de ses *Antiquités juives*. Il s'agit même, dans son œuvre, de la seule allusion, quoique indirecte, au personnage de Jésus. L'admiration portée à la piété de Jacques par les chrétiens mais aussi par les juifs non convertis est à son zénith. On affirme même qu'il peut, au Temple, pénétrer avec le Grand Prêtre dans le Saint des Saints, ce qui ne peut être que légendaire mais permet d'estimer à leur mesure les sentiments suscités par l'évêque de Jérusalem. Hanne le Jeune, fils du Grand Prêtre du même nom, ne partage en aucune façon cette admiration. Selon Flavius Josèphe, il appartient au nombre de ces sadducéens « qui sont inflexibles dans leur manière de voir si on les compare aux autres juifs ».

Aux yeux d'Hanne le Jeune, Jacques est plus chrétien que juif. S'il ne tenait qu'à lui, il le ferait exécuter sur-le-champ. Impossible. Les juifs ne peuvent procéder à une condamnation sans la ratification du procurateur romain. Or les relations de Jacques avec les Romains sont excellentes.

On ne peut situer cette histoire sans évoquer le chaos dans lequel la Judée s'est enfoncée. Les troubles survenus, en 44, après la mort du roi Agrippa Ier ont obligé les Romains à placer son royaume sous leur domination directe. C'est à grand-peine que Tiberius Alexander, procurateur de 44 à 48, a rétabli l'ordre. Ses successeurs se signalent surtout par leur cupidité. Ayant montré depuis longtemps leur zèle au service de la Loi, les zélotes, opposants farouches à la domination romaine en terre d'Israël, s'unissent en bandes qui, peu à peu, se rendent maîtresses de régions entières. Armés d'un poignard, des sicaires se glissent parmi la foule pour exécuter les « collaborateurs ». Parmi leurs victimes figurera le Grand Prêtre Jonathan.

Ne jugeant pas le procurateur Félix apte à se rendre maître d'une telle situation, Néron lui retire ses fonctions. Chargé de rétablir l'ordre public, son successeur Festus s'y évertue sans y parvenir. Il décède en 62 de mort naturelle. Des semaines s'écouleront avant que la nouvelle de cette mort parvienne à Rome. Néron nomme Albinus procurateur. Venant d'Alexandrie, celui-ci se met en devoir de rejoindre son poste au plus vite. Il y a plusieurs mois que le pouvoir suprême romain ne s'exerce plus à Jérusalem.

Dans l'intervalle, la charge de Grand Prêtre a dû être renouvelée. La nomination dépendait du procurateur ; il fait défaut. Agrippa II, roi de Galilée et de Pérée, se croit fondé à désigner Hanne le Jeune. Flavius Josèphe démonte fort bien la tactique que celui-ci a utilisée : « Croyant bénéficier d'une occasion favorable entre la mort de Festus et l'arrivée d'Albinus, il réunit un Sanhédrin et y traduisit Jacques, frère de Jésus appelé le Christ, et certains autres en les accusant d'avoir transgressé la Loi. Et il les fit lapider. »

Ainsi périt le frère de Jésus. Flavius Josèphe : « Mais tous ceux des habitants de la ville qui étaient les plus modérés et observaient la Loi le plus strictement en furent irrités et ils envoyèrent demander secrètement au roi d'enjoindre à Anân [Hanne] de ne plus agir ainsi, car déjà auparavant il s'était conduit injustement. Certains d'entre eux allèrent même à la rencontre d'Albinus et lui apprirent que Anân n'avait pas le droit de convoquer le Sanhédrin sans son autorisation. Persuadé par leurs paroles, Albinus écrivit à Anan en le menaçant de tirer vengeance de lui. Le roi Agrippa lui enleva pour ce motif le grand pontificat qu'il avait exercé trois mois et en investit Jésus, fils de Damnaios[1]. »

Impossible de citer Flavius Josèphe sans évoquer la polémique qui n'a cessé d'accompagner les deux textes que l'on connaît de lui, insérés l'un et l'autre dans les *Antiquités juives*, son grand livre écrit vers 93-94. L'authenticité de celui concernant la mise à mort de Jacques, chef de l'Eglise de Jérusalem, n'est pas mise en doute.

Il n'en est pas de même pour le second passage, appelé *Testimonium flavianum*, (« Témoignage de Flavius Josèphe ») qui figure dans tous les manuscrits grecs et dans la traduction latine du vi{e} siècle. Le voici dans sa version originale : « Vers le même temps, survint Jésus, homme sage, si toutefois il faut le dire homme. Il était en effet faiseur de prodiges, le maître de ceux qui reçoivent avec plaisir des vérités. Il se gagna beaucoup de juifs et aussi beaucoup de monde hellénistique. C'était le Messie (le Christ). Et, Pilate l'ayant condamné à la croix, selon l'indication des premiers d'entre nous, ceux qui l'avaient d'abord chéri ne cessèrent pas de le faire. Il leur apparut en effet le troisième jour, vivant à nouveau, les divins prophètes ayant prédit ces choses et dix mille merveilles à son sujet. Et jusqu'à présent la race des chrétiens, dénommée d'après celui-ci, n'a pas disparu. »

Ce langage venant d'un juif apparaît à ce point invraisemblable que la plupart des auteurs, y compris des chrétiens, ont estimé qu'il s'agissait là d'une interpolation manifeste. Comment Josèphe écrirait-il : « Si toutefois il faut le dire un homme », ce qui serait reconnaître la divinité de Jésus ? Comment aurait-il affirmé : « Il leur apparut en effet le troisième jour, vivant à nouveau » ? Préciser que « c'était

---

[1]. Le prénom Jésus est alors fréquent parmi les juifs.

le Messie » est une évidente profession de foi chrétienne. La conclusion s'est imposée : à une période quelconque de l'histoire, fort ancienne en tout cas, un copiste chrétien aura inséré le passage dans le texte même de Josèphe.

Dans l'ouvrage monumental déjà cité, John P. Meier admet l'interpolation mais, en ce qui le concerne, refuse une annulation totale. Il reconnaît le style de Josèphe dans une partie du texte. Ainsi le terme *phylon* (tribu, nation, peuple) employé pour désigner les chrétiens est utilisé par lui à de nombreuses reprises dans sa *Guerre des juifs*. Meier propose un texte dépouillé de ses ajouts chrétiens :

« Vers le même temps survint Jésus, homme sage. Car il était en effet faiseur de prodiges, le maître de ceux qui reçoivent avec plaisir des vérités. Il se gagna beaucoup de juifs et aussi beaucoup du monde hellénistique. Et Pilate l'ayant condamné à la croix, selon l'indication des premiers d'entre nous, ceux qui l'avaient d'abord chéri ne cessèrent pas de le faire. Et jusqu'à présent la race des chrétiens (dénommée d'après celui-ci) n'a pas disparu. »

Convaincant, non ? D'ailleurs, chez Meier, tout est convaincant.

Non sans étonnement on verra d'autres membres de la famille de Jésus apparaître à des époques diverses. Dans sa première Épître aux Corinthiens, Paul cite les « frères du Seigneur » comme voyageant en compagnie de leurs épouses. Une épître du Nouveau Testament est attribuée à Jude, lui aussi frère de Jésus. Eusèbe de Césarée affirme que le successeur de Jacques aurait été son cousin Siméon, fils de Clopas[1].

S'il faut en croire Hégésippe, les petits-fils de Jude auraient été traduits devant l'empereur Domitien au temps où celui-ci considérait les chrétiens comme des ennemis à

---

1. Eusèbe, *op. cit.*, 3-11. Pierre-Antoine Bernheim estime que Hégésippe est probablement la source du récit d'Eusèbe.

abattre. La découverte de l'existence de membres de la famille de Jésus semble l'avoir littéralement mis hors de lui. Il aurait fait enquêter en Judée et en Galilée afin que soit repérée et conduite à Rome toute personne apparentée à Jésus de Nazareth. La mission envoyée à cet effet en Galilée n'aurait mis la main que sur quelques paysans misérables et terrorisés[1].

Deux mille ans plus tard, on découvrira un ossuaire portant cette inscription en judéo-araméen : « Jacob (Jacques), fils de Joseph, frère de Jésus. » Si l'authenticité en reste discutée, il n'en pas moins obtenu les honneurs de la *Biblical Archaeology Review*[2].

Dans les années 60, comment les chrétiens sont-ils perçus par les Romains ? Les rares observations dont nous disposons concernent les communautés citadines. On y constate la prépondérance incontestable des idées venues de l'Orient grec[3]. Celle-ci ne fera que s'accroître au IIe siècle.

Si l'on prête quelque attention aux chrétiens, c'est en fonction de la judéité dont on pense qu'ils sont issus. Les années 50-90 correspondent à une période d'interrogation non seulement sur les chrétiens mais sur leur fondateur.

Il faudra un grand nombre d'années pour que sa figure se précise aux yeux des autorités romaines. Pline le Jeune voit en lui, en 112, « un homme divinisé par le culte qui lui est rendu et les hymnes composées en son honneur ». Marie-Françoise Baslez a montré que les origines juives de Jésus seront oubliées dès le IIe siècle[4].

Dans sa première Epître aux Thessaloniciens, Paul a posé les conditions selon lesquelles peut naître une vie commu-

---

[1]. Anne Bernet, *Les Chrétiens dans l'Empire romain, des persécutions à la conversion. Ier au IVe siècle* (2003).
[2]. Novembre-décembre 2002, n° 149, p. 62-65.
[3]. Jean Bernardi, *op.cit.*
[4]. Marie-Françoise Baslez, « Le point de vue des Romains » in *Les Premiers Temps de l'Eglise* (2004).

nautaire. C'est l'Esprit Saint qui ouvre le cœur des hommes pour qu'ils accueillent la Parole et qu'ils se fassent entre eux fraternels. « A chacun est donnée la manifestation de l'Esprit en vue du bien de tous[1]. » Le Christ et l'Esprit permettent de rassembler dans la foi des gens que rien n'eût unis autrement. Un nouveau genre de vie est en train de naître au sein duquel chacun est frère de l'autre.

Les juifs convertis n'oublient pas ce qu'ils ont appris, enfants, à la synagogue. On ne le leur demande pas d'ailleurs. Paul se fait gloire d'être né dans une religion dont le fondateur est « de la race de David ». La cohabitation avec des païens conduit les juifs convertis à substituer peu à peu à une tradition, qui longtemps leur a été chère, des rites que toute la communauté pourra observer.

Jésus est au centre des pensées de chacun. On répète à satiété : « Christ est mort pour nos péchés, selon les Ecritures. Il a été enseveli et il est ressuscité le troisième jour, selon les Ecritures. » Que les chrétiens de ce temps insistent là-dessus, tout le démontre mais, selon Jean-Pierre Lémonon, « ils mettent du temps à donner à Jésus le qualificatif de Dieu[2] ». Paul lui-même ne le fait qu'une seule fois : les évangélistes ne sont pas encore passés par là. A la fin du siècle, Jean usera de son éloquence sans pareille pour proclamer solennellement la qualité de Jésus, fils de Dieu :

> *Et le Verbe s'est fait chair*
> *et il a habité parmi nous*
> *et nous avons vu sa gloire,*
> *cette gloire que, Fils unique plein de grâce et vérité,*
> *il tient du Père.*

Peut-être le lecteur bute-t-il sur le terme *païen* si souvent utilisé jusqu'ici. A sa curiosité, je répondrai par la définition de Henri Maurier : « Est païen en somme tout ce qui conçoit et honore Dieu en dehors de la norme biblique romaine[3]. »

---

1. 1 Co, XII, 7.
2. Jean-Pierre Lémonon, *Les Débuts du christianisme* (2003).
3. *Le Paganisme* (1988).

Littéralement *paganus* désigne un paysan dans le sens de cul-terreux ou de rustre. Détourné de son sens primitif, le mot serait devenu l'antithèse de chrétien.

Le lecteur sera probablement surpris d'apprendre que dans la littérature chrétienne, si abondante au cours des trois premiers siècles, on ne trouve jamais le mot *paganus* identifié à païen. Les non-chrétiens sont appelés étrangers ou infidèles. Paul les désigne comme « ceux de l'extérieur ». Vers 346 seulement, on assimile païens à « gentils », autrement dit « étrangers », au départ « non-juifs » : *pagani id est gentiles*. Quelques décennies plus tard, saint Augustin montre que le mot est entré dans l'usage : « Les adorateurs d'une multitude de faux dieux, nous les appelons païens[1]. »

En 63, Paul de Tarse est depuis deux ans à Rome. Sa qualité de citoyen romain lui a épargné l'incarcération dans l'une des immondes prisons de la ville : « Lors de notre arrivée à Rome, dit Luc, Paul avait obtenu l'autorisation d'avoir un domicile personnel, avec un soldat pour le garder[2]. »

Que savons-nous de lui durant ces deux années ? Selon les Actes des Apôtres, trois jours après son arrivée à Rome, il a invité les « notables juifs » de la ville à se retrouver chez lui. Le dialogue qui s'est échangé nous a été conservé :

— Frères, moi qui n'ai rien fait contre notre peuple ou contre les règles reçues de nos pères, je suis prisonnier depuis qu'à Jérusalem j'ai été livré aux mains des Romains. Au terme de leur enquête, ces derniers voulaient me relâcher, car il n'y avait rien dans mon cas qui mérite la mort. Mais l'opposition des juifs m'a contraint de faire appel à l'empereur, sans avoir pour autant l'intention de mettre en cause ma nation. C'est la raison pour laquelle j'ai demandé à vous voir et à m'entretenir avec vous. En réalité, c'est à cause de l'espérance d'Israël que je porte ces chaînes.

---

1. On consultera avec profit François Blanchetière, *Les Premiers Chrétiens étaient-ils missionnaires ?* (2002).
2. Ac, XXVIII, 16.

Quelque étonnement perce dans la réponse que lui adressent les représentants de la communauté juive :

— Nous n'avons reçu, quant à nous, aucune lettre de Judée à ton sujet et aucun frère, à son arrivée, ne nous a fait part d'un rapport ou d'un bruit fâcheux sur ton compte. Mais nous demandons à t'entendre exposer toi-même ce que tu penses : car, pour ta secte, nous savons bien qu'elle rencontre partout de l'opposition.

L'importance de l'affaire les engage de part et d'autre à convenir d'un nouveau rendez-vous. Au jour dit, la délégation juive s'est fortement accrue. Visiblement, le « cas » Paul intéresse les juifs de Rome. « Du matin au soir, se souvient Luc, Paul s'efforça de les convaincre, en parlant de Jésus à partir de la loi de Moïse et des prophètes. Les uns se laissaient convaincre par ce qu'il disait, les autres refusaient de croire. Au moment de s'en aller, ils n'étaient toujours pas d'accord entre eux. » Quand ils prennent congé, Paul ne dissimule pas son désespoir. Il cite le prophète Esaïe :

> *Va trouver ce peuple et dis-lui :*
> *Vous aurez beau entendre, vous ne comprendrez pas ;*
> *Vous aurez beau regarder, vous ne verrez pas.*
> *Car le cœur de ce peuple s'est épaissi,*
> *Ils sont devenus durs d'oreille,*
> *Ils se sont bouché les yeux.*

Simple commentaire de Paul :
— Comme elle est juste, cette parole !
La délégation se retire. Il ajoute :
— Sachez-le donc : c'est aux païens qu'a été envoyé ce salut de Dieu ; eux, ils écouteront.

Quelques lignes encore et les Actes des Apôtres vont s'interrompre. Déconcertante par sa brièveté, cette conclusion qui n'en est pas une :

« Paul vécut ainsi deux années entières à ses frais et il recevait tous ceux qui venaient le trouver, proclamant le

Règne de Dieu et enseignant ce qui concerne le Seigneur Jésus Christ avec une entière assurance et sans entraves[1]. »

Rien de plus. Sur cette conclusion abrupte, on s'interroge toujours aujourd'hui. Pourquoi le seul auteur ayant campé Paul dans ses démarches publiques comme dans ses actions quotidiennes l'abandonne-t-il en chemin ? Certaines des raisons avancées font sourire : Luc se serait interrompu par manque de parchemin ! Il trouvait son double livre – Evangiles + Actes – trop long ! Je me rallierai à l'explication des présentateurs de la TOB selon lesquels Luc n'aurait fait que suivre le plan fixé à l'orée de sa rédaction. Les Actes s'ouvrant à Jérusalem par le récit de la Résurrection, ils doivent comporter un aboutissement. C'est Rome : « De Jérusalem et des juifs au monde entier et aux païens, tel doit être *l'espace* du témoignage apostolique et tel est le plan des Actes. » Pour Luc, le but est atteint le jour même de l'arrivée de Paul à Rome.

Dans l'ignorance où nous sommes, devons-nous nous tourner vers les *Actes de Paul* ? De ce texte reconnu apocryphe par l'auteur lui-même – un comble –, ne pouvons-nous pas tirer quelque information ? Dans leur savante édition des *Ecrits apocryphes chrétiens* (1997), François Goyon et Pierre Geoltrain ont, à partir des quarante-huit manuscrits que l'on possède, établi un texte auquel on ne peut que se rallier. Willy Rordorf, grand spécialiste des apocryphes, a signalé « les allusions fréquentes mais ponctuelles aux *Actes de Paul*, fournies par beaucoup d'auteurs tant de l'Orient que de l'Occident ».

Que nous apportent ces *Actes* ? Ils nous montrent Paul recevant ses fidèles dans une grange. Le mot n'est pas sans importance. On n'imagine guère une grange dans l'enceinte de la Rome impériale, on la conçoit logique hors de la ville en l'un de ces faubourgs où traînaient des vagabonds n'ayant pour tout bien « qu'une botte de paille ». Juvénal n'y voyait que des « musiciens, charlatans et des jeteurs de sorts ».

---

[1]. Ac, XXVIII, 31.

Dans ma biographie de saint Paul, je me suis demandé si, dans ce milieu tout particulier, Paul ne serait pas apparu comme une sorte de marginal. Le jugement porté sur lui se serait élargi à ses fidèles. En ces années-là, ceux qui s'associent pour débattre de philosophie ou de religion soulèvent, au dire de Suétone, l'hostilité de Néron et de son entourage. Tacite confirme : des hommes politiques ont été mis en accusation sous le seul grief d'être philosophes.

De 61 à 63, Paul a-t-il bénéficié d'une période de tolérance durant laquelle il aurait prêché le christianisme à un public au premier abord étonné, ensuite intéressé, convaincu enfin ? Ouvrons-les, ces Actes de Paul : « Il prêcha continuellement la parole divine et beaucoup d'hommes entrèrent dans l'Eglise de Dieu. La renommée de Paul se répandit dans toute la ville de Rome parce qu'on y racontait les signes, les prodiges et les miracles que Dieu faisait par ses mains. Il guérissait toutes les maladies, et beaucoup d'hommes de la maison de Néron crurent au Messie grâce à la prédication de Paul. » La tolérance aurait pu prendre fin au moment où celui que l'on tenait pour un vieil homme inoffensif se serait trouvé accusé du « crime » de philosophie.

Tout indique qu'il est vivant l'été 64 – dans sa grange ? – au moment où Néron, pour fuir la canicule de Rome, part pour Antium.

Est-ce le résultat de l'une de ces coïncidences extraordinaires comme l'histoire en comporte ? Est-ce l'intrusion de la Providence ? Au lecteur de répondre. Le certain est que Pierre, à l'été de 64, est également à Rome. Que savons-nous de lui ? Infiniment moins que de Paul. Pour connaître son apparence physique, pouvons-nous faire confiance aux plus anciennes fresques qui le représentent les yeux noirs, la barbe et les cheveux courts quoique frisés et abondants ? Assurés de son origine galiléenne, nous ne pouvons établir son âge que par un calcul vraisemblable : le jeune homme que Jésus recrute au début de son ministère – automne 27 – peut avoir vingt ans, ce qui lui donne en 64 environ soixante ans.

Il est marié : les Evangiles (Marc, Matthieu et Luc) montrent Jésus guérissant sa belle-mère et Paul le rencontre, à Corinthe, en compagnie de son épouse. L'a-t-elle suivi à Rome ? Aucun témoignage ne le précise. Une tradition fait allusion à son martyre et une autre à celui de la fille de Pierre.

La première Epître de saint Pierre insérée dans le Nouveau Testament ne saurait être de lui puisque rédigée postérieurement à sa mort, mais on peut, avec Pierre Debergé, biographe exigeant de l'apôtre, considérer qu'elle est un reflet très exact de la manière dont, vers 80-90, les Eglises percevaient le rôle de Pierre.

Peut-on savoir où il a résidé au cours de ses dernières semaines de vie ? Oublions les *domus* luxueuses composées de pièces rangées dans un ordre invariable : *atrium, alac, triclinium, tablinum*. Nous avons affaire à un apôtre pauvre. Tout au long de ses missions, Paul a vécu en fabriquant des tentes. Nous ne savons rien d'un métier éventuellement exercé par Pierre. On l'imagine accueilli par des chrétiens aussi pauvres que lui, peut-être habitant ces bâtisses en hauteur appelées *insulae*, ce qui veut dire immeubles de rapport. Un relevé, dont il est fait état dans les *régionnaires*, dénombre à Rome 1 797 *domus* contre 46 602 *insulae*. Juvénal habite une *insulae*. Par l'escalier qui ressemble à une échelle, il se réjouit de n'habiter qu'au troisième étage. Il plaint le misérable qui doit accéder aux combles et « n'est protégé de la pluie que par la tuile où les colombes langoureuses viennent pondre leurs œufs ».

Une tragédie sans nom attend Pierre, le plus ancien des Apôtres, et Paul, l'autoproclamé.

CHAPITRE VIII

Des crimes comme des exploits[1]

Néron a-t-il contemplé le cadavre de sa mère après qu'on l'eut dévêtue pour la porter sur le bûcher improvisé dans le jardin par Anicetus ? Suétone l'assure : « Il courut voir le cadavre, le toucha partout ; loua quelques formes, en critiqua d'autres[2]. » Dion Cassius renchérit, prêtant même au fils cette forfanterie : « Je ne savais pas que ma mère était si bien faite. » Si nous les en croyons, que ferons-nous de l'inceste dénoncé par les mêmes ? La suite, telle que l'évoque Tacite, apparaît infiniment plus vraisemblable : « Ce fut seulement son crime accompli qu'il en comprit l'énormité. Pendant le reste de la nuit, tantôt silencieux, immobile, tantôt se dressant, effrayé, l'esprit égaré, il attendait le jour comme s'il allait lui apporter la mort[3]. »

Dans les flammes du bûcher, le corps d'Agrippine se consume lentement. Quand il n'en reste que des cendres, les serviteurs les enfouissent et les recouvrent d'un simple tumulus. Entre Baïes et Misène, aujourd'hui encore, des curieux de l'histoire antique s'enquièrent, à l'entrée d'un village de pêcheurs, de ce qui pourrait être un tombeau. On leur montre *il sepolcro d'Agrippina* : une petite borne.

---

1. « Voyant que tous ses crimes sans exception sont accueillis comme des exploits... » (Tacite).
2. *Vies des douze Césars*, « Néron », XXXIV.
3. *Annales*, XIV, 10.

Les quatre évangélistes : Matthieu (l'ange), Jean (l'aigle), Marc (le lion) et Luc (le taureau). Enluminure d'un manuscrit carolingien du IXe siècle, conservé en la cathédrale d'Aix-la-Chapelle.
© akg-images

Saint Pierre et saint Paul, tombe de l'enfant Asellus, IVe siècle, musée du Vatican, Rome.
© akg-images/ Erich Lessing

Martyr de saint Paul,
bas-relief en marbre,
Grotte vaticane, Rome.
© akg-images/Erich Lessing

Le Triomphe de la foi,
martyrs chrétiens au temps
de Néron, huile sur toile
d'Eugène Romain Thirion
(1839-1910), coll. part., Londres.
© Photo Bonhmas/ Bridgeman Giraudon

Les fresques datant du IIIe siècle des catacombes saint Pierre et Marcellin et saint Calixte à Rome. © akg-images/Pirozzi

La grotte de saint Pierre à Antioche, cachée par la façade de l'église datée de l'époque des croisades. © The Art Archive/ Dagli Orti

A Tarse, cette voie romaine date du Ier siècle. Il est probable que Paul l'a empruntée. © Corbis Sygma/Micheline Pelletier

La salle octogonale de la Maison d'Or.
© akg-images/Electa

Au mont Palatin aujourd'hui, l'auteur devant les restes des palais impériaux. © Micheline Pelletier

Agrippine et son fils Néron, marbre du Ier siècle, musée du Capitole, Rome.
© Alinari/Bridgeman Giraudon

Néron : la jeunesse et l'âge mûr.
Rome, musée du Capitole.
© (g. et d.) Micheline Pelletier

Poppée, épouse de Néron.
Buste en marbre du Ier siècle,
musée du Louvre.
© Bridgeman Giraudon

Néron chantant la prise de Troie devant l'*Incendie de Rome*, huile sur toile d'Hubert Robert (1733-1808), musée des Beaux-Arts André Malraux, Le Havre. © Bridgeman Giraudon

Des crimes comme des exploits

Secrètement atterrés, forcément silencieux, Sénèque et Burrus attendent. Le premier, Burrus sent venu le moment d'agir. Il convoque les officiers de la cohorte ayant accompagné Néron à Baïes et les informe d'un complot abominable ayant eu pour dessein d'assassiner l'empereur et qui – de par la volonté des dieux – vient d'échouer. L'empereur a perdu sa mère, cette mort l'a plongé dans le désespoir ; la troupe doit lui apporter le réconfort de son dévouement. Pour mieux se faire entendre, a-t-il répandu de l'argent ? On l'affirme.

Chacun joue son rôle : le fils inconsolable comme la troupe proche des larmes. Se saisissant audacieusement de la main impériale, l'un des officiers se fait l'interprète du bonheur éprouvé par l'armée de voir l'empereur sauvé du « forfait » accompli par sa mère. On se multiplie, on porte la nouvelle dans les temples, on avertit les municipes campaniens qui, aussitôt, en signe de reconnaissance, décrètent que l'on sacrifiera aux dieux.

En Campanie, on s'entretiendra longtemps du tragique événement. Et à Rome. Et dans l'Empire. Après quoi viendront d'autres sujets de conversation. Cette débauchée vaut-elle que l'on s'attarde sur son destin ? Seul Néron, à la vue de tous, restera habité par le souvenir de sa mère assassinée. Suétone le montre incapable d'« échapper à sa conscience », affirme que l'image de sa mère le poursuit partout « et que les Furies agitent devant lui leurs fouets vengeurs et leurs torches ardentes [1] ».

Jour après jour, il repousse la perspective de rejoindre Rome. Comment l'y recevra-t-on ? S'attardant en Campanie, le matricide erre comme à la recherche d'un but qui lui échappe. A peine s'est-il mis en route et il rebrousse chemin. Burrus et Sénèque attendent chaque matin l'ordre du départ pour Rome. Il ne vient pas. Sous quel prétexte décide-t-il de gagner Naples, *Neapolis,* la ville nouvelle où reposent les

---

1. *Vies des douze Césars,* « Néron », XXXIV.

cendres de Virgile ? Aucun texte ne nous en informe. Pour la première fois après le meurtre, il semble y trouver quelque paix. Il y reste six mois avant de comprendre qu'il ne peut plus repousser l'explication qu'il doit au Sénat. Il charge Sénèque d'en rédiger le texte.

Le message proposé par le stoïcien commence par une provocation délibérée : « Je suis sain et sauf, je ne puis encore le croire ni m'en réjouir. » Sénèque aura-t-il l'audace de faire soutenir par Néron qu'Agrippine est coupable d'avoir prescrit qu'on le tue ? Il ose : le complot étant patent, il faut en dénoncer les auteurs. L'exécuteur prévu par Agrippine se nomme Agermus. Avant qu'il eût percé l'empereur de son poignard, on l'a heureusement désarmé. En sa personne, on a découvert un affranchi vivant depuis longtemps auprès d'Agrippine. Il a avoué avoir agi sur son ordre. Se voyant dénoncée, la criminelle s'est châtiée elle-même.

Le texte de Sénèque attribué à Néron nous a été conservé : « Elle avait rêvé d'être associée à l'Empire, de voir les cohortes prétoriennes jurer obéissance à une femme et infliger la même honte au Sénat et au peuple. S'étant rendu compte qu'elle n'y parviendrait pas, elle avait pris en haine l'armée et les sénateurs, détourné l'empereur de faire des libéralités à la plèbe et des dons à l'armée, machiné enfin la perte des hommes illustres. Quelle peine n'a-t-on pas eu à l'empêcher à forcer les portes du Sénat[1] ! »

Les bornes sont-elles franchies ? Point encore. Sénèque attribue à Claude et son épouse tous les scandales du règne précédent. Il va jusqu'à narrer le naufrage en démontrant qu'il s'agit bien d'un accident. Cette « démonstration » va inspirer à Tacite un commentaire accablant : « Si le naufrage eût été le fait du hasard, pouvait-on trouver quelqu'un d'assez stupide pour le croire ? Croire aussi qu'une femme venant de faire naufrage ait envoyé, pour forcer les cohortes et les flottes de l'empereur, un seul homme armé ? » Dès lors, ce n'est plus à Néron « dont la monstruosité était

---

1. Ce texte dans Quintilien, *Instit. orat.*, VIII, 5, 18.

au-delà de toute plainte » que l'opinion s'en prendra mais à Sénèque « que la rumeur publique va condamner, pour avoir, en écrivant cela, avoué le crime[1] ».

Le Sénat reçoit le message à la fin de mars 60, l'écoute dans un parfait recueillement et manifeste, cette fois avec fougue, sa servilité ordinaire. Un unique sénateur, le respecté Thrasea, se lève et quitte la séance. Aux questions dont on l'accablera, il répondra simplement :
– Ce que je voudrais dire, je ne le puis. Dire ce que je pense, je ne le veux[2].

L'autorité abusive d'Agrippine sur son fils est parfaitement connue des classes élevées. Que la thèse officielle soit un tissu de mensonges, les grands et les moins grands s'en louent plutôt : voici donc Néron libéré de sa mère. « La tyrannie, la peur, la nécessité de l'adulation ont abaissé les caractères[3]. »

Le « complot » ayant été découvert durant les fêtes officielles de Minerve, le Sénat vote en hâte l'érection d'une statue en or de la déesse et d'une autre, également en or, de Néron. On déclare néfaste la date de naissance d'Agrippine. On se met en devoir de détruire ses statues.

Après un séjour de six mois à Naples, l'accueil en forme de triomphe que réservera Rome à son empereur le délivrera, sinon de ses hantises, du moins de ses terreurs : les tribuns s'avancent les premiers à sa rencontre, immédiatement suivis par les sénateurs en vêtements de fête. Sur le parcours du cortège, la foule acclame celui que les dieux ont préservé d'un sort funeste. Le bonheur déferle sur la ville. « Alors, rempli d'orgueil et vainqueur de la servilité de tous, il monte au Capitole et rend grâce aux dieux[4]. » Il a vingt-deux ans.

---

1. *Annales*, XIV, 11.
2. Dion Cassius, *op. cit.*, LVI, 15.
3. Léon Homo.
4. *Annales*, XIV, 13.

Poppée a-t-elle accompagné Néron dans son errance accablée du printemps et de l'été 59 ? La passion qu'a fait naître cette créature rayonnante de jeunesse et de beauté tend à convaincre que l'empereur a dû la souhaiter toujours à sa portée.

On l'a dite préoccupée de son corps au-delà des convenances. On veut croire plutôt qu'elle exalte ce corps afin que Néron ne cesse de le convoiter. L'un de ses biographes, Carlo-Maria Franzero, l'a peinte en sa légende : entourée de masseuses africaines ; de parfumeurs de Chypre qui, à l'aide d'une préparation de bourgeons de peupliers et de feuilles de pavot noir, maintiennent en « état de grâce » le marbre de sa poitrine ; de coiffeurs parmi les meilleurs ; de couturières et d'habilleuses venues d'Alexandrie. Un troupeau de quatre cents ânesses de Campanie fournit le lait de son bain quotidien. Où qu'elle aille, avec ou sans Néron, les ânesses suivent.

Jalouse et surtout exclusive, elle voit Néron habité d'une telle passion que, lors du retour à Rome, elle ne doute plus de l'épouser bientôt. Sans tarder, il répudiera Octavie. Elle n'a droit qu'à des atermoiements qui la frappent au cœur : Néron rappelle l'amour que le peuple porte à son épouse et de la pitié qu'ont fait naître ses malheurs familiaux. Poppée n'a pas pris conscience, étant elle-même toujours mariée, des deux divorces auxquels il faudra procéder. Au moment où Rome l'acclame, l'empereur ne peut se risquer à soulever l'indignation de toutes les couches de la population. Le mieux est d'attendre.

Attendre ! Quelle femme pourrait l'accepter ? Moins encore la superbe créature.

Les haines perpétuelles d'Agrippine ont provoqué de grands malheurs. Néron tient à les réparer. Sa mère a exigé l'exil pour la sœur de Silanus, l'ex-fiancé d'Octavie : elle est rappelée en Italie ; Calpurnia s'est trouvée bannie par Agrippine pour la simple raison que Claude l'avait trouvée belle : elle regagne Rome ; de l'infortunée Lollia Paulina, on ne peut ramener que des cendres : on y procède. Encore s'agit-il de personnes qui nous sont connues. Il y en eut, selon Tacite, une foule d'autres.

S'ébrouant dans sa liberté toute neuve, Néron peut enfin donner libre cours à une passion longtemps réprimée : conduire un char à quatre chevaux. Dans ce but, Burrus et Sénèque font agrandir une piste aménagée naguère par Caligula. Ayant voulu s'entraîner loin des regards, Néron découvre qu'aucun secret n'est tenable à Rome. Quand un public toujours plus nombreux se précipite pour admirer le meneur, il se garde de faire dissiper l'attroupement. Il vient de découvrir l'ivresse des applaudissements chers à tous les artistes de profession, jusque-là ignorée de lui.

Un soir après dîner, devant des amis triés sur le volet, il chante en s'accompagnant d'une harpe. Il ne veut pas non plus douter de la sincérité des félicitations hyperboliques qui volent vers lui. Il réitérera. Dans Rome, on jugera scandaleux qu'un empereur se donne en spectacle. Néron laisse dire. Volontiers il évoque les rois qui jadis chantaient eux-mêmes la gloire de leur royaume.

Quand Sénèque a appris que Néron voulait se produire sur un théâtre devant le public, il s'est insurgé. Réponse de l'imperator : « N'est-ce pas avec une lyre à la main que l'on représente Apollon ? » Donc il chantera. Sénèque se taira.

Dans l'amphithéâtre, un public frémissant attend l'entrée de Néron. Qu'en ce temps tous les spectacles soient donnés de jour, voilà qui n'a pas besoin d'explication. Un détachement de prétoriens d'élite paraît d'abord, suivi de près par Gallion, frère aîné de Sénèque ; revêtu d'ornements somptueux, il fait office de héraut. Il proclame que l'on va voir et entendre le plus grand chanteur de tous les temps : l'empereur !

Le voici. Portant une robe de citharède, il brandit naturellement une lyre. Ne pouvant décidément se passer de ses maîtres à penser, il a requis Sénèque et Burrus pour l'encadrer : ils doivent lui souffler au cas où la mémoire lui manquerait. Après chaque morceau, il leur revient aussi de déclencher les applaudissements. Pour plus de sûreté, on a mêlé au public une équipe de jeunes garçons chargés de renforcer les acclamations et, aux bons moments, de crier leur joie à tue-tête : naissance de la « claque » ?

Le concert se prolongera par une fête champêtre autour de l'immense pièce d'eau – dite naumachie – où l'on reconstitue des combats navals. Les invités vont y trouver des tavernes et des boutiques où l'on met en vente « tout ce qui peut inciter à la débauche ». L'auteur des *Annales* ajoute : « Jamais, bien que les mœurs fussent depuis longtemps corrompues, on ne vit rassemblés plus de vices que dans ce cloaque. » A ce public déjà éméché, on offre un repas monstre servi sur des barques. L'affaire s'achève en orgie : « Des dames nobles s'entraînèrent à jouer des scènes indécentes. » C'est dans une barque « magnifiquement illuminée » que Néron, tard dans la nuit, quitte la naumachie pour le Tibre et rejoint le Palatin.

A moins que les auteurs de l'époque aient délibérément dissimulé la vérité, c'est la première fois que Néron, en tant qu'empereur, préside à une entreprise pornographique. Ce n'est pas la dernière. Il a vingt-trois ans.

Faut-il réduire Néron à sa caricature ? Depuis Auguste, l'empereur est le chef unique des armées. Dans ses *Res gestae*, Auguste s'en est enorgueilli : « J'ai obtenu une fois l'ovation, trois fois le triomphe et j'ai reçu vingt et une fois le nom d'imperator... Pour mes succès remportés sur terre et sur mer par moi-même ou par mes légats sous mes auspices, le Sénat a décrété cinquante-cinq fois des actions de grâce aux dieux immortels. Huit cent quatre-vingt-dix jours de fêtes ont été célébrés par l'ordre du Sénat. »

Auguste a maintes fois fait la guerre. C'est loin d'être le cas de Néron mais il n'ignore rien des conséquences qui peuvent en découler. Que ses armées remportent des victoires, le bénéfice lui en sera attribué mais il en sera de même des défaites. Or, en 60-61, l'Empire, en ses limites orientales et occidentales, se porte mal. Comprenons : pour le moment en Arménie et, plus tard, dans l'île que l'on désigne comme la Bretagne. Des courriers galopent sans cesse d'Arménie à Rome, de Bretagne à Rome. Les messages aboutissent tous dans le cabinet de Néron.

Le lecteur se souvient-il de ces archives très complètes qu'ont pu consulter les historiens romains cités abondamment dans ce livre ? En fait, nous ne les connaissons que par leur truchement. En ce qui concerne la guerre d'Arménie, nous aurions pu à peu près lire ceci : « Dans les pires conditions géographiques et climatiques, la guerre se poursuit. Soldats et chevaux doivent affronter sans répit des vents torrides pendant l'été, les glaces pendant l'hiver. Je poursuis l'œuvre de pacification. (*Signé*) Cn. Domitius Corbulo. »

L'affrontement va durer cinq ans. Seul Corbulon « qui endurait autant et plus de maux que le dernier de ses soldats » a pu faire respecter une discipline d'autant plus nécessaire que l'armée à bout de forces renâclait mais, grâce à lui, se retenait de gronder. Non seulement elle se bat mais fait face aux embuscades de rebelles qui, aussitôt après avoir attaqué, se mettent hors de portée dans les replis de la montagne. La prise de la forteresse de Légerda, tenue par une jeunesse qui refuse la loi romaine, a coûté très cher aux légionnaires.

Voyant Tigrane, le roi d'Arménie imposé par Rome, sortir de ses frontières pour envahir ses territoires, Vologèse, roi des Parthes, prend les armes et met le siège devant Tigranocerte, la capitale. Déclenchant un coup de boutoir dont nul n'aurait cru capables les légionnaires romains épuisés, Corbulon oblige Vologèse à lever le siège. Non seulement la ville capitule mais Vologèse demande à en référer à Néron, ce que Corbulon autorise. C'est à son tour d'être las. A vrai dire il n'en peut plus. Il demande à l'empereur de désigner pour l'Arménie un nouveau général.

Certes, Néron fait toujours confiance à Burrus et Sénèque mais certains boutefeux de la cour multiplient les conseils bellicistes : il faut reprendre le contrôle de la situation afin que l'empereur tire profit de cette guerre interminable. Corbulon a fait son temps, il faut confier le commandement à un autre. Néron désigne Paetus.

A peine averti, Vologèse reprend les armes. Paetus est battu à plate couture. Néron le destitue. Pour répondre à la convocation de Néron, il regagne Rome. Sans doute son dernier jour est-il arrivé. Quand il entre dans le cabinet impérial, il a droit à cet accueil :

– J'ai hâte de te pardonner. Ainsi éviterai-je de tomber malade par la faute de ta couardise.

Que faire sinon rappeler Corbulon ? Il se hâte de gagner le terrain des affrontements, rameute ses légions dispersées – certaines ont pris la fuite –, rappelle les victoires qu'elles ont remportées avec lui et leur propose une nouvelle occasion de gloire. Très vite, il redevient maître de la situation. Vologèse sollicite une trêve et Tiridate promet d'abdiquer la couronne d'Arménie qu'il s'était attribuée à lui-même.

Voyant sa renommée militaire incontestablement accrue, Corbulon est trop au fait des réalités politiques – et aussi du caractère du jeune empereur – pour ne pas s'exposer trop longtemps au soupçon d'avoir voulu se ménager une victoire personnelle. On le chuchote déjà à Rome. A Antioche, le légat de la province de Syrie vient de mourir. La perspective d'occuper le poste est loin de déplaire au grand soldat : il est de ceux pour qui l'attrait de l'Orient est un aimant dont on ne se délivre jamais.

En Bretagne, l'île la plus septentrionale de l'Empire, la population semble à jamais absorbée dans la lumière de Rome : les Bretons payent tribut ; ils n'ont vu apparemment qu'avantages à ce que des ports fussent creusés, des routes tracées et des cités – forums, temples et thermes – érigées à l'image des conquérants. Les légionnaires occupent des camps géométriquement alignés. Au nord-est de Londres, à Camulodunum, aujourd'hui Colchester, les autochtones viennent admirer le temple grandiose élevé à la divinité de l'empereur Claude. L'administration romaine est sûre de respecter les traditions locales : que peut demander de plus le peuple prébritannique ? Or, à l'immense stupeur des Romains, la Bretagne s'insurge tout entière.

Que la révolte soit due à l'avidité des fonctionnaires romains et aux agissements brutaux d'officiers à qui l'on a trop dit qu'« une armée doit vivre sur le pays », c'est probable. Ajoutées à des impositions déjà lourdes, de telles ponctions sont devenues un poids insupportable.

Soulignant les exigences de créanciers romains, les gens de l'époque pointent du doigt l'illustre Sénèque : qu'est-il allé faire en ces brumes nordiques ? Dion Cassius s'associe au chœur hostile qui l'accable, lui si riche, pour avoir montré une telle avidité aux dépens de ces Barbares[1]. On identifie dans le sud du pays les premiers signes d'une révolte.

Néron a confié le gouvernement de la Bretagne à Suetonius Paulinus ; à la tête de la XIVe légion *Gemina Martia Victrix,* débarquée dans l'île de Mona, au nord du pays de Galles, il écrase une résistance formée de femmes, de druides et de guerriers brandissant des bâtons.

Lors de la conquête initiale, Claude a choisi de laisser en place Presitagus, roi des Icéniens, lequel a fait élever son palais dans cette même île de Mona. Léguant tous ses biens – immenses – à Néron, il vient de mourir. De ce legs, la veuve et les enfants du roi tentent en vain d'informer la XIVe légion. Les soldats romains n'en ont cure : ils sont trop occupés à piller. Les uns violent les filles du roi cependant que d'autres rouent de coups la reine Boudica ; la laissant en vie, ils méconnaissent qu'ils viennent de commettre l'erreur de leur existence.

A peine remise de ses blessures, debout sur un char, ses filles à ses côtés, escortée de femmes en furie et d'une masse sans cesse accrue de Bretons, Boudica s'élance à travers le pays hurlant qu'elle ne vient « réclamer ni son royaume ni ses richesses » mais qu'elle veut, comme une femme quelconque, « venger sa liberté perdue, son corps accablé de coups, ses filles déflorées ». Elle incendie la Bretagne. L'ar-

---

1. Dion Cassius, *op. cit.*, LXII, 2.

mée hétéroclite réunie à son appel marche sur Camulodunum, siège et symbole du pouvoir romain, et, en un seul jour, s'empare de la ville. La population romaine est massacrée, les villas sont réduites en cendres. Répondant à l'appel au secours des survivants, la IXe légion du légat Petilius Cerialis est écrasée sous les murs de la ville. Le procurateur Catus Decianus s'enfuit en Gaule à bord d'une galère marchande.

Comment ne pas imaginer, déchiffrant les rapports qui, de relais en relais, lui parviennent presque quotidiennement, un Néron écrasé par la peur quand il lit qu'une foule considérable de ses sujets a péri sous les poignards des Barbares ?
Il n'a pu oublier les légions de Varus massacrées, un demi-siècle plus tôt, en Germanie. Evacuer l'île rebelle ? Néron s'y refuse, fait passer en Bretagne 2 000 légionnaires plus 1 000 cavaliers prélevés – réminiscence ? – sur les troupes de Germanie. Suetonius Paulinus, rassemblant toutes ses forces, marche contre les insurgés qui, forts de leur succès initial, se croient invincibles. Le résultat ? Une effroyable « boucherie[1] ». Révélatrice, la disproportion des morts dans les deux camps : d'une part 400 Romains tués et blessés, de l'autre 80 000 Bretons réduits à l'état de cadavres. C'est par le poison que la reine Boudica met fin à ses jours.
Julius Classicianus succède au fuyard Decimius. Il prescrit de ne plus rééditer les exactions inexcusables à l'origine du soulèvement. La clémence, en Bretagne, est à l'ordre du jour.

Le destin veut-il faire connaître à Burrus qu'il a rempli sa tâche ? Au début de l'année 62, il tombe malade : un abcès dans la gorge. Néron s'empresse de lui envoyer son médecin ; le traitement prescrit ne provoque aucune amélioration notable. Quand Néron se présente à son chevet, Burrus

---

1. Jacques Robichon, *Néron* (1985).

montre une froideur extrême : « Moi, je vais bien », dit-il seulement. Est-ce le souvenir de l'expérience acquise aux affaires ? Va-t-on, comme à Claude, lui faire avaler une plume empoisonnée ? Il ne peut que s'être mépris : Néron n'a aucun intérêt à le faire disparaître. Du soldat demeure une réplique qui résume assez bien son caractère. Songeant alors à répudier Octavie mais ne s'y résolvant pas, Néron sollicitait son avis. Réponse de Burrus : « Alors il faudra que tu lui rendes sa dot : l'Empire. »

Burrus mort, le pouvoir de Sénèque va-t-il se perpétuer ? Tous ceux qui, dans l'Empire, ont haï le duo intangible vont s'acharner à perdre le seul qui désormais puisse faire obstacle à leur propre ambition. On reproche à Sénèque de vouloir accroître des richesses déjà immenses comme de se mesurer à l'empereur par la beauté de ses jardins et la magnificence de ses demeures. On lui fait même grief de sa gloire d'homme de lettres. Qu'a-t-il, César, à frayer encore avec cet instituteur quand les Romains le voient dans toute la force de son âge ? Sur ce thème, Néron doit entendre mille voix à l'unisson. Se séparer d'un tel homme serait à l'évidence annuler l'ultime obstacle à cette liberté sans limite dont il rêve mais le priverait aussi du dernier confident auquel il puisse avouer ses hésitations et ses angoisses. Il se connaît, sait ce dont il est capable s'il ne trouve plus auprès de lui que des laudateurs.

Pour se rendre au Palatin, Sénèque attend désormais que l'empereur l'appelle. C'est maintenant chose rare. Réduit à demander audience, il s'y hasarde. Le discours que Tacite lui prête doit résumer assez bien les arguments présentés par le philosophe. Il rappelle l'avoir servi, quatorze ans plus tôt, comme professeur, et avoir conseillé l'empereur pendant huit ans. Il est lucide et le proclame :

– Tu m'as comblé d'une faveur sans limite et d'argent sans mesure, au point qu'en moi-même je me dis : « C'est donc moi, issu d'une famille de rang équestre et provinciale, qui suis maintenant au nombre des plus grands de la cité ? Parmi des nobles qui peuvent présenter de longues illustrations, moi, nouveau venu, j'ai pu briller ? Où est cette âme contente de peu ? Est-ce elle qui a aménagé de tels jardins, qui se montre fièrement dans ses propriétés autour de Rome et qui est riche à l'excès de tant d'espaces de terres et de placements aussi étendus ? » Un seul argument se présente pour ma défense : je n'avais pas le droit de m'opposer à tes bienfaits.

Néron peut-il feindre l'indifférence quand Sénèque parachève sa plaidoirie ?

— Comme je ne puis soutenir plus longtemps le poids de mes richesses, je demande que l'on vienne à mon secours. Ordonne que ma fortune soit administrée par tes procurateurs, qu'elle soit inscrite dans ton patrimoine. Je ne me réduirai pas ainsi à la pauvreté mais, une fois que j'aurai abandonné des biens dont l'éclat m'empêche de voir clair, je récupérerai pour mon âme tout le temps qui est consacré à la gestion de mes jardins et de mes villas. Tu as pour toi, en abondance, la vigueur et le fait d'avoir vu, pendant tant d'années, la manière d'exercer le gouvernement suprême ; nous pouvons, nous, tes amis plus âgés, réclamer du repos. Et ce sera aussi pour toi un titre de gloire que d'avoir mis aux plus hautes charges des hommes qui en auraient accepté même de plus modestes.

L'empereur proteste, affirme qu'il a toujours besoin des avis de Sénèque. Il se dit assuré que la restitution proposée de sa fortune ne comporterait pas les effets que son conseiller en espère :

— Ce ne sera pas de ta modération, si tu rends cet argent, ni de ton désir de repos, si tu abandonnes ton prince, mais bien de mon avidité, de la crainte de ma cruauté que tout le monde parlera.

Il n'a pas tort mais ne refuse pas. La scène s'achève naturellement par nombre d'embrassades et dans une émotion extrême. On se demandera toujours qui, de l'un ou de l'autre, a démontré le plus de talent à mentir.

Sénèque tiendra sa promesse : « Il interdit qu'on vienne, en foule, le saluer, il évite qu'on l'accompagne, se montre peu dans la ville, prétextant que son mauvais état ou ses études de philosophie l'empêchent de sortir[1]. »

Il faut remplacer Burrus. Revenant au système antérieur, Néron place deux hommes à la tête des cohortes prétoriennes : Faenius Rufus, que son honnêteté et sa compétence dans l'organisation du ravitaillement ont rendu populaire, et Tigellin, personnage de mauvais renom mais d'une grande beauté. Expulsé de Rome par Claude, on l'a vu réduit, en Grèce, à se faire marchand de poisson. Rappelé en Apulie par Agrippine, il y a refait sa fortune en élevant des chevaux de course. Une autre raison aurait présidé à ce choix : Néron « appréciait en lui depuis longtemps ses débauches et son infamie[2] ».

Entre autres responsabilités de première importance, Tigellin assumera le commandement en chef des pompiers et des vigiles de la capitale. Les incendies demeurant l'une des plaies de Rome, il s'acharne à déceler des incendiaires en puissance – il n'en est que trop dans la plèbe de Rome – et, à cette occasion, « découvre peut-être sa véritable vocation[3] ». Il ne tarde pas à montrer son vrai visage. Pour accroître son rôle et grandir sa personne, il invente des intrigues et des complots qui dévoilent une imagination portée au mal. Scrutant le caractère de Néron, il a vite décelé sa propension anormale à s'inquiéter des dangers qui menacent sa personne et – plus encore –, ayant accédé au pouvoir impérial sans y avoir légitimement droit, de redouter qu'un descendant d'Auguste fasse un jour valoir ses droits et se constitue un parti qui le porte au pouvoir. Les deux personnages que redoute le plus Néron sont Sylla et Rubellius Plautus. Le mérite de ce policier n'est pas mince : de Néron il a tout compris.

Descendant de Sylla, héros fameux qui en – 86 s'empara d'Athènes puis en – 82 de Rome et reçut le titre de dictateur

---

1. *Annales,* XIV, 53 à 56.
2. *Annales,* XIV, 51.
3. Gérard Walter, *Néron* (1955).

perpétuel, son lointain héritier vit dans l'ombre et sans nulle ambition. Pour fortifier les craintes de Néron, Tigellin lui rappelle que ce pauvre hère a épousé Antonia, fille aînée de Claude. Or celle-ci a osé traiter Néron d'usurpateur.

Six jours après l'entretien, des tueurs se transportent à Marseille. Au moment même où Sylla s'installe pour dîner, il est transpercé de coups qui le laissent sans vie. En véritables professionnels, les assassins rapportent sa tête à Néron, lequel ne trouve à proférer que ces paroles :

– Des cheveux blancs avant l'âge n'embellissent pas un visage.

L'affaire se révèle infiniment plus délicate en ce qui concerne Rubellius Plautus. Il réside en la province d'Asie (Turquie actuelle). Il y vit heureux et préfère de loin le sport et l'étude de la philosophie à la politique. Avant qu'il soit rejoint, des messagers pourraient l'avertir. Sylla était réduit à lui-même ; Plautus dispose autour de lui de serviteurs en abondance propres à garantir sa sécurité. Sylla était pauvre ; Plautus jouit de grandes richesses. Le pire est qu'il a donné sa fille en mariage à un descendant d'Auguste. Ne verra-t-on pas ce dernier réclamer le trône impérial ? C'est pour s'être exprimé plaisamment là-dessus qu'il a été exilé en province d'Asie.

Après « enquête », Tigellin affirme avoir la preuve que « l'illustration des origines de Rubellius Plautus a impressionné les peuples d'Asie ». Il dénonce son appartenance à la secte stoïcienne d'autant plus dangereuse qu'elle réunit « les turbulents et les ambitieux ». Astuce suprême : il souligne la proximité géographique de Rubellius Plautus et de Corbulon. L'empereur n'y voit-il pas une collusion ? Pour couronner le tout, Néron doit savoir que, par sympathie pour Rubellius Plautus, « toute l'Asie a pris les armes ». Mensonge que Néron accueille d'autant mieux qu'il est exorbitant.

Les préparatifs de l'assassinat se dissimulent à peine. Ils viennent à la connaissance du beau-père de Plautus. De

Rome, il expédie à son gendre un affranchi qui, galopant avec « la rapidité du vent », l'avertit de se mettre en défense contre les soixante soldats qui sont en chemin pour le tuer. Cherchant les raisons de l'inaction de Plautus, Tacite croit les avoir trouvées. Si le malheureux ne s'est pas protégé, c'est « soit parce qu'il ne prévoyait pas trouver de l'aide, étant sans défense et exilé ; soit qu'il répugnât à vivre dans un espoir aussi incertain ; soit par affection pour sa femme et ses enfants, en faveur desquels il pensait que le prince se laisserait plus aisément fléchir s'il n'avait été troublé par aucune inquiétude [1] ».

Quand, vers midi, le centurion qui commande le détachement arrive sur place, il trouve Plautus nu et se livrant à des exercices de gymnastique. Il s'interrompt, salue courtoisement. Le centurion s'approche. Et le tue.

La tête de Plautus est portée à Néron dont la réaction nous est rapportée par Dion Cassius :

– Je ne savais pas qu'il avait un si grand nez.

Informant le Sénat de la « trahison » dont Sylla et Plautus ont été convaincus, Néron souligne que, décidément, préserver la paix de l'Empire, tâche qui lui incombe, est bien malaisé. Aussitôt, le Sénat raye les noms des deux hommes de sa liste d'honneur, décrète des actions de grâce publiques pour le salut de l'empereur et, pour afficher sa joie, s'empresse d'organiser une procession. Si l'on transfigure ses crimes en victoires civiques, tout est désormais autorisé à Néron. Tacite : « Voyant que tous ses crimes sans exception sont accueillis comme des exploits, il répudie Octavie [2]. »

Car il s'est décidé. Pour justifier le divorce, il a songé d'abord à exciper de la stérilité de son épouse. L'argument paraissant faible, on lui a conseillé de plaider l'adultère. Pour en rassembler les « preuves », s'adresser à Tigellin va de soi. Le préfet trouve sans trop de mal une dame de la

---
1. *Annales*, XIV, 59.
2. *Annales*, XIV, 60.

suite d'Octavie pour témoigner que l'impératrice avait un amant, un joueur de flûte. Il s'agit d'un certain Eucerus, Egyptien qui plus est, ce qui ne manque pas d'aggraver la faute. La dame livre même des détails : enceinte, Octavie a dû avorter. Néron joue parfaitement le mari trompé, montre en public une grande colère et exige une enquête approfondie. Tigellin fait interroger « sévèrement » tout le personnel de la maison d'Octavie et c'est en sa présence que l'on torture les femmes de sa suite. Cédant à l'atrocité de la douleur, elles confirment à qui mieux mieux les relations adultères de leur maîtresse. Une seule, une vieille femme nommée Pythias, crache à la face de Tigellin une injure restée célèbre dans l'histoire de Rome :

– Le ventre de ma maîtresse est plus propre que ta bouche, Tigellin [1].

Octavie étant officiellement reconnue coupable, Néron tient cependant à l'entourer d'égards officiels. Il lui fait don de la maison que Burrus lui a léguée et des propriétés que la mort soudaine de Plautus a fait entrer dans son patrimoine. Quand ils la savent installée chez Burrus, les Romains viennent, devant sa nouvelle demeure, manifester leur fidélité et – mieux – leur affection. Elle sort et on l'acclame. Elle rentre et on l'applaudit. Les mécontents – Jupiter sait s'il en existe ! – se précipitent chez elle et même s'y assemblent. Ces manifestations aussitôt rapportées à Néron par Tigellin suscitent de sa part de l'agacement cependant que l'impatience de Poppée s'exaspère. Octavie reçoit l'ordre de quitter Rome et de se transporter en Campanie, probablement à Baïes. Le raisonnement est court, voire simpliste : quand Octavie sera loin, personne ne pensera plus à elle. Or, quand le peuple la voit quitter sa demeure sous escorte armée, il s'alarme. On rapporte à Néron les protestations bruyantes qui s'élèvent dans les quartiers populaires, réaction que Tacite commente ainsi : « Le peuple qui est moins prudent

---

1. Dion Cassius, *op. cit.*, LXII, 13.

et qui, en raison de la médiocrité de sa condition, court moins de dangers[1]. »

On conspue les soldats de César. Des groupes défilent en réclamant à grands cris le retour d'Octavie. On va même jusqu'à renverser les statues de Poppée déjà élevées par Néron au Capitole.

Depuis trois ans, la beauté faite femme a appris à jauger les réactions possibles de son amant. Face à cette foule, va-t-il céder ? S'il rappelle Octavie, que deviendra-t-elle ? Elle se jette à ses genoux, le supplie. Ne comprend-il pas, César, que la foule qui s'en prend à elle le vise, lui aussi ? Oublie-t-il qu'elle est grosse de lui ? Depuis peu de temps, mais elle l'est. César va-t-il enfin admettre que ces manifestants ne sont autres que les clients ou les esclaves d'Octavie ? Ils vont, ô César, faire revenir Octavie de Campanie afin de la placer à leur tête. Traduisons en style direct les propos venus à la connaissance de Tacite :

– Mais moi, quel est donc mon crime ? Qui ai-je offensé ? Est-ce parce que je vais donner à la maison des Césars une descendance authentique ? Le peuple romain préférera-t-il que l'on introduise au faîte de l'Empire le rejeton d'un flûtiste égyptien ? Après tout, si c'est l'intérêt de l'Etat, fais donc venir de bon gré plutôt que sous la contrainte cette femme dont tu seras l'esclave et assure donc sa sécurité toi-même !

Comment de tels propos n'auraient-ils pas précipité Néron dans une colère extrême ? Ordre est donné sur-le-champ aux gardes du palais de faire taire les manifestants. Ils sont repoussés à coups de fouet.

La mort d'Octavie une fois résolue, il faut imaginer une mise en scène plausible de l'événement. Dans de tels cas, on cherche des précédents. Il en est un. Néron fait appel au concepteur de la manœuvre qui a précédé l'assassinat d'Agrippine. Le lecteur connaît son nom : Anicetus. Tou-

---
1. *Annales*, XIV, 60.

jours préfet de la flotte de Misène, il préfère le silence au pouvoir. On le convoque à Rome. Du dialogue insensé qui s'est à l'évidence échangé, on ne peut que résumer le scénario en ayant découlé : 1. Anicetus doit regagner la Campanie. 2. Il y rencontrera Octavie. 3. Il la séduira. C'est tout.

La promesse d'une récompense à la mesure du service rendu vient à point nommé. Le montant restera secret. Si Anicetus refuse, il mourra. Il ne veut pas mourir.

La mission a-t-elle été totalement accomplie ? Octavie a-t-elle partagé son lit ? Le préfet de la flotte de Misène le jurera devant une commission d'enquête, donnera même des précisions : tout ce qu'on lui demandait. Un édit de Néron fait connaître aux Romains qu'Octavie a séduit le préfet et qu'elle a dû avorter pour cacher les suites de sa faute. Son inconduite étant démontrée, elle sera désormais prisonnière dans l'île de Pandateria : là même où Agrippine l'Aînée est morte de faim. Les choses ne traînent pas. Au moment même où Octavie, débarquée dans l'île, gagne sa prison, ordre lui est transmis de se donner la mort. La malheureuse ne comprend pas, s'écrie qu'elle n'est peut-être plus une épouse mais qu'elle reste la sœur de Néron : Claude, son propre père, ne l'a-t-il pas adopté ? Elle se réclame de leurs ancêtres communs et même d'Agrippine qui ne s'en est jamais prise à sa vie.

Quoi ! elle ne veut pas mourir ! Les centurions et les soldats qui l'entourent se saisissent d'elle. Ce qui se déroule ensuite a inspiré à Tacite l'une des pages les plus frappantes de ses *Annales* : « On l'attache, on lui ouvre les veines de tous les membres et parce que, retenu par la violence de son effroi, le sang ne coule que lentement, on la porte dans un bain bouillant, dont la chaleur la tue. On ajoute à cela un acte de cruauté plus atroce encore : sa tête, coupée et portée à Rome, fut présentée à la vue de Poppée. »

Epouvanté, le peuple n'a plus la force de réagir. Une fois encore, le Sénat rejoint « le dernier degré de la servilité ». Le dernier, vraiment ? Les Pères conscrits remercient les dieux.

S'étonnera-t-on que le mariage de Néron et Poppée soit bientôt annoncé ? La « culpabilité » d'Anicetus le fait exiler en Sardaigne. Il s'y trouvera fort bien, « non sans ressources », précise Tacite. On n'en doute pas.

A peine la grossesse de Poppée est-elle proclamée et les sénateurs s'empressent de recommander aux dieux l'enfant qui va naître. Dès que l'impératrice ressent à Antium les premières douleurs, les Pères conscrits s'y portent en masse. Poppée accouche d'une petite fille. Les témoins de la joie manifestée par Néron la décriront « plus qu'humaine ».

Pour célébrer l'événement, tout est bon au Sénat : érection d'un temple célébrant la fécondité ; statues en or massif placées sur le trône de Jupiter Capitolin ; titres d'Augusta décernés à la mère comme à la fille. Tout cela ne sert de rien : la petite fille meurt à quatre mois. Sans borne, le chagrin de Néron. Contrarié dans son élan, le Sénat s'en tire en proclamant la divinité du bébé. Déesse, elle disposera d'un temple et d'un prêtre pour célébrer sa mémoire.

Est-ce pour apaiser sa douleur ? Néron annonce, au cours du printemps, sa décision de quitter Rome pour visiter les pays dont il rêve depuis toujours : la Grèce et l'Egypte. Longtemps, il s'est contraint à n'y plus penser car il ne connaissait que trop l'hostilité de ses sujets à le voir s'éloigner de Rome. La part qu'ont prise les Romains à sa douleur le persuade que, cette fois, on ne le critiquera pas.

Quand le cortège impérial parvient à Naples, première étape du voyage, de grandes fêtes musicales s'y déroulent. On peut croire que l'affaire fut préméditée : juste arrivé, en effet, il exerce sa voix, se met au régime car il se juge trop gros – il a raison – et répète en compagnie de Ménécrates, son maître de chant, les exercices destinés « à conserver aux muscles leur vigueur, aux articulations leur élasticité, à la voix son ampleur et sa limpidité ».

Pourquoi a-t-il attendu Naples pour affronter un public authentique ? Il ne tenait qu'à lui de se faire entendre à Rome. Le vrai est que Rome lui fait peur : peur d'un public connaisseur, capable de faire naître la gloire mais aussi le ridicule ; peur des comparaisons qu'il aurait à subir. Pour sa première confrontation avec la foule, Naples le rassure.

Tout entière, la ville veut participer à cet événement sans précédent : voir et entendre l'empereur Néron se produire en habit de citharède ! Toutes les chambres de Naples ayant en quelques minutes été retenues, ceux qui accourent des environs vont coucher sur les places publiques. A l'Odéon où l'on sait que chantera Néron, on se rue. On se heurte à des portes fermées : l'affluence s'est révélée telle que l'on a dû prendre la décision d'offrir le spectacle au grand théâtre. En plein air. Le triomphe de cette première audition incitera Néron à la rééditer les jours suivants. Il se prend si totalement au jeu qu'un tremblement de terre qui ébranle le théâtre ne le trouble même pas : il achève l'air qu'il a commencé. Littéralement ébloui par lui-même, on l'entend répéter un proverbe grec : « La musique n'est rien si on la tient cachée. »

Friand comme on sait d'anecdotes, Suétone montre Néron, ayant pris un bain pendant l'entracte de l'un des spectacles – il fait chaud à Naples en juillet – et ne supportant pas de souper seul dans sa loge. Repoussant le repas déjà préparé, il se précipite dans la salle du théâtre et, « à la vue d'un peuple nombreux », se fait servir un nouveau repas au milieu de l'orchestre. Ainsi lui faut-il ce cadre pour se sentir pleinement heureux. L'entourage l'entend proférer en grec – la bouche pleine ? : « Quand j'aurai un peu bu, je vous filerai des sons exquis ! »

Le jeune homme de naguère n'est plus. Parfaitement incapable, à vingt-sept ans, de modérer son appétit et ses libations, il a laissé la graisse gonfler son ventre et boursoufler son visage.

Pourquoi renonce-t-il soudain au voyage en Grèce ? On ne sait trop. Avant de regagner Rome, il s'attarde à Bénévent où il assiste à un spectacle de gladiateurs. C'est là, pense-t-on, que le rejoint la nouvelle du suicide de Torquatus Silanus, mis en accusation par Tigellin pour cause de lèse-majesté. Membre de la famille des Junii, il aimait à répéter que l'empereur Auguste était son trisaïeul. Le préfet n'a fait qu'en tirer les conséquences.

Que reprochait-on au sénateur ? Fort riche et possédant de grands biens, il a calqué sa maison à l'instar du palais impérial : il disposait, comme l'empereur, d'un secrétaire à la correspondance, d'un autre aux requêtes, d'un troisième aux comptes, tous – selon Tigellin – « choisis à dessein ». En outre, Silanus prodiguait volontiers ses richesses et, pour cette raison, pouvait être soupçonné d'avoir voulu égaler la popularité de l'empereur. A la veille du jugement, l'infortuné sénateur préfère s'ouvrir les veines. L'apprenant, Néron déclare négligemment que Silanus, bien qu'il fût coupable et qu'il lui fût difficile de se défendre, aurait « vécu s'il avait attendu la clémence des juges ». L'intéressé étant mort, qui songerait à contredire le prince ?

On conçoit l'étonnement des Romains jusque-là convaincus que Néron voguait vers l'Achaïe, quand on annonce son retour au Palatin. A la surprise succède la joie d'avoir retrouvé cet empereur toujours populaire. Or, à ceux-là mêmes qui se réjouissent, il annonce que, de toute façon, il va repartir. Voilà un peuple bien souvent ballotté. Le bruit d'un nouveau départ suscite des protestations bruyantes dans les quartiers populaires, ce qui s'explique : en l'absence de l'empereur, on offre moins de fêtes et de jeux. Qui plus est, on craint, s'il est loin, des difficultés de ravitaillement. Percer à jour cet homme se révélera de plus en plus difficile. Comment expliquer que, s'étant rendu au Capitole pour adorer les dieux, l'idée lui soit venue d'entrer dans le temple de Vesta ? « Soudain, il se met à trembler de tous ses membres, soit que la déesse l'ait terrifié, soit que le souvenir de ses crimes ne le laissât jamais entièrement exempt de crainte. » Il s'écrie que « tout ce qu'il aimait avait moins d'importance pour lui que son amour pour la patrie[1] » : d'où un édit, d'évidence contraint et forcé, par lequel Néron fait savoir qu'« il a vu les visages attristés des citoyens et entendu leurs plaintes secrètes ».

---

1. *Annales*, XV, 36.

Que les Romains le sachent une fois pour toutes : « De même que, dans les relations familiales privées, les êtres les plus proches l'emportent, de même le peuple romain a le plus de pouvoir et il lui obéit, lui Néron, alors que ce peuple essaie de le retenir. » Donc il ne part pas.

Apaiser le peuple est une chose, convaincre l'aristocratie une autre. L'empereur lui destine donc une fête grandiose. Une génération entière conservera le souvenir des fastes déployés, tout autant que des débauches scandaleusement étalées. Le choix du Champ de Mars et de l'étang d'Agrippa semble avoir été arrêté en raison de l'accablante chaleur qui pèse sur Rome. On cherche en vain un souffle d'air. Seule la nuit apporte un peu de réconfort. C'est après le coucher du soleil que la fête aura lieu.

Les alentours du bosquet resplendissent de lumières et résonnent de musiques. Sur l'étang, est disposé un énorme radeau sur lequel va se donner le festin. Comme on a souhaité qu'il fût sans cesse en mouvement, on le fait tirer par des barques « ornées d'or et d'ivoire » sur lesquelles rament des mignons « rangés selon leur spécialité dans l'érotisme ». Sur les rives sont disposés des lupanars ouverts aux dames de la noblesse. Des prostituées nues s'offrent à qui les veut. Dion Cassius : « Chacun avait la liberté de prendre celle qui lui plaisait et il n'était pas permis aux femmes de refuser qui que ce fût. On vit un esclave jouissant de sa maîtresse en présence des maîtres et un gladiateur d'une jeune fille noble sous les yeux de son père. Il y eut des altercations, des coups, des désordres honteux de la part non seulement de ceux qui entraient, mais encore de ceux qui se pressaient dehors ; cela causa des morts d'hommes ; des femmes périrent, les unes étouffées et les autres écharpées[1]. »

Et Néron ? « Souillé de plaisirs licites et illicites, il ne se serait épargné aucun acte honteux. » Ce n'était, dit Tacite, qu'un prologue : « Peu de jours après, il s'unit en mariage à l'un des hommes de ce troupeau de forcenés (il s'appelait

---

1. Dion Cassius, *op. cit.*, LXII, 15.

Pythagoras), comme s'il s'était agi de noces solennelles : on mit le *flammeum*[1] sur la tête de l'empereur : on prit les auspices. Tout fut donné à voir : dot, lit nuptial et torches du mariage et même ce que recouvre la nuit. »

Epuisé par ces excès, « repu de tout », accablé par la canicule que supporte mal sa corpulence, on le croit quand il annonce qu'il s'en va chercher un peu de fraîcheur à Antium.

---

1. Voile de couleur orangée dont la jeune épouse se couvrait la tête lors des cérémonies du mariage (Pierre Grimal).

CHAPITRE IX

Que tout s'embrase et périsse après moi

Six cents mètres de longueur, deux cents mètres de largeur, 235 000 places assises : c'est ce qu'offre le Circus Maximus, situé à l'aplomb du Palatin. On le tient pour le plus ancien et le plus vaste de la cité impériale. A l'occasion de courses de chars, de combats de gladiateurs et de tous les spectacles imaginables, l'aristocratie et la plèbe se rencontrent sur ses travées.

Autour de l'immense arène abondent les tavernes et les maisons de prostitution. Dans les flancs mêmes du cirque, nombre de petits commerçants, souvent venus d'Orient, offrent leurs produits à des amateurs toujours renouvelés. Cabaretiers ou rôtisseurs, ils ne semblent pas avoir pris garde au péril que pouvaient faire naître les stocks d'huile et les réchauds à charbon de bois sur lesquels on cuisait d'appétissantes fritures. Là, au soir du 18 juillet 64, ont surgi les premières flammes.

Un désastre, dit Tacite. Le mot est à l'égal du fait : parmi tous les sinistres dont Rome eut à souffrir à travers les âges, l'incendie qui, en dix jours, réduisit l'*Urbs* en un lit de cendres, demeurera « le plus épouvantable[1] ».

A Rome, on l'a vu, les incendies accompagnent la vie quotidienne. Sous Tibère, par deux fois – en 27 et 36 –, de violents sinistres ont éclaté ; déjà le Circus Maximus en a

---

1. *Annales*, XV, 38.

souffert. En 54, durant le règne de Claude, un incendie a ravagé le quartier Emilien ; durant deux jours et deux nuits, l'empereur – à la recherche de popularité ? – a personnellement stimulé pompiers, soldats et volontaires.

Circonstance qu'il serait grave de sous-estimer : au soir du 18 juillet 64, un fort vent du sud souffle sur Rome. Il pousse les flammes vers le cirque dont les infrastructures en bois s'embrasent aussitôt. Inutiles, les tentatives pour venir à bout de l'incendie. Dans les rues entrelacées à l'infini, le feu se glisse partout. Il dévore les zones basses de la ville avant que de prendre d'assaut les hauteurs et d'atteindre bientôt le Palatin. Là, Néron vient de faire édifier un palais cerné de jardins, long de mille pas – un kilomètre et demi ! –, s'étendant jusqu'à l'Esquilin. Il y a entassé les chefs-d'œuvre arrachés aux territoires conquis ou aux collectionneurs ayant trouvé la mort parce qu'ils avaient déplu. Dans l'esprit de l'empereur, cette demeure n'est pas définitive. Il rêve d'une résidence comme il n'en a jamais existé et digne enfin de sa gloire. Il sait qu'il faudra des années pour l'entreprendre et la parachever d'où la nécessité de cette *Domus transitoria*, autrement dit Maison du Passage.

Déjà sont mobilisés sept cohortes d'affranchis d'élite, les hommes de sept casernes de Rome et de quatorze postes de vigie : en tout sept mille pompiers et sapeurs équipés de pompes à bras, de haches, de crocs, de scies et même de pièces de drap imbibées de vinaigre. Partout le feu les devance. Tacite fait entendre « les lamentations des femmes apeurées, des vieillards épuisés par l'âge ou des enfants sans expérience, et puis des gens qui ne pensaient qu'à eux et ceux qui pensaient aux autres, traînant des malades ou les attendant, les uns s'attardant, les autres se hâtant ». Mettant le comble à son talent, l'historien des *Annales* campe en quelques mots les gens qui regardent en arrière et soudain se voient attaqués « par les côtés ou de face ». Si l'on parvient, épuisé, hors d'haleine, dans un autre quartier, on risque de retrouver le feu devant soi. Les plus habiles et les plus ingénieux fuient Rome : finalement, « ne sachant ce qu'ils devaient éviter ni où ils devaient aller, les gens emplissaient les routes et se couchaient dans les champs ; certains, ayant perdu tous leurs biens, même de quoi manger ce jour-là, d'autres, par amour pour leur famille qu'ils n'avaient pu arracher à l'incendie, succombèrent bien que s'ouvrît à eux un chemin de salut ».

A Antium, tout dort : le petit port ; la côte bordée par une mer elle-même endormie ; les dunes de sable blanc – qui s'y serait hasardé à cette heure de la nuit ? – et même la plaine s'allongeant jusqu'aux contreforts des monts Albains.

L'aube commence à poindre quand une galopade trouble ce silence. Deux cavaliers sautent de cheval devant la villa impériale : Licinius Crassus Frugi, consul, et Subrius Flavius, tribun des cohortes prétoriennes. A Rome, lorsque l'on a admis que nul ne viendrait à bout de l'incendie, on a décidé d'avertir l'empereur. C'est fait.

Le trop gras Néron n'a certes pas épargné son cheval pour regagner l'*Urbs* en flammes. Il y parvient au moment même où l'incendie s'en prend à son palais. Un témoignage nous le montre courant « ça et là, sans gardes ».

Face aux flammes qui détruisent, quartier après quartier, la capitale de son Empire, peut-on admettre que Néron, poète et artiste avant tout, ait éprouvé le besoin de chanter Homère ? L'idée paraît si folle que l'on serait tenté de la croire légendaire si Tacite n'était intervenu : « Le bruit s'était répandu qu'au moment même où la ville était en flammes, Néron était monté sur la scène de son théâtre personnel et qu'il avait chanté la ruine de Troie, assimilant les maux actuels aux catastrophes d'antan[1]. » Même écho, avec une variante, de la part de Suétone : « Néron contempla cet incendie du haut de la tour de Mécène, "charmé, disait-il, de la beauté de la flamme" et il chanta, en costume de théâtre, *La Prise de Troie*. »

A Suétone, Dion Cassius emboîte le pas : « Pendant que tous les autres Romains étaient au comble de la désolation

---

1. *Annales*, XV, 39.

et que même plusieurs d'entre eux, contraints par la douleur, s'élançaient dans les flammes, Néron monta sur le haut du Palatin d'où les regards embrassaient le mieux la plus grande partie de l'incendie et, vêtu en citharède, chanta la ruine d'Ilion et, en réalité, celle de Rome[1]. » Même attitude, même inspiration.

Que les trois auteurs aient évoqué identiquement le comportement de Néron à cet instant précis finit par le rendre vraisemblable. Il paraît conforme à l'image de celui qui, à ses devoirs d'empereur, donnait la préférence à l'acteur, au chanteur ou à l'histrion comme le répétaient à loisir ses ennemis.

Qu'il ait voulu « égaler Priam » du haut de la tour de Mécène apparaît d'autant plus crédible que celle-ci se trouvait sur l'Esquilin épargné par les flammes. De l'endroit le plus élevé de Rome, Néron a pu contempler l'incendie qui, se nourrissant de lui-même, dévorait de nouvelles proies, se glissait dans les quartiers bas pour se précipiter en même temps à l'assaut des collines. Sorte de soufflet géant, le vent du sud renouvelle sans cesse sa force. D'épais nuages de suie flottent sur la ville. La chaleur du brasier enfante un air irrespirable : beaucoup de gens en meurent. Aux flammes, comment ne pas associer l'effrayant ronflement, le grondement continu qui l'accompagne, couvrant d'ailleurs les cris et les plaintes de ceux qui fuient ?

Qui dira de quel regard Néron a embrassé l'insupportable ? Epouvanté ? Désespéré ? Horrifié ? Ou, au contraire – pesons le mot –, admiratif ? Il a pu se croire choisi par les dieux pour, mieux que quiconque, jouir de l'instant.

Néron a-t-il, de sa propre volonté, fait incendier Rome ? A l'époque, on l'a dit, on l'a cru. Dans l'ordre des témoignages, on trouve en premier lieu celui du tribun de cohorte Subrius Flavius, rapporté par Tacite[2]. Il fut arrêté plus tard

---

1. Dion Cassius, *op. cit.*, LXII, 18.
2. Je suis ici la chronologie proposée par Gérard Walter, *op. cit.*

comme ayant conspiré avec Pison et conduit devant l'empereur, Néron s'étonnera qu'il ait pu trahir son serment de soldat. La sincérité de la réponse de Flavius ne peut que frapper :

— Nul soldat ne te fut jamais plus fidèle aussi longtemps que tu as mérité d'être aimé. J'ai commencé à te haïr après que tu t'es révélé meurtrier de ta mère et de ton épouse, cocher, histrion *et incendiaire*[1].

Fluctuant entre doute et désir d'y croire, Tacite se hasarde : « Et personne n'osait lutter contre l'incendie, devant les menaces de gens qui, nombreux, défendaient de l'éteindre, et parce que d'autres lançaient ouvertement les torches et hurlaient qu'ils le faisaient sur ordre, soit dans le dessein de pouvoir piller plus aisément, soit qu'on le leur eût commandé. »

Pline l'Ancien — il a quarante et un ans à l'été 64 — présente l'événement comme un fait incontestable : « Néron a brûlé Rome[2]. » L'auteur anonyme de la tragédie *Octavie* explique l'incendie ordonné par Néron comme une vengeance à l'égard du peuple qui, au Palatin, avait manifesté devant son palais et injurié Poppée. Héros de théâtre, Néron s'écrie :

— Pour punir cette populace qui a osé menacer du feu mes pénates, faire la loi à son prince, arracher à mon lit ma chaste épouse et l'outrager, c'est trop peu que la mort !... Que les toits de la ville s'abîment dans les flammes allumées par moi, que l'incendie et la ruine accablent ce peuple coupable, avec l'affreuse misère, le deuil, la faim cruelle !

Ecrivant cinquante ans après l'événement, Tacite se demande honnêtement si l'incendie « fut le fait du hasard ou un attentat du Prince, les deux interprétations ayant été avancées par les auteurs » et se contente de citer la « rumeur infamante selon laquelle l'incendie avait été allumé sur l'ordre de Néron ». Suétone n'hésite pas à dénoncer l'impé-

---

1. *Annales*, XV, 67.
2. *Op. cit.*, XVII, 1.

rial incendiaire : « Il n'épargna même pas le peuple de Rome ni les murs de sa patrie. Un de ses familiers ayant cité, dans la conversation, ce vers grec : *Que tout s'embrase et périsse après moi*[1], "Non, répondit-il, que ce soit de mon vivant" ; et il accomplit sa menace. Choqué, à ce qu'il disait, du mauvais goût des anciens édifices, du peu de largeur et de l'irrégularité des rues, il fit mettre le feu à la ville si ouvertement que plusieurs consulaires, surprenant dans leurs propriétés des esclaves de sa chambre avec des étoupes et des flambeaux, n'osèrent pas les arrêter[2]. »

Dion Cassius ne doute pas davantage que l'incendie soit né de la volonté de Néron : « Il envoya en sous-main quelques hommes qui, feignant d'être ivres ou de vouloir accomplir quelque mauvais coup, mirent le feu, les uns ici, les autres là, en un, en deux endroits et plus[3]. »

Face à tant de « témoignages », la croyance en un Néron incendiaire a conservé, aujourd'hui encore, une sorte de vérité. Urbaniste d'intention, n'est-il pas logique qu'il soit passé à l'acte ?

A cette hypothèse longtemps retenue, on oppose nombre d'arguments dont le principal se résume en peu de mots : en mettant le feu au Circus Maximus, les agents de Néron auraient-ils couru le risque de transmettre l'incendie au Palatin voisin, de livrer aux flammes le palais impérial – ce qui est arrivé – et de réduire en cendres les chefs-d'œuvre de l'art qu'il y avait réunis et lui étaient si chers ? « L'empereur fut la première victime et le premier sinistré de Rome[4]. » Autre argument de poids : on accusait Néron de vouloir assainir la ville en faisant mettre le feu aux taudis ; le Trastévère avec ses immondices fut épargné et les beaux quartiers ont été anéantis.

Dans les œuvres de Flavius Josèphe, du poète Martial, de Galba, du Grec Osanias, tous hostiles à l'empereur et dénon-

---

1. Attribué à Euripide.
2. *Vies des douze Césars*, « Néron », XXXVIII.
3. Dion Cassius, *op. cit.*, LXII, 16.
4. Jacques Robichon, *op. cit.*

çant sans précaution d'autres crimes, on ne trouve aucune mention d'une responsabilité de Néron dans la catastrophe. Observant que l'incendie avait éclaté au cours d'une nuit de pleine lune d'été, « circonstance aussi peu propice que possible à la mise en œuvre du dessein prêté à Néron », Léon Homo, éminent historien de Rome, juge peu vraisemblable la culpabilité de l'empereur. Il en est de même de la quasi-totalité des derniers biographes de Néron : Gérard Walter en 1955, Georges-Roux en 1962, Eugen Cizek en 1981, Jacques Robichon en 1985. C'est beaucoup.

Ceux qui ont vu des hommes mettre le feu et l'ont inlassablement répété auraient-ils donc menti ? Il faut savoir que, très tôt dans la nuit, les édiles ont prescrit de faire « la part du feu ». On ne peut exclure aussi que des incendiaires « professionnels », comme il y en avait tant à Rome, aient profité de l'occasion pour voler ; Sénèque confirme la fréquence de tels actes. Dans l'une de ses satires, Juvénal évoque « ce sicaire soudoyé, traître allumant l'incendie avec du soufre ». La loi prévoit que les incendiaires reconnus comme tels seront revêtus d'une tunique soufrée à laquelle on ajoutera des matières inflammables. Après quoi ils seront brûlés vifs.

Au sixième jour – seulement ! –, on a cru maîtriser l'incendie au pied de l'Esquilin. A l'aube du septième, il reprend soudain pour s'étendre jusqu'au Champ de Mars et, pendant trois jours encore, provoque d'immenses dégâts. Pour annuler sa progression, il faut abattre une quantité d'édifices. Le 27 juillet, il ne restera de Rome que des cendres fumantes, des ruines et des cadavres.

Sur les quatorze régions que compte Rome, trois sont réduites à rien, sept gravement touchées, quatre restent intactes y compris – par chance – le Forum et une partie du Capitole. Impossible d'énumérer le nombre des demeures privées et des immeubles de rapport détruits mais on peut citer de très anciens lieux de culte : le temple de Servius Tullius consacré à la Lune ; le grand autel et le sanctuaire dédié à Hercule Secourable ; le temple de Jupiter Stator ; la Regia de Numa et l'enclos sacré de Vesta avec les pénates du peuple romain, sans compter « les trésors acquis par tant de victoires, et les chefs-d'œuvre des artistes grecs, et aussi les monuments antiques, jusqu'alors intacts[1] ».

Quantité de témoins ont loué la part prise personnellement par Néron dans l'hébergement de 250 000 sinistrés. Il ordonne que le Champ de Mars les accueille et, dans ses propres jardins, fait construire des baraques en bois destinées à abriter les plus pauvres. Il veille en permanence sur les travaux de déblaiement, couvre de ses deniers les dépenses d'enlèvement des décombres. Pour assurer le ravitaillement, en union avec les responsables de l'Annone, il fait acheminer en hâte les vivres entreposés à Ostie.

Dans ce genre d'événement, toute logique se tait quand jaillit un cri populaire. Certains ont constaté que le feu, en son dernier sursaut, était parti d'immeubles appartenant à Tigellin, le très haï. Ne serait-il pas le général en chef de l'horreur ? Le séjour de Néron à Antium au début de l'incendie ne serait-il pas trop opportun ? Quand les Romains voient l'empereur parcourir inlassablement la ville pour parer à l'ampleur du désastre, certains chuchotent qu'il cherche à estimer ce qu'il pourra en récolter.

Peu à peu, autour de Néron, s'élève une terrible menace.

Lui commande des prières. Les matrones implorent Junon au Capitole ; on asperge d'eau son temple et sa statue. On supplie Vulcain, Cérès, Proserpine. « Mais aucun moyen humain, aucune largesse du prince, aucun rite destiné à apaiser les dieux ne pouvaient éloigner la rumeur infamante selon laquelle l'incendie avait été allumé sur son ordre[2]. »

Un pouvoir menacé cherche toujours des coupables. Il faut que la suspicion s'éloigne. Tigellin a-t-il désigné à

---

1. *Annales*, XV, 41.
2. *Annales,* XV, 38.

Néron les chrétiens comme propres à incarner le mieux la diversion ?

On s'étonne. Ces chrétiens-là ne semblent pas, à Rome, avoir exercé la moindre influence. L'Epître aux Romains ne le suggère nullement. Les chrétiens s'agitent-ils ? Rien ne l'indique. Oublié, le coup de sang de Claude qui, en 41, a expulsé pêle-mêle les juifs et les chrétiens : en 64, la plupart sont rentrés[1]. Depuis, les chrétiens célèbrent ouvertement leur culte.

N'oublions pas Paul. Il est à Rome depuis deux ans. Il enseigne, il prêche. Aurait-il réuni des prosélytes en grand nombre ? Faute de textes précis, on est réduit aux conjectures et, à la rigueur, aux Actes de Paul qui montrent des foules entières venant l'écouter. On voit mal ces chrétiens, tout récemment imprégnés de la parole de Jésus, se muer en provocateurs. Il ne semble pas non plus que des sanctions préalables à l'incendie aient été prises contre eux. On cite une femme de l'aristocratie, Pomponia Graecina, accusée, en 57, de « superstitions étrangères » et que son mari, Aulus Plautius, a, en vertu de l'ancien droit romain, déférée au tribunal familial lequel l'a acquittée. C'est tout.

Tacite désigne ceux « que la foule appelait *chrétiens*. » Il les présente comme « des gens détestés à cause de leurs mœurs criminelles ». Premier historien latin à citer Jésus, il précise : « Celui qui est à l'origine de ce nom est Christ qui, sous le règne de Tibère, avait été condamné à mort par le procurateur Ponce Pilate ; réprimée sur le moment, cette exécrable superstition faisait sa réapparition non seulement en Judée, où se trouvait l'origine de ce fléau, mais aussi à Rome où tout ce qui est partout abominable et infâme vient aboutir et se répand[2]. » Suétone fait chorus en présentant « une espèce d'hommes infestés de superstitions nouvelles et dangereuses[3] ».

La désignation de *Chrestos*, perçue pour la première fois

---

1. L'Epître aux Romains cite expressément Aquilas et Prisca, chassés en 41 et revenus en 58.
2. *Annales,* XV, 44.
3. *Vies des douze Césars,* « Néron », XVI.

chez Suétone, semble être née d'un jeu de mots sur *Christos*, disciple du Christ, et *Chrestos*, qui veut dire bon. Le reproche d'*odium humani generis* (ennemi du genre humain) avait déjà été usité contre les juifs. Peut-être même a-t-on trouvé du plaisir à renouveler ces accusations déjà portées contre les juifs : adoration d'un âne, meurtre rituel ou inceste [1].

Peut-on comprendre la haine secrétée par ceux qui pratiquaient « l'exécrable superstition » ? Daniel-Rops, auteur, trop peu lu aujourd'hui, d'une histoire monumentale du christianisme, s'y est hasardé. Il s'est demandé si le langage chrétien, « mystérieux aux non-initiés », n'avait pas à la longue inquiété les Romains, en particulier les prônes en plein air marqués « des grandes images de colère divine, de destruction des villes pécheresses par le feu, de conflagrations universelles, avec cette symbolique apocalyptique dont saint Jean, un peu plus tard, orchestrera les thèmes [2] ». J'ajouterai un argument : dès lors qu'ils avaient reçu le baptême, les chrétiens ne pouvaient plus sacrifier aux dieux. Les Romains – même les plus négligents en matière de religion – s'en sont à l'évidence aperçus.

On se figure une rafle qui concerne tous les quartiers, les demeures violées, les portes enfoncées, les hommes et les femmes agressés. Une seule question :
– Es-tu chrétien ?
La plupart ont dû répondre sans arrière-pensée :
– Je le suis.
Jusque-là, aucun d'entre eux ne semble s'être caché. Ils n'en vont pas moins remplir les prisons de la ville. Combien sont-ils ? Nul ne le sait. Le chiffre relativement faible proposé par certains historiens contemporains – deux à trois cents – ne correspond pas au vocable proposé par Tacite : *multitudo ingens* se traduit par *immense multitude*. Impossible de se libérer l'esprit des détails affreux fournis par l'au-

---

1. Jean Daniélou, *L'Eglise des premiers temps* (1963).
2. Daniel-Rops, *op. cit.*

teur des *Annales* : « On arrêta d'abord ceux qui avouaient puis, sur leur dénonciation, une foule immense qui fut condamnée, moins pour crime d'incendie que pour sa haine du genre humain. » Dans la Rome de Néron, la torture est un art. Sous les instruments du bourreau, certains ont dû livrer des informations aussitôt travesties.

C'est en chrétiens qu'ils vont mourir. Est-ce dans le cerveau fertile de Néron lui-même que fut imaginé l'affreuse mise en scène dont Tacite énumère les étapes ? Dans les jardins de Néron, on torture, on décapite, on crucifie.

A ce public romain dont l'avidité de spectacles sanglants ne cesse de nous effarer, on offre des chasses dont le gibier est composé de chrétiens cousus dans des peaux de bêtes. Des molosses délibérément affamés les mettent en pièces. Longtemps, on n'a pas voulu comprendre Tacite écrivant : « On y mit le feu pour que, lorsque le jour baissait, ils brûlent et servent d'éclairage nocturne. » Des hommes de science ont à juste titre réfuté les derniers mots : « La combustion lumineuse du corps humain est physiquement impossible. » C'est là ignorer la loi romaine dont le lecteur a découvert plus haut les termes : elle punit les incendiaires volontaires en les revêtant d'une « tunique soufrée » enduite de matière inflammable à laquelle on met ensuite le feu. Les chrétiens de Néron n'ont pas été traités autrement.

Dans cette masse anonyme livrée à de multiples et abominables supplices et hurlant de douleur, on a longtemps cru impossible de s'arrêter à des noms, à des visages.

Comment n'a-t-on pas songé à l'Epître aux Romains ? Le lecteur se souvient des dernières pages. Revenons-y. Comment ne pas imaginer la chère Phoebé en qui Paul voyait « notre sœur », dévorée par des molosses ou brûlant revêtue de la tunique soufrée ? Et Prisca, et Aquilas, ces tisseurs de tentes rencontrés à Corinthe, qui avaient risqué leur vie pour sauver celle de Paul et accueillaient chez eux l'Eglise ? De quel supplice a pu mourir Epénète, l'un des premiers convertis d'Asie ? Et Marie « qui s'était donné beaucoup de peine » pour servir l'Eglise ? Andronicus et

Junias, chrétiens de la première génération dont Paul admirait l'apostolat missionnaire ? Et Ampliatus, et Urbain, et Stachys, et Apelles ? Et ceux de la maison d'Aristobule, ceux de la maison de Narcisse ? Et Tryphène, Tryphose, la chère Persis ? Que dire de Rufus, l'élu dans le Seigneur, et de sa génitrice à ce point aimée de Paul qu'il l'appelait sa seconde mère ? Et Asynchrite, Phlégon, Hermès, Patrobas, Hermas, Philologue, Julie, Olympas, Nérée et sa sœur ?

Il semble que les Romains accourus pour assister à ces « jeux de cirque » inédits aient fini, leur curiosité assouvie, par ressentir une commisération proche de l'écœurement. « Aussi, à l'égard de ces hommes coupables et qui méritaient les derniers supplices, montait une sorte de pitié, à la pensée que ce n'était pas pour l'intérêt de tous mais pour satisfaire la cruauté d'un seul qu'ils périssaient[1]. »

Néron, en habit d'aurige, allait et venait parmi les suppliciés. Debout sur un char.

---

1. *Annales*, XV, 44,

CHAPITRE X

Enquête sur deux tombeaux

Tout porte malheureusement à croire que les arrestations et les exécutions de juillet 64 se sont poursuivies jusqu'à la fin de l'année, peut-être au-delà. D'où une question vite obsédante : Pierre et Paul ont-ils figuré parmi les victimes de Néron ?

Dans une lettre qui date de 95 ou 96, Clément, évêque de Rome, lève les doutes. S'adressant à l'Eglise de Corinthe qui sollicitait ses conseils, Clément invoque l'exemple de Pierre : « Après avoir accompli son martyre, il s'en est allé au séjour de gloire qui lui était dû », et celui de Paul : « Il a accompli son martyre devant ceux qui gouvernaient. Il a quitté le monde et s'en est allé au saint lieu. » Dans les années 60, Clément était en âge de recueillir de telles informations, assurément fort commentées au sein de la communauté chrétienne de Rome.

Plusieurs témoignages confirment le précédent : celui d'Ignace, évêque d'Antioche, conduit à Rome pour y être martyrisé, il s'adresse vers 160 aux chrétiens de Rome. Se réclamant d'autres martyrs célèbres, il écrit : « Je ne vous donne pas des ordres comme Pierre et Paul. Ils étaient des apôtres et moi je suis un condamné. »

Denys de Corinthe fait allusion à Pierre et Paul qui « ont rendu témoignage dans le même temps ». Dans plusieurs textes de l'époque, la formule *rendre témoignage* correspond à donner sa vie. Des ouvrages parfaitement apocryphes tels que l'Apocalypse de Pierre, les Actes de Pierre ou l'Ascension d'Isaïe, en plaçant l'exécution de Pierre à Rome, confirment l'existence d'une tradition très tôt acceptée.

Vers l'an 200, le prêtre romain Gaius confirme : « Pour moi, je puis montrer les trophées des Apôtres. Si tu veux aller au Vatican ou sur la voie d'Ostie, tu trouveras les trophées de ceux qui ont fondé cette Eglise. » Entre 200 et 213, Tertullien de Carthage relate le martyre de Pierre, crucifié, et de Paul, décapité. En 313, Eusèbe de Césarée résume : « On raconte que, sous le règne [de Néron], Paul eut la tête coupée à Rome même, et que semblablement Pierre y fut crucifié, et ce récit est confirmé par le nom de Pierre et de Paul qui, jusqu'à présent, est donné au cimetière de cette ville[1]. »

Dans la lettre de Clément, les mots « ceux qui gouvernent » ne sont pas sans importance. Quand Néron se rend en Grèce, en 67 et 68, pour participer aux Olympiades, il délègue l'exercice du pouvoir romain à Helius, Polyclitus et Nymphidius. Ils gouverneront en son nom. S'agirait-il de ces autorités devant lesquelles Paul aurait comparu et qui, tenant compte de sa citoyenneté, l'auraient condamné à être décapité ? Une tradition, attestée dès le IIe siècle, veut que Paul ait subi son martyre *ad Aquas Salvias*, sur la route d'Ardea, à trente milles environ de Rome : là s'élève aujourd'hui la basilique Saint-Paul-hors-les-Murs. Reste à s'interroger quant à l'époque des exécutions. Certains ont cru pouvoir placer celle de Paul entre juillet 67 et juin 68, donc au cours du voyage de Néron en Grèce[2]. Plus nombreux sont ceux, aujourd'hui, qui se rallient à l'année 64, donc au lendemain de l'incendie de Rome.

Et Pierre ? Jean, quatrième et dernier des évangélistes, évoque le dialogue qu'auraient échangé Jésus et Simon-Pierre. Par trois fois, Jésus demande à Pierre s'il l'aime : « Pierre fut attristé de ce que Jésus lui avait dit une troisième

---

1. Eusèbe, *op. cit.*, II, 25, 5.
2. François Brossier, « La fin de Paul à Rome » in *Aux origines du christianisme* (2000).

fois : "M'aimes-tu ?" Et il reprit : "Seigneur, toi qui connais toute chose, tu sais bien que je t'aime." Et Jésus lui dit : "En vérité, en vérité, je te le dis, quand tu étais jeune, tu nouais ta ceinture et tu allais où tu voulais ; lorsque tu seras devenu vieux, tu étendras les mains et c'est un autre qui nouera ta ceinture et qui te conduira là où tu ne voudrais pas." Jésus parla ainsi pour indiquer de quelle mort Pierre devrait glorifier Dieu. » Dans cet échange déchirant, les commentateurs de Jean ont cru lire l'annonce du supplice que devait subir Pierre et dont tenait à témoigner le dernier apôtre survivant.

La thèse la plus communément admise aujourd'hui veut que Pierre aurait été martyrisé à l'automne 64, durant la persécution de Néron[1]. Pour le reste, nous devons nous en rapporter à des traditions qui, souvent, prennent la forme de légendes. Il en est ainsi des Actes de Pierre, rédigés vers la fin du IIe siècle, donc parfaitement apocryphes. Le séjour de Pierre à Rome est semé de conflits avec Simon le Magicien. Ce dernier s'élançant dans les airs, Pierre obtient du Christ qu'il provoque sa chute. C'est dans les Actes de Pierre que figure la scène appelée à un avenir imprévisible : à l'annonce de la persécution ordonnée par Néron, Pierre s'apprête à quitter Rome. Il rencontre Jésus et, bouleversé, lui demande : *Quo vadis Domine ?* (Où vas-tu Seigneur ?) La réponse ne tarde pas : « Je vais à Rome pour y être crucifié. » Nouvelle question de Pierre : « Seigneur, vas-tu de nouveau être crucifié ? "Oui, Pierre, je suis de nouveau crucifié." » Alors Pierre « retourna à Rome, se réjouissant et glorifiant le Seigneur ». Ce sont dans les mêmes Actes de Pierre que prend naissance la légende de l'apôtre crucifié la tête en bas par modestie à l'égard de la crucifixion de Jésus.

On ne peut que donner raison à Etienne Cothenet quand il constate que le seul terrain solide en l'occurrence reste l'attestation de Gaius. Souvenez-vous, lecteur : « Pour moi je peux montrer les trophées des apôtres. Si tu veux aller au Vatican ou sur la voie d'Ostie, tu trouveras les trophées de

---

1. Etienne Cothenet, « Pierre à Rome » in *Aux origines du christianisme*.

ceux qui ont fondé cette Eglise. » Au Vatican, colline de Rome située au nord du Janicule, sur la rive droite du Tibre, se situaient les jardins et le cirque de Néron. En distinguant deux trophées et deux apôtres, les exégètes estiment que Gaius a voulu montrer que la sépulture de Paul se trouvait sur la voie d'Ostie et celle de Pierre au Vatican.

Cette tradition de Pierre inhumé, quelle que soit la date de sa mort, dans le cirque de Néron paraît confirmée par la décision postérieure de l'empereur Constantin, tout nouvellement converti, de faire élever, de 315 à 349, une première basilique – remplacée plus tard par celle que nous connaissons – à l'endroit désigné par une tradition constante comme étant celui où avait été inhumé saint Pierre. Le lieu auquel on s'est arrêté constitue en lui-même une démonstration. Le terrain choisi était particulièrement mal approprié car semé d'obstacles rendant fort difficile l'implantation d'un tel édifice. Or, non loin de là, s'étendait une surface plane fort tentante !

Dans le chœur de la basilique de Constantin, dotée de cinq nefs, d'une abside et d'un transept, on a pu longtemps apercevoir la partie supérieure d'un petit monument à deux niches édifié, au IIe siècle, sur le lieu supposé de la sépulture de Pierre.

Si certaines des invasions barbares ont épargné la basilique, il n'en est pas de même de celle de Genséric et ses Vandales en 455, de celle de Vitigès et ses Ostrogoths en 537, de celle de Totila en 544. Selon les *Annales* de saint Bertin, les Sarrasins ont emporté en 846 l'autel placé au-dessus de la tombe de Pierre, ainsi que les objets de prix qui l'ornaient. Les malheurs de la basilique n'étaient pas achevés : un terrible incendie allait la ravager.

A la fin du XVe siècle, ce qui en subsiste après plus d'un millénaire d'existence est à la veille de s'effondrer. Chacun en convient : il est urgent d'en reconstruire une autre. En 1452, le pape Nicolas V s'y essaie mais sa mort (1455) interrompt l'entreprise. Il faudra attendre 1506 pour que

Jules II fasse ouvrir l'un des chantiers les plus gigantesques de l'architecture religieuse : 22 000 m² de superficie totale, une coupole haute de 136,50 mètres et une longueur de 186 mètres.

Pas plus que Nicolas V, Jules II n'a hésité quant au site : exactement celui de la basilique de Constantin. Le chœur de la basilique Saint-Pierre est placé scrupuleusement au-dessus du précédent. Dès lors, la catholicité n'a cessé de croire que la dépouille de saint Pierre reposait dans les soubassements du nouvel édifice. Nul, cependant, ne l'avait repérée. Les siècles passant, le désir d'être assuré de cette présence n'a cesse de grandir. Aucun pape ne semble avoir prescrit des recherches. La raison n'en est pas seulement historique mais d'ordre religieux, ce qu'a parfaitement explicité Jérôme Carcopino : « Si l'exploration parvenait à déceler, sous l'édifice de Constantin, les traces d'une sépulture de Pierre antérieure à 258, elle maintiendrait avec éclat, à travers la diversité des localisations et peut-être des formes liturgiques, l'unité originelle du culte du Martyr ; elle proclamerait l'apostolicité du siège romain. Si, au contraire, elle n'y réussissait point, elle minerait la base sur laquelle est fondée la primauté de l'Evêque de Rome. C'est donc une partie redoutable à jouer et, dans un siècle où la critique commande, une terrible chance à courir. »

Cette chance, après l'avoir mûrement pesée, le pape Pie XII s'est, en 1939, résolu à la courir.

Le 10 février 1939, le pape Pie XI vient de mourir. Dès que l'on ouvre, avec toute la solennité nécessaire, son testament, on y découvre une volonté formelle : il veut être enterré le long du mur sud des Grottes anciennes, à côté de Pie X, donc aussi près que possible de la « Confession » de saint Pierre : la zone où l'on situe traditionnellement le tombeau du premier des apôtres. Dès que cette volonté est connue, le camerlingue de l'Eglise – ce cardinal Pacelli qui bientôt deviendra le pape Pie XII – prescrit de repérer l'endroit si précisément désigné. Après un examen rapide, les architectes font savoir que « l'espace encore disponible est trop étroit ». Le cardinal ordonne alors d'abaisser le niveau des Grottes et de pratiquer une excavation derrière le mur du fond. Ce qui est aussitôt entrepris par les *sampietrini*, ouvriers chargés héréditairement des travaux de réfection de l'immense ensemble architectural. Ils déplacent plusieurs des dalles de marbre qui forment le pavement des Grottes. Quand leurs pioches rejoignent les restes d'un autre dallage, ils s'arrêtent en débouchant, en arrière du mur sur lequel s'ouvre l'excavation, sur une chambre que des gravats, au cours des temps, ont remplie.

Faut-il aller plus loin ? Elu pape, Pie XII l'ordonne. On comprend bientôt que le dallage découvert par les *sampietrini* n'est autre, à vingt centimètres au-dessous du pavement, que celui de la première basilique édifiée par Constantin. On en revient à la tradition selon laquelle l'autel a été placé *au-dessus de la tombe de l'apôtre*. Se remettant au travail, les *sampietrini* s'enfoncent chaque jour plus profondément. Ils abandonnent souvent leurs pelles pour ne se servir que de leurs mains nues.

De jour en jour s'accroissent les espoirs des archéologues dirigés par Mgr Ludwig Kass. Convaincus que les murailles sud de la basilique constantinienne devaient prendre appui sur les murailles nord du cirque de Néron, ils s'attendent à découvrir ce cirque où Tacite situe la mise à mort de nombreux chrétiens. Là même où Pierre aurait été crucifié.

Or ce n'est nullement sur l'emplacement du cirque de Néron que la basilique de Constantin a été édifiée. C'est *au-dessus d'un cimetière* dont on découvre les traces évidentes. On n'en continue pas moins à fouiller. Stupeur : au lieu des quelques pierres tombales sans guère d'intérêt que l'on s'attend à trouver, on rend à la vie un mausolée ancien, puis un autre, puis d'autres encore, alignés en une enfilade qui ressemble à une rue. A Mgr Kass et son équipe s'offre un spectacle bouleversant. Il l'est encore aujourd'hui.

Simple visiteur, intégré en un groupe qui ne peut dépasser quinze personnes, j'avais en mémoire les photographies souvent publiées de cette nécropole. En un instant, la vision *in situ* en a balayé le souvenir. Surgissaient des ténèbres des mausolées de grande allure, des sépultures infiniment plus modestes, parfois une simple caisse de terre cuite ou même une cavité protégée par un capuchon de brique : supériorité des trois dimensions.

Du jugement des spécialistes, il s'agit de « la plus importante des nécropoles romaines jusqu'à présent déblayées ». Son axe est « celui-là même de la nef centrale de la basilique ». Si la plupart des sépultures sont païennes, les inscriptions trouvées sur les murs prouvent que quelques-unes sont chrétiennes. Ainsi, dès les premiers âges de l'Eglise, bien avant que Constantin fît édifier sa basilique, des chrétiens avaient choisi d'y reposer. L'auraient-ils fait si une raison majeure ne les y avait poussés ?

Cette question, les archéologues se la sont posée derechef en exhumant une zone quadrangulaire, un « vide » dont « l'on dirait qu'il fut assiégé de toutes parts de tombes et de sépultures qui, depuis les premiers siècles, se serrèrent autour de lui sans jamais empiéter sur lui[1] ». Dans leur rapport, ils affirment : « Nous avons contrôlé ce détail [le fait qu'aucune tombe n'ait jamais empiété sur cette zone], en partant du sol vierge, et c'est pourquoi nous pouvons affirmer que cette zone a été respectée, depuis les origines de l'usage de cet emplacement, en tant que cimetière qui, étant donné l'ensevelissement profond des tombes les plus anciennes, remonte au Ier siècle. » Ladite zone était protégée par un mur souterrain enduit de blanc et de rouge : « Cette précaution, que nous ne trouvons dans aucune tombe voisine et que nous voyons constamment autour du même lieu, est un indice précieux du fait qu'il s'agissait là d'une tombe sur laquelle on veillait et que l'on vénérait depuis la plus haute Antiquité. »

Au IIe siècle, avant l'avènement de Marc Aurèle (161), la tombe mystérieuse reçoit une nouvelle protection, celle

---

1. 1. *Rapport sur la campagne des fouilles poursuivies de 1939 à 1949 à Saint-Pierre de Rome* (préface de Mgr Kass, 2 vol., le premier comportant 218 pages de texte et 209 illustrations et plans ; le second 109 planches, dont 103 en phototypie).

d'un mur badigeonné en rouge, haut de 2,45 mètres, épais de 60 centimètres, long de 7 mètres, délimitant un rectangle de 7 mètres sur 3,50 mètres. La soutient un contrefort long de 85 cm, épais de 55 cm, perpendiculaire à sa paroi. Le mur est couvert d'inscriptions chrétiennes, d'où le nom de *mur des graffiti* qui lui a été donné. Dans son épaisseur, on a pratiqué trois niches dont l'une, engagée en arrière dans le mur rouge, est soutenue en avant par deux colonnettes de marbre. « Il est certain que cet ensemble fut conçu et construit avec une évidente prétention à la monumentalité. » Dès lors les enquêteurs se déclarent convaincus d'avoir retrouvé la tombe de saint Pierre.

Résumons : 1. les fouilles ont mis en lumière l'emplacement de la basilique de Constantin ; 2. celle-ci a été construite selon un choix que la nature du terrain ne peut expliquer ; 3. l'emplacement était un cimetière ; 4. la législation romaine interdisait de violer la paix des morts sous peine de graves sanctions ; 5. on ne s'en est pas moins livré à des dévastations sacrilèges, ravageant les tombeaux et défonçant les mausolées. Ce qui justifie la conclusion du grand romaniste que fut Jérôme Carcopino : « De toute évidence, Constantin n'a pas été libre d'élire à son gré le lieu de sa fondation ; sa volonté y fut en quelque sorte enchaînée par une force supérieure à la logique, à l'intérêt, à la morale même, par un sentiment plus fort que la raison. » S'il s'est acharné à faire élever sa basilique sur un cimetière, c'est que, dans ce cimetière – il en était sûr –, l'apôtre avait été inhumé.

Que les restes de Pierre aient été transférés là, à un moment donné antérieur en tout cas au règne de Constantin, il devient difficile d'en douter. J'entends le lecteur : « Le tombeau, je veux bien, mais saint Pierre s'y trouve-t-il encore ? » En 1952, on a posé la même question au père Ferrua, l'un des quatre chercheurs chargés par Pie XII de diriger les fouilles. Il a répondu sans ambiguïté :
– Nous avons pu l'explorer dans tous les sens et nous l'avons reconnu facilement pour être le tombeau de saint Pierre mais, malheureusement, c'est un tombeau vide !

La découverte, dans une des niches, de quelques ossements qu'une expertise a désignés comme étant ceux d'un homme âgé, a pu faire rêver. D'autres débris d'ossements humains découverts dans une cavité du mur des graffiti ont entraîné de nouveaux espoirs. Les chercheurs, en majorité, se veulent infiniment plus prudents.

Quiconque désormais se rendra dans la basilique Saint-Pierre de Rome et s'arrêtera devant cette statue de bronze de l'apôtre, dont on voit le pied usé par tant de pieux effleurements, sera en droit de croire que, durant une période indéterminée mais assurément longue, la dépouille de Pierre a séjourné sous le dallage foulé par des millions de croyants. Et de touristes.

CHAPITRE XI

La grande conjuration

Encadrant Néron en haut de l'Esquilin, deux hommes considèrent le champ de ruines et de cendres que Rome est devenue. Ils se sont illustrés comme les architectes les plus fameux de leur temps. Leurs noms ? Severus et Celer. En leur reconnaissant génie et audace, Tacite les affirme capables « de réaliser par artifice même ce à quoi la nature s'était refusée [1] ».

Sans doute Néron traverse-t-il à cette époque un bonheur presque parfait. Il s'apprête à faire de Rome tout entière une œuvre d'art. A l'antique et déshonorant dédale il substituera l'harmonie. Il réserve à cette ville ressuscitée un bienfait suprême – il en rêve depuis si longtemps ! – que seul un empereur tel que lui peut accorder. L'incendie a fait disparaître son palais. Place à ce qu'il appelle déjà la *Domus Aurea* : la Maison d'Or.

Au sommet de l'Esquilin, on ne saurait voir Severus et Celer muets mais interrompant Néron, rectifiant ses erreurs, prolongeant ses esquisses, en définitive innovant avec lui. La Maison d'Or sera l'œuvre de ces trois hommes.

Qui voudra croire que, dans les ruines de Rome, Néron ait osé tailler quatre-vingts hectares dans le seul dessein d'y édifier, non pas seulement un palais mais une ville dans la

---

1. *Annales*, XV, 42.

ville ? Aucun des plans de Severus et Celer ne subsiste. Par chance, le sujet a inspiré Suétone – et de quelle manière ! « Il suffira de dire, pour en faire connaître et l'étendue et la magnificence, que l'on voyait dans le vestibule une statue colossale de Néron haute de cent vingt pieds[1] ; qu'elle était si vaste qu'elle contenait un triple portique de mille pas de long ; qu'il y avait une pièce d'eau imitant la mer et bordée d'édifices qui donnaient l'idée d'une grande ville ; qu'on y voyait aussi des plaines, des champs de blé, des vignobles, des pâturages et des forêts, peuplés d'une multitude de troupeaux et de bêtes fauves. L'intérieur était partout doré et orné de pierreries et de nacre de perles. Le plafond des salles à manger était fait de tablettes d'ivoire mobiles d'où s'échappaient, par quelques ouvertures, des parfums et des fleurs. La plus belle de ces salles était ronde et tournait jour et nuit, pour imiter le mouvement circulaire du monde ; les bains étaient alimentés par les eaux de la mer et par celles d'Albula. Ce palais terminé, le jour où il en fit la dédicace, il déclara : "Je vais donc être enfin logé comme un homme[2] !" »

Ce palais fou s'étend du Palatin jusqu'à la Velia[3]. Il gravit les pentes et le sommet du mont Oppius, inclut les jardins de l'Esquilin et, suivant à l'est l'enceinte de Servius Tullius, englobe le temple de Claude divinisé pour aboutir jusqu'au Caelius. La vallée où sera plus tard édifié le Colisée est occupée par l'immense pièce d'eau qui a frappé si fort les contemporains[4].

S'extasiant en toute indécence sur le projet, Lucain, neveu de Sénèque, s'affirme certain que, sa mission une fois accomplie, Néron s'élèvera jusqu'aux astres « dans le char flamboyant de Phoebus ». La terre ne craindra plus ce nouveau soleil. La nature lui laissera le droit de choisir le lieu

---

[1]. Ce qui donne, en retenant l'estimation du pied romain de cette époque à 0,297 m, une hauteur d'environ 35 m.
[2]. *Vies des douze Césars*, « Néron », XXXI.
[3]. Emplacement occupé aujourd'hui par le Temple de Vénus et Rome.
[4]. Elisabetta Segala, *Domus Aurea* (1999). Ouvrage exhaustif complété par un excellent guide d'Ida Sciortino.

d'où régner sur le monde. C'est là très exactement ce que croit Néron. Pour la création de sa Maison d'Or, il exige que l'on utilise des techniques nouvelles, notamment empruntées à l'Egypte. Suétone laisse entendre que les ingénieurs de Néron ont conçu un moteur à mouvement perpétuel : d'où le « dôme tournant » dont la Domus Aurea est dotée. L'énergie est fournie par un courant d'eau dont le débit s'accorde au fil des heures : Néron ayant assuré son pouvoir sur les hommes, les choses doivent lui être dociles.

Printemps 65. Dans l'attente fébrile de voir son palais enfin achevé, Néron s'est installé, au sud de la douzième région, dans une résidence des jardins Serviliens. A la fin du mois d'avril, au lever du jour, un affranchi du nom de Milichus se présente aux portes de la villa impériale. Affirmant appartenir à la maison du sénateur Flavius Scaevinus, il demande à l'officier de garde d'être conduit auprès d'un conseiller de l'empereur : il tient à délivrer une communication de la plus haute importance. On le prie de passer son chemin. Il hausse la voix, jure que ses révélations peuvent sauver la vie de l'empereur. Impressionné, l'officier le conduit jusqu'à l'affranchi Epaphrodite qui, l'ayant écouté, l'emmène en toute hâte chez Néron.

En présence de l'empereur, Milichus exhibe un poignard qui, affirme-t-il, appartient à Flavius Scaevinus. Il jure qu'il s'agit de l'arme d'un crime. Les affidés d'une conspiration à laquelle appartient son maître préparent dans l'ombre l'assassinat de l'empereur. Il évoque avec minutie tout ce qu'il a vu de ses yeux la veille : le sénateur marquant d'un sceau son testament, tirant de son fourreau un poignard « émoussé par le temps » ; lui ordonnant à lui, Milichus, de l'aiguiser sur une pierre et d'« en reforger la pointe au feu » ; se faisant servir un repas plus abondant qu'à l'accoutumée ; donnant la liberté à ses esclaves préférés et de l'argent aux autres. Il évoque la tristesse du sénateur « plongé souvent dans des pensées profondes, bien qu'il fît semblant d'être joyeux, en tenant des propos légers ». Le plus surprenant ? La demande qui lui a été adressée de préparer des bandes pour soigner des blessures et « ce qu'il faut pour arrêter le sang ».

Traîné auprès de Néron, le sénateur Flavius Scaevinus le prend de si haut qu'il est près de convaincre l'empereur et son entourage. Il accuse son « coquin » d'affranchi d'avoir dérobé une arme de collection à laquelle sa famille porte depuis longtemps un culte. Quant à son testament, il l'a si souvent scellé que l'on ferait bien de faire attention à la date ; certes, il a donné la liberté ou de l'argent à des esclaves mais il l'a fait à plusieurs reprises parce que sa situation de fortune s'est amenuisée ; il n'est pas sûr que son héritage suffise à confirmer les largesses exprimées. Un repas abondant ? Il s'en fait servir tous les jours. Quant à l'agrément de sa vie, il est si notoire que des juges trop sévères s'en alarment. Des pansements pour des blessures ? Il n'en a nullement commandé et ce misérable affranchi n'a ajouté ce grief que pour donner quelque poids à son mensonge !

L'affranchi eût été mis à mort si sa femme ne lui avait confié qu'Antonius Natalis avait eu avec Scaevinus un long entretien secret et que l'un et l'autre étaient des intimes de C. Pison. Il le crie à Néron. Dans l'instant, la situation s'inverse. On amène Natalis au palais. Interrogé hors de la présence de Milichus, on s'aperçoit que ses réponses ne correspondent pas aux dires de l'affranchi. Les deux hommes sont mis aux fers. A la vue des tortures dont ils sont menacés, ils parlent. Plus habile que l'affranchi et connaissant mieux l'ensemble de la conjuration, Natalis dénonce en premier lieu Pison et, n'ignorant pas que Néron a pris Sénèque en haine, y ajoute son nom. Dès que Scaevinus a connaissance des révélations de Natalis, voyant les conspirateurs découverts et croyant se sauver lui-même, il dénonce tous les autres.

Ainsi Néron apprend-il l'existence de la conjuration de Pison : *conjuratio Pisoniana*.

Elle se prépare depuis trois ans. On en situe les prémices dans les derniers mois de l'année 62, au moment où Sénèque vient de se séparer de Néron. A l'instigation de son homme de confiance Antonius Natalis, Pison a tenté à deux reprises de prendre contact avec Sénèque qui s'est dérobé.

L'homme appartient à l'une des familles les plus anciennes de Rome, la *gens* Calpurnia, alliée à toute l'aristocratie de l'*Urbs*. Que cherche-t-il ? On accorde à cet homme, doté d'une grande taille et d'un visage harmonieux, une réputation brillante dans le peuple, une grande facilité de parole, de la générosité envers autrui. Tout cela balancé par sa légèreté et un goût prononcé pour les plaisirs.

Il ne semble pas d'ailleurs avoir été le premier initiateur de la conjuration. On croirait plutôt à Subrius Flavus, tribun d'une cohorte prétorienne, et au centurion Sulpicius Asper. Il a fallu longtemps aux conjurés pour donner forme à leur projet et y rallier un certain nombre d'aristocrates et de militaires, tous disposés à tuer Néron et à le remplacer par Pison.

Les nobles reprochent essentiellement à l'empereur de leur avoir « volé » leur part héréditaire. Ils voient en outre anéanties les vertus traditionnelles apprises de leurs pères, se rappellent entre eux les crimes du prince, dénoncent un Etat épuisé. Les militaires, eux, cherchent un bras pour délivrer Rome. La chance du complot : la présence en son sein de Faenius Rufus, préfet du prétoire, homme « d'une réputation et d'une vie irréprochables ».

Tuer Néron : le projet se nourrit surtout de paroles. Les mois passent et nul ne songe à passer à l'action. Pire : la discorde s'installe entre civils et militaires. En accord avec ses camarades, Subrius Flavus semble même avoir projeté, après la mort de Néron, d'assassiner Pison et de remettre l'Empire à Sénèque.

Rome est en fête. On ne voit dans les rues que des gens se saluant avec des cris de joie. La plupart sont vêtus de blanc, couleur dont la déesse Cérès – personne n'en doute – fait ses délices. Qui croirait que, huit mois plus tôt, tant d'autres sont morts dans les flammes ? On a pratiqué à travers les décombres une large voie qui permet d'accéder au Circus Maximus – reconstruit avec une rapidité confondante – afin que puissent y être célébrés les jeux qui marquent la clôture des Céréalies. D'obligation, l'empereur doit les présider. L'occasion de le tuer ne se retrouvera peut-être plus.

Le 19 avril 65, Plautius Lateranus, homme de haute taille et dont la force physique est connue, se précipitera aux pieds de Néron comme pour lui présenter une supplique et, le saisissant par les genoux, le fera choir. Du fameux poignard choisi de longue date et exhibé trop souvent à ses amis, Scaevinus frappera l'homme à terre.

Pison attendra dans le temple de Cérès la nouvelle de la mort de Néron. Le préfet Faenius et plusieurs autres viendront le chercher pour le conduire au camp des prétoriens et le faire reconnaître empereur.

L'enquête est menée par Néron en personne, secondé par Tigellin et même Rufus Faenius qui, n'ayant pas encore été dénoncé par ses complices, fait du zèle.

A Quintianus et Senecio, on promet l'impunité s'ils dénoncent leurs complices. Quintianus livre le nom de Glitius Gallus ; Senecio celui d'Annius Pollio ; Lucain dénonce sa mère. Les délations pleuvent. Néron prend peur : il multiplie le nombre des gardes placés autour de lui.

Les conjurés savent maintenant que Néron n'ignore plus rien de leur complot. Ils pressent Pison de se rendre au camp des prétoriens : leur ralliement entraînera tous ceux qui ne supportent plus Néron. Par toute la ville, le bruit d'une action d'importance commencera à courir : ainsi ont débuté bien des révolutions. Voyant Pison hésiter, on lui répète qu'il sera « plus glorieux de périr en tenant l'Etat embrassé et en appelant au secours de la liberté ! » On insiste : « Ta mort sera admirée de la postérité ! »

Apparemment convaincu, Pison s'élance hors de chez lui. Jugeant cet élan inutile, assez vite il rebrousse chemin et, pour se préparer à la mort, regagne sa demeure. A l'arrivée des soldats venus l'arrêter, il s'ouvre les veines.

Immense, la répression : « La Ville était pleine de funérailles, et le Capitole de victimes. » Des patrouilles en armes circulent en tous sens. Aux portes, des sentinelles empêchent quiconque d'entrer dans la ville ou d'en sortir. On interdit la navigation sur le Tibre et l'on ferme le port d'Ostie. Comme on va jusqu'à douter de la garde impériale, on fait appel à des unités de Germains décrétés plus sûrs parce qu'étrangers. Sans cesse ils rameutent dans les jardins des files de gens enchaînés. Une parole, une rencontre, la présence à tel banquet ou à un quelconque spectacle suffisent pour être accusé de sympathie envers les conjurés.

Le tribunal continue à retentir de la voix arrogante du préfet Rufus Faenius. Quelle revanche, quelle consolation pour les conjurés, quand, agressé de questions, Scaevinus ose tout à coup lui répliquer avec un sourire narquois :

– Personne, pourtant, ne le sait mieux que toi.

Pris au piège, Faenius perd contenance. Pour répondre à Néron qui l'invite durement à confondre Scaevinus, il ne peut que prononcer quelques paroles inintelligibles. Les accusations volent vers lui, trop précises pour qu'on les mette en doute. Les détails fournis par Cervarius Proculus mettent fin à la carrière de cet ex-honnête homme, conjuré par devoir, opportuniste par lâcheté. Jusqu'à son dernier instant, il espère échapper au supplice et implore en vain la grâce de Néron. Il aura la tête tranchée.

Le plus illustre des accusés ? Sénèque, bien sûr. De mois en mois, ses relations avec Néron se sont tendues. L'empereur est resté sous le coup des critiques sévères qu'il a fait entendre à l'occasion des prélèvements considérables opérés, sous prétexte d'aider les sinistrés, au lendemain de l'incendie de Rome sur les biens religieux. Certes, au cours de l'enquête, son nom a été prononcé mais il ne s'agit que des propos – assez vagues – de Natalis concernant les tentatives infructueuses de Pison d'entrer en rapport avec lui.

Rentré de Campanie, le philosophe vient, à quatre milles de Rome, de regagner sa villa. Il se prépare à dîner en compagnie de Pompeia Paulina, sa femme, et de deux amis. Grand tumulte : à la tête de plusieurs groupes de soldats, Gavius Silanus, tribun d'une cohorte prétorienne, investit la villa. A Sénèque, il remet une copie de la déposition de Natalis. Il n'est chargé, dit-il, que de recueillir la réponse. Sénèque narre avec calme la visite que Natalis lui a rendue : celle-ci, affirme-t-il, n'était que pour lui faire part des reproches que Pison formulait pour n'avoir pas voulu le rencontrer.

Quand le tribun vient faire rapport à Néron, il le trouve en compagnie de Tigellin et de Poppée. Seule question de l'empereur : Sénèque a-t-il semblé prêt à se donner la mort ?

— Je n'ai rien vu de semblable, répond le tribun.

Ordre immédiat : que le tribun s'en retourne et signifie à Sénèque qu'il doit mourir. Gavius Silanus ne juge pas nécessaire de se presser outre mesure. Il fait même un détour pour rencontrer le préfet Faenius et lui poser la question qui, sans doute, lui brûle les lèvres :

— Dois-je obéir ?

Faenius n'a pas encore été démasqué. Il confirme :

— Il faut exécuter l'ordre.

Le tribun poursuit son chemin mais, parvenu devant la villa de Sénèque, n'a pas le cœur de lui transmettre l'ordre fatal. Il lui dépêche l'un des centurions qui l'accompagnent. Le voyant entrer, le philosophe l'accueille sans frayeur et souhaite seulement revoir son testament. Réponse négative du centurion. Sénèque se tourne alors vers ses amis :

— Puisque je suis empêché de vous témoigner ma reconnaissance pour tout ce que vous avez fait pour moi, je vous laisse le seul bien qui me reste désormais, et qui est le plus beau : l'image de ma vie. Si vous en conservez le souvenir, vous trouverez dans une réputation de vertu la récompense d'une amitié aussi fidèle.

Comme ils pleurent, il s'adresse à eux « tantôt sur le ton de la conversation, tantôt avec plus de force comme s'il les réprimandait. Il les rappelle au courage, leur demandant où se situaient [maintenant] les préceptes de la philosophie, où étaient les arguments, médités pendant tellement d'années, contre les menaces de la fortune. Qui, en effet, ignorait la cruauté de Néron ? Il ne lui restait plus, après avoir tué sa mère et son frère, que d'ajouter à ces mesures celui de l'homme qui l'avait élevé et instruit[1] ».

Sa femme sanglote. Il la prend dans ses bras et, se montrant ému pour la première fois, la supplie de modérer sa douleur. Pour seule réponse, elle déclare qu'elle veut mourir avec lui et demande qu'on l'aide à se frapper. Sur les derniers moments de Sénèque, on doit à Tacite l'une de ses plus belles pages : « Alors Sénèque, ne voulant pas la priver de cette gloire, elle qu'il aimait plus que tout et ne voulait pas abandonner aux coups de la justice, lui dit :

« – Je t'avais montré ce que la vie peut avoir de douceur. Tu préfères la gloire de mourir. Je ne te priverai pas de donner un tel exemple. Que la fermeté dont témoigne une fin aussi courageuse soit pareille de ta part et de la mienne, mais qu'il y ait plus d'éclat dans ton départ de cette vie !

« Après quoi, d'un même coup, ils s'ouvrent le bras. Comme le corps de Sénèque, âgé et affaibli par la frugalité de son régime, ne laisse couler le sang que lentement, il s'ouvre aussi les veines des jambes et des jarrets ; épuisé par des souffrances terribles et pour ne pas briser le courage de sa femme par ses propres douleurs, de crainte aussi qu'en voyant ses propres tourments, il ne finisse par manquer de fermeté, il la décide à se retirer dans une autre chambre. En ce moment suprême, comme il n'avait rien perdu de son talent d'écrivain, il fit appeler des secrétaires et leur dicta longuement ce qui a été publié dans les termes mêmes dont il usa et que, pour cette raison, je crois inutile de paraphraser[2]. »

Néron a donné l'ordre qu'on l'informât d'heure en heure de ce qui se déroulait chez le philosophe. Il faut croire que ses centurions se sont, l'un après l'autre, succédé au palais. On informe l'empereur que Pauline, elle aussi, veut mourir. N'ayant pas de raison de la haïr, il ordonne qu'on l'en empêche. Qu'on se hâte ! Ainsi verra-t-on les soldats, les

---

[1]. *Annales*, XV, 62.
[2]. Ce texte de Sénèque ne nous est pas parvenu.

esclaves et les affranchis lui bander les bras, arrêter le sang. Elle survivra.

Sénèque ? « Comme l'attente de la mort durait interminablement, dit Tacite, il pria Statius Annaeus, qu'il estimait pour la longue fidélité de son amitié et son habilité de médecin, de lui donner le poison prévu depuis longtemps. [...] On le lui apporta et il le but, mais en vain car ses membres étaient déjà froids et son corps insensible à l'effet du poison. Finalement, il entra dans un bassin plein d'eau chaude, aspergeant les esclaves qui se trouvaient tout près et il dit alors qu'il offrait ce liquide en libation à Jupiter Libérateur. Après quoi, il fut transporté dans une étuve dont la chaleur lui fit perdre le souffle ; alors, sans qu'aucune cérémonie fût célébrée, il fut incinéré ; il l'avait ordonné ainsi dans son testament au temps où, encore extrêmement riche et fort puissant, il pensait à ses derniers instants [1]. »

La conjuration n'est plus. Les coupables sont châtiés. Antonius Natalis est épargné parce qu'il a dénoncé Pison et Cervarius Proculus pour avoir démasqué le préfet Faenus Rufus. Le vrai vainqueur est l'affranchi Milichus. Il se retire comblé de richesses, de domaines et d'esclaves. Il prend même un nom grec signifiant « sauveur ».

Les sénateurs se surpassent encore – jusqu'où iront-ils ? – en proposant que le mois d'avril soit désormais appelé *Néron*. L'empereur accepte. Cerialis Anicius, consul désigné, renchérit : il faut élever, aux frais de l'Etat, un temple au dieu Néron. L'empereur refuse :

– Un empereur ne devient dieu qu'après sa mort.

Dès l'annonce que Néron va chanter, une foule énorme se précipite pour assister à cet événement inconnu à Rome d'un empereur se donnant en spectacle. On le sait : mieux vaut assister à une audition de l'empereur plutôt que de s'en abstenir. Une fois en place, il est préférable de ne pas s'absen-

---

1. *Annales*, XV, 63, 64.

ter, ne serait-ce que pour satisfaire des besoins naturels : des espions épars sur les travées notent avec soin l'impardonnable manque de respect.

Quand le héros de la fête se présente, il fait savoir qu'il n'y assistera qu'en spectateur. Le public réclamant – c'est conseillé – d'entendre « sa voix céleste », il s'y refuse. Les soldats de garde joignant leurs prières à celles des civils, il consent. Il entre en scène. Les préfets du prétoire portent sa lyre. Quand il a assuré sa pose et achevé son prélude, il chante. Il reste en scène jusqu'à la dixième heure [1].

Rien décidément n'échappe à la perspicacité – et à l'art de conter – des historiens romains. Ils nous offrent Néron comme si nous y étions. Voici la fin du spectacle : « Finalement, fléchissant le genou et saluant respectueusement de la main son public, il attendait le verdict des juges, en feignant d'avoir peur. Et la plèbe de la Ville, accoutumée à encourager aussi la mimique des histrions, poussait des acclamations cadencées et applaudissait en mesure. Ils avaient l'air joyeux, et peut-être l'étaient-ils, parce qu'ils n'avaient cure du déshonneur général [2]. »

Poppée morte ? Dans Rome, personne ne veut le croire. Si souvent on l'a vue, allongée sur sa litière, parcourir la ville ! Nulle Romaine ne pouvait avec elle rivaliser de beauté et d'élégance. Elle paraissait si jeune que l'on accusait de mensonge celui qui jurait qu'elle avait trente-cinq ans.

Quand on a su qu'il ne s'agissait pas d'une rumeur, une question s'est lue sur toutes les lèvres : de quoi est-elle morte ? Dans la logique de l'époque et du cadre, on a parlé d'empoisonnement. La raison serait toute autre. Tacite : « Après la fin des jeux, Poppée mourut par suite d'une colère soudaine de son mari qui, alors qu'elle était enceinte, lui donna un coup de pied. » Suétone : « Il l'aima beaucoup, ce qui ne

---

1. Vers 4 heures de l'après-midi.
2. *Annales*, XVI, 4.

l'empêcha pas de la tuer d'un coup de pied, parce que, malade et enceinte, elle lui avait fait d'assez vifs reproches de ce qu'il était rentré un peu tard d'une course de chars[1]. »

La scène de ménage méritée par un mari rentré tard se retrouve dans tous les temps historiques. La différence naît ici de la qualité des rapports du couple. Néron faisait plus qu'admirer Poppée : il l'idolâtrait.

L'historien ne peut omettre le changement considérable dans la vie quotidienne du palais dont Poppée fut responsable. Depuis Auguste, l'austérité était de règle à la cour. Avec Poppée, le luxe y a fait son entrée avec son corollaire, le faste : tout ce à quoi peut-être aspirait Néron. La vie de cour s'est voulue éblouissante. Pline cite un poème de Néron écrit pour chanter le « blond, doux et brillant[2] » des beaux cheveux de Poppée.

Au cours des funérailles grandioses que l'empereur exige pour elle, son désespoir émeut tous les Romains. Il refuse que le corps de la femme aimée soit, comme l'exige la tradition romaine, livré au brasier. Pline témoigne que l'embaumement a exigé tant de parfums que certains se sont demandé – sérieusement ? – si l'Arabie n'avait pas épuisé les réserves d'une année entière. Devant le corps porté au Forum, l'empereur garde la force de prononcer l'éloge de la disparue.

Déjà proclamée Augusta de son vivant, Poppée est portée au mausolée d'Auguste. Et divinisée. S'achève avec elle une part de la vie de Néron. Il est désormais seul face à sa folie.

---

1. *Néron*, XXXV.
2. A l'exception de quelques vers, le poème ne nous a pas été transmis.

CHAPITRE XII

Les chrétiens s'organisent

« Au commencement était le Verbe » : qui ne reconnaîtrait la première phrase de l'Evangile selon saint Jean ? Verbe veut dire Parole. Seule la parole a permis de transmettre aux premières générations l'enseignement de Jésus.

Que les idées, voire les mots, du Nazaréen aient pu séjourner dans des mémoires humaines jusqu'à la rédaction des évangiles – le premier n'ayant vu le jour que trente ans après la mort du crucifié –, voilà qui a soulevé de siècle en siècle un doute renouvelé. C'est là méconnaître les possibilités immenses de la mémoire. Les druides de la Gaule n'écrivaient pas mais leurs élèves retenaient tout ce qui leur avait été enseigné, y compris de longues généalogies. De même en a-t-il été des Indiens d'Amérique avant la colonisation et des aborigènes d'Australie avant l'arrivée des Européens. Longtemps avant que d'être rédigé, le Coran fut transmis oralement.

La contrainte où se trouvaient les enfants juifs d'apprendre la Bible au mot à mot ancrait pour la vie celle-ci dans ces jeunes cerveaux : un bon disciple, jurait-on, était semblable à « une citerne bien maçonnée d'où ne fuit aucune goutte d'eau ». L'apôtre Pierre ne savait peut-être pas lire mais pouvait réciter les discours des prophètes aussi bien que l'histoire intégrale des royaumes juifs. Comment n'eût-il pas bénéficié d'un tel automatisme pour retenir les paraboles de Jésus reflétant, la plupart du temps, la vie quotidienne d'un peuple paysan et s'ordonnant autour d'une idée dont la simplicité même suggérait le sens profond ?

Jusqu'à leur dernier souffle, les apôtres ont persévéré dans leur mission. D'autres ont pris le relais ; mués en prédicateurs, ils n'ont cessé, avec les mêmes mots, les mêmes phrases, d'annoncer la Bonne Nouvelle.

Il est probable, à un moment ou un autre, que certains ont pris l'initiative de noter les formules les plus frappantes ou les épisodes les mieux mémorisés. L'exemple de Marc convainc que les évangélistes ont commencé à puiser dans cette tradition au moment où une pression de plus en plus forte des fidèles a exigé qu'elle fût transcrite. Chacun y mettra du sien : les similitudes entre les quatre rédactions et – pourquoi pas ? – les discordances démontrent l'enracinement solide du récit transmis durant trente ou quarante ans.

Originaire de Jérusalem, Marc était le fils de cette Marie à qui Pierre, évadé de sa prison, était venu demander asile. D'où une intimité précoce qui ne cessera de se resserrer au cours du temps. Mêlé à Antioche aux chrétiens qui s'y sont établis, il manifeste une foi extrême en se portant volontaire pour accompagner Paul et Barnabé dans une mission apostolique – la première – semée d'évidents périls. Plusieurs années après, on le retrouve auprès de Pierre. Il ne le quittera plus. Durant une période nécessairement longue, il marche à ses côtés, le sert, l'aide mais aussi l'écoute, devant des auditoires multiples, parler sans cesse de Jésus. Tout se grave dans sa mémoire : biographie, discours, dialogues, paraboles.

Après le martyre de Pierre à Rome, on le presse : quand mettra-t-il par écrit ses paroles ? Irénée de Lyon confirme : « Marc, le disciple et l'interprète de Pierre, nous transmit lui aussi par écrit ce que prêchait Pierre. » Eusèbe de Césarée fait état du témoignage fort ancien de Papias, évêque au Ier siècle en Asie Mineure : « Marc, qui était l'interprète de Pierre, a écrit avec exactitude, mais pourtant sans ordre, tout ce dont il se souvenait de ce qui avait été dit ou fait par le Seigneur. Car il n'avait pas entendu ni accompagné le Seigneur mais plus tard, comme je l'ai dit, il a accompagné

Pierre. Celui-ci donnait ses enseignements selon les besoins, mais sans faire une synthèse des paroles du Seigneur. De la sorte, Marc n'a pas commis d'erreurs en écrivant comme il l'a fait. Il n'a eu en effet qu'un seul dessein : celui de ne rien laisser de côté de ce qu'il avait entendu et de ne se tromper en rien dans ce qu'il racontait[1]. »

La vision s'impose de ces survivants du massacre néronien suppliant Marc de se mettre au travail. Sans lui, ce que Pierre avait vu de Jésus et entendu de sa bouche risquait à jamais d'être perdu.

Marc ne se préoccupe pas de littérature : les commentateurs de la TOB relèvent « son vocabulaire pauvre, ses phrases mal liées, ses verbes conjugués sans souci de concordance de temps ». De telles gaucheries, outre qu'elles donnent beaucoup de vie au récit, correspondent à l'évidence à un style oral. Ce qui fait la force incomparable de l'œuvre, c'est le portrait toujours en situation qu'il trace d'un Jésus tournant le dos aux images toutes faites. Il découvre la brusquerie du Galiléen autant que la compassion, l'extrême bonté autant que la colère, la tendresse autant que la sévérité.

Que l'Evangile de Marc ait été écrit – en grec – à Rome peut être déduit des mots latins « grécisés » et des tournures latines qu'il contient. C'est avant tout aux païens qu'il s'adresse : à leur intention, Marc prend soin d'expliciter les coutumes juives et de traduire en grec les mots araméens.

Même si l'on estime que l'Evangile de Marc a été rédigé vers la fin des années 60, il faut chasser de notre esprit qu'on l'a lu aussitôt. Une « édition » au Ier siècle suppose l'établissement de copies en nombre et une diffusion s'étalant sur une longue période. Les spécialistes estiment aujourd'hui que l'Evangile de Marc n'a pas été connu avant 65 ou 70.

Dans le Nouveau Testament, les Pères de l'Eglise ont inscrit l'Evangile de Marc à la suite de celui de Matthieu. Une conviction s'est ancrée pour longtemps selon laquelle, parmi

---

1. *Op. cit.*, III, 39, 15-16.

les quatre évangiles, celui de Matthieu était le premier en date. On ne le pense plus guère aujourd'hui : le défricheur, c'est Marc.

Que l'on soit chrétien ou non, on ne pourra qu'être ému en prenant conscience de cet événement historique capital : la naissance du premier évangile.

Qu'est-ce qu'un évangile ? Le mot vient du grec : *evangelion* signifie Bonne Nouvelle. Longtemps il a signifié le pourboire que l'on remettait au porteur d'un message. Un évangile n'est pas un livre, mais la « bonne nouvelle du salut par Jésus » : ainsi le définit Paul dans l'Epître aux Romains[1]. Trois autres évangiles ont suivi, ceux de Matthieu, Luc et Jean.

Matthieu ? Dans la première moitié du IIe siècle, Papias – encore lui – attribue son évangile à l'ancien publicain de Capharnaüm arraché par Jésus à son métier de collecteur d'impôts : « Matthieu mit en ordre les dits du Seigneur, en araméen. » L'étude attentive du texte grec – le seul dont nous disposons – invite à penser que l'Evangile de Matthieu a été rédigé en Phénicie ou en Syrie, peut-être – Ignace l'affirme au début du IIe siècle – à Antioche. Matthieu se définit lui-même comme « un scribe parfaitement instruit en ce qui concerne le Royaume des cieux ». Un collecteur d'impôts est un homme cultivé, plus préparé à l'analyse que Marc. C'est en témoin qu'il s'exprime. Il livre des informations plus nombreuses et plus amples que celles collationnées par ses « confrères ». Il n'est pas exclu qu'il ait disposé d'une collection de paroles de Jésus à laquelle Luc se serait également référé. S'autorisant une liberté qui étonne, familier des Ecritures et des traditions juives, il se préoccupe davantage de faire comprendre Jésus que de le suivre pas à pas. Matthieu ou le pédagogue-né : quand il rapporte une parabole, comme celle de l'ivraie, il l'explique : « Celui qui sème le

---

1. Paul ne craint pas, en parlant de la manière dont il répandait la Bonne Nouvelle, d'écrire « mon évangile ». Le premier à désigner l'évangile comme un livre fut, vers l'an 150, Justin.

bon grain, c'est le Fils de l'homme ; le champ, c'est le monde ; le bon grain, ce sont les sujets du royaume ; l'ivraie, ce sont les sujets du Malin ; l'ennemi qui l'a semée, c'est le diable [1]. » La parole de Jésus citée à propos du Royaume des cieux s'applique aussi à lui-même : « Tout scribe instruit du Royaume des cieux est comparable à un maître de maison qui tire de son trésor du neuf et du vieux. » On situe l'époque de la publication de son évangile vers les années 80, de même que l'Evangile de Luc.

Luc, troisième évangéliste, est seul à faire précéder son livre d'une dédicace : « Puisque beaucoup [2] ont entrepris de composer un récit des événements accomplis parmi nous, d'après ce que nous ont transmis ceux qui furent dès le début témoins oculaires et qui sont devenus serviteurs de la parole, il m'a paru bon, à moi aussi, après m'être soigneusement informé de tout à partir des origines, d'en écrire pour toi un récit ordonné, très honorable Théophile, afin que tu puisses constater la solidité des enseignements que tu as reçus. »

Quand Luc écrit, beaucoup de témoins de la vie de Jésus sont encore en vie. Le recours aux confidences des survivants donne à son œuvre un caractère unique. On ne peut s'empêcher, quoiqu'il ne se réfère jamais explicitement à elle, de penser à Marie. La dédicace à Théophile, nom grec par excellence, montre que l'auteur a voulu s'adresser avant tout à des chrétiens de culture grecque. A Luc seul nous sommes redevables de récits relatifs à l'enfance de Jésus, de plusieurs miracles, des interventions d'Hérode, de diverses apparitions pascales et d'inoubliables paraboles : le bon Samaritain, l'ami qu'il faut réveiller, le riche insensé, le figuier stérile, le fils retrouvé, le gérant habile, le serviteur qui n'a fait que son devoir, le juge qui se fait prier, le Pharisien et le collecteur d'impôts. Construit selon un plan, l'ou-

---

1. Mt, XIII, 38, 39.
2. Le mot « beaucoup » surprend car, avant Luc, nous ne connaissons que Marc et Matthieu. Il faut se souvenir que des évangiles, déclarés plus tard apocryphes, circulaient alors.

vrage se confirme comme un travail littéraire de premier ordre : la langue est belle – un grec « harmonieux, cadencé, délicat » –, au travers de laquelle se confirme la sensibilité de Luc, sa grande culture, son talent.

Les exégètes font ressortir l'allusion au siège et à la ruine de Jérusalem ; la rédaction de l'Evangile de Luc devrait donc être postérieure à l'an 70. On en situe généralement la diffusion dans les années 80-90. D'autres veulent croire à une date plus ancienne.

Sur le christianisme en Phrygie, nous disposons d'un témoin déjà cité : Papias, lequel affirme que l'apôtre Philippe est devenu évêque de Hiérapolis. Ayant perdu la trace de l'apôtre Jean depuis le mémorable « concile » de Jérusalem, nous le retrouvons sous le règne de Domitien (81-96) en exil à Patmos. Irénée fait allusion à l'enseignement qu'il a donné à Ephèse jusqu'au règne de Trajan, donc avant 98. Si l'on admet que le « disciple que Jésus aimait » pouvait avoir vingt ans lors de la crucifixion, il faudrait lui accorder une longévité d'au moins quatre-vingt-dix ans. Pourquoi pas ? L'une de ses lettres nous fait découvrir l'existence d'une Eglise à Smyrne. Ignace d'Antioche en signale d'autres à Pergame, Ephèse, Sardes, Tralles, Laodicée.

Pour déceler le temps où le christianisme rejoint l'Afrique du Nord, il faut consulter Tertullien, théologien et juriste, et Cyprien, évêque de Carthage. La présence d'une première communauté chrétienne à Alexandrie se déduit logiquement de la présence, dès le Ier siècle, de 100 000 juifs, véritable creuset de conversion. On affirmera, sans que rien le démontre, que Marc – devenu saint Marc – se serait fait l'initiateur d'Alexandrie.

On ne trouve une trace certaine d'une Alexandrie chrétienne que lors de la mise en place, à la fin du IIe siècle, de la première Ecole sur laquelle rayonnera l'Athénien converti Clément. Son ambition : former des chrétiens de même niveau que les Grecs ayant étudié au Gymnase. A ses côtés, Origène, fils de martyr et Alexandrin de souche, peut être légitimement considéré comme « le premier grand exégète et théologien du christianisme » : il pousse la recherche des textes jusqu'à parcourir la Terre sainte dans tous les sens.

De la connaissance toute relative de ces Eglises régionales, on déduit rarement l'existence d'une chrétienté uniforme. Gardons-nous d'oublier le gigantisme de l'Empire romain. Les rapports des gouverneurs font état d'une soixantaine de dialectes dans la seule Asie Mineure. « Dans chaque région, précise Marie-Françoise Baslez, la religion nouvelle dut s'immerger dans des conditions bien particulières, où les contraintes du milieu naturel jouaient parfois un rôle important, en Egypte et en Cappadoce par exemple. L'identité chrétienne varia historiquement en fonction du contexte et des modèles promus dans chaque aire culturelle[1]. »

D'une documentation aussi fragile qu'éparse se dégage un point positif : la hiérarchie interne des Eglises semble presque partout identique. On y retrouve le schéma fixé sous l'inspiration de Paul : « Aussi faut-il que l'épiscope[2] soit irréprochable, mari d'une seule femme, sobre, pondéré, de bonne tenue, hospitalier, capable d'enseigner, ni buveur, ni batailleur, mais doux ; qu'il ne soit ni querelleur, ni cupide. Qu'il sache bien gouverner sa propre maison et tenir ses enfants dans la soumission, en toute dignité : quelqu'un, en effet, qui ne saurait gouverner sa propre maison, comment prendrait-il soin d'une Eglise de Dieu ? Que ce ne soit pas un nouveau converti, de peur qu'il ne tombe, aveuglé par l'orgueil, sous la condamnation portée contre le diable. Il faut de plus que ceux du dehors lui rendent un beau témoignage afin qu'il ne tombe dans l'opprobre en même temps que dans les filets du diable.

« Les diacres, pareillement, doivent être dignes, n'avoir qu'une parole, ne pas s'adonner au vin ni rechercher des gains honteux[3]. Qu'ils gardent le mystère de la foi dans une

---

1. Marie-Françoise Baslez, *op. cit.* introduction (2004).
2. « Il ne s'agit pas encore de la charge d'évêque à proprement parler. Les *épiscopes*, ou *surveillants,* exerçaient des fonctions dirigeantes dans la communauté, dont il est difficile de dire en quoi exactement elles se distinguaient de celles des *presbytres* ou *anciens* » (note de la TOB).
3. « Les *diacres* (ou "serviteurs", ou "assistants") étaient spécialement chargés de s'occuper des pauvres et des malades » (note de la TOB).

conscience pure. Qu'eux aussi soient d'abord mis à l'épreuve ; ensuite, si on n'a rien à leur reprocher, ils exerceront le ministère du diaconat.

« Les femmes, pareillement, doivent être dignes, point médisantes, sobres, fidèles en toutes choses.

« Que les diacres soient maris d'une seule femme, qu'ils gouvernent bien leurs enfants et leur propre maison. Car ceux qui exercent bien le ministère de diacre s'acquièrent un beau rang ainsi qu'une grande assurance fondée sur la foi qui est dans le Christ Jésus. »

Le vrai problème est celui de la transmission. Aux premiers évêques succéderont d'autres, moins proches des sources originelles. Relativement à la loi intangible, on constate des déviations – certaines graves – dès la seconde moitié du 1er siècle. Elles sont souvent le fait de « prophètes inspirés » survenant on ne sait d'où et se proclamant en possession de la vérité. Même s'ils ont reçu le baptême, ils sont porteurs d'une tradition à laquelle ils ne veulent pas renoncer. Ainsi voit-on proliférer des « courants » locaux, parfois régionaux, frisant l'hérésie et ne le sachant pas. Jean Bernardi a cherché à s'orienter dans ce « pullulement de doctrines et de groupuscules », tâche d'autant plus difficile que les documents sont rares. Il a repéré certaines dominantes : tantôt on mêle à l'Evangile des spéculations nées de la philosophie grecque ou des religions orientales, tantôt on fait valoir des visions personnelles venues d'en haut. Les chrétiens d'origine juive se veulent fidèles à la Bible des Septante traduite en grec, d'où une homogénéité dont ne peuvent se réclamer toujours les païens convertis qui souvent refusent l'ensemble des sources juives. Proscrivant l'Ancien Testament, ils refusent aussi – ô paradoxe – une partie du Nouveau. Comment, dans son isolement physique, parfois spirituel, l'évêque pourrait-il trancher ou même tenir bon ? Comment distinguer un illuminé d'un escroc ?

Conclusion de Bernardi sur le christianisme des deux premiers siècles : « On imagine souvent une époque heureuse, un âge d'or, où la tunique sans coutures n'avait pas été déchirée. C'est pure illusion[1]. »

L'Evangile de Matthieu garde la trace des controverses de plus en plus amères engagées, ces années-là, entre les communautés juive et chrétienne. Vers 80, le fossé s'élargit. Les pharisiens introduisent un nouveau verset dans la prière dite du *Schémoné Esré* : « Périssent en un instant le Nazaréen et la Minim », le dernier mot désignant les étrangers à la culture juive. Quelques années plus tard, ils vont plus loin : dans la *birkat ha-minim*, l'une des prières quotidiennes des juifs, ils insèrent une formule de malédiction frappant les fauteurs de sécession, chrétiens ou sectaires. La rupture définitive intervient lors de l'ultime et folle révolte qui, à l'appel de Bar Kozba, enflammera de nouveau la Judée en 132-135[2]. Les chrétiens y sont demeurés étrangers ; les juifs ne le leur ont pas pardonné.

Vers 85-90, les Eglises héritées de Paul estiment qu'il est de leur devoir de faire connaître à leurs frères chrétiens les règles d'organisation apprises de leur maître. Elles décident donc d'exhumer les épîtres de Paul longtemps restées cachées par prudence. Tâche difficile : retrouver les textes d'origine va prendre du temps. Souvent ils ont été mal conservés : ici, l'humidité a rendu illisibles des passages entiers ; ailleurs c'est le feu, voire les rats. Ce qui accroît les déceptions, c'est que ces textes ont été « écrits à la hâte sur du papyrus de médiocre qualité[3] ».

On parvient malgré tout à diffuser, vers 95, une collection de treize lettres de Paul. Nombre d'exégètes estiment aujourd'hui que quatre de celles-ci – dont les Pastorales et l'Epître aux Ephésiens – doivent être attribuées à des disciples de Paul. On imagine parfaitement le choc ressenti par ceux qui

---

[1]. *Op. cit.*
[2]. François Blanchetière, « L'Eglise, le Temple et la Synagogue » in *Les premiers temps de l'Eglise* (2004).
[3]. Etienne Trocmé, *L'Enfance du christianisme* (1997).

découvrent le langage du Tarsiote, cette foi lumineuse, cet art de convaincre mêlé parfois d'imprécations. La première lecture choque ; la deuxième suscite de la perplexité ; la troisième, de l'enthousiasme. Entre ceux qui acceptent ces textes sans réserve, ceux qui ne veulent en admettre qu'une part et ceux qui les rejettent, une controverse douloureuse, souvent ardente, se poursuivra durant tout le IIe siècle.

A la fin du Ier siècle, on révèle également plusieurs textes attribués à Jean, dernier apôtre survivant de Jésus : des épîtres et surtout une Apocalypse où les visions – prophétiques autant qu'eschatologiques – se bousculent. Son rythme grandiose, la richesse de son vocabulaire et surtout une conception du monde hors du monde n'ont cessé depuis de bouleverser les générations. La tradition veut que Jean l'ait rédigée dans l'île de Patmos où il avait été exilé. Quant à l'évangile qui porte son nom, il aurait été écrit dans la région d'Ephèse.

L'étude de l'ensemble de ces textes permet de se figurer assez bien les communautés chrétiennes de ce temps. Etroitement soudés apparaissent les chrétiens vivant en communauté. Peu à peu, d'une région à l'autre et selon les accidents de l'histoire, le cadre se stabilise. Rares sont les communautés vivant en autarcie. Elles se mêlent aux habitants non chrétiens des villes et des villages mais observent ensemble les devoirs de leur culte.

Ce culte, vers 150, l'apologiste Justin le peint excellemment : « Le jour qu'on appelle le jour du soleil[1] a lieu en un même endroit une réunion de tous ceux qui habitent villes ou campagnes, et on lit les mémoires des apôtres ou les écrits des prophètes dans la mesure du possible. Ensuite, quand le lecteur a fini, celui qui préside[2] procède à une mise en garde ainsi qu'à une invitation à reproduire ces enseigne-

---

[1]. On dit toujours *Sonntag* en allemand et *Sunday* en anglais pour désigner le dimanche.
[2]. L'évêque en ville, les prêtres dans les campagnes ou les quartiers des grandes villes.

ments puis nous nous levons tous ensemble et nous prions à voix haute. Une fois notre prière terminée, on apporte du pain avec du vin et de l'eau. Celui qui préside fait monter les prières, tout comme les eucharisties, autant qu'il le peut et tout le peuple répond par l'acclamation *Amen*. Puis a lieu la distribution et le partage à chacun de ce sur quoi les formules d'eucharistie ont été prononcées, et on envoie leur part aux absents par l'intermédiaire des diacres. Ceux qui ont de l'aisance et qui le veulent donnent, chacun à sa guise, ce qui leur appartient, et ce qui est recueilli est remis à celui qui préside, et c'est lui qui assiste les orphelins et les veuves, ainsi que ceux qui sont atteints d'infériorité du fait de la maladie ou pour un autre motif et, avec eux, les prisonniers et les hôtes de passage : en un mot, c'est lui qui a le souci de tous ceux qui sont dans le besoin[1]. »

Pouvons-nous imaginer le cadre matériel des réunions du dimanche ? Il ne faut pas croire à des églises déjà édifiées dans ce seul but. Comme naguère les juifs, la plupart des chrétiens s'assemblent dans des maisons particulières. Dans le monde chrétien de ce temps, on en a retrouvé une seule qui ait la qualité d'un lieu de culte caractérisé. Elle est située au bord de l'Euphrate ; on l'a élevée hors de la petite ville de Doura-Europos, sur la rive romaine du fleuve. Elle est restée à l'abandon et les sables l'ont progressivement couverte. Il n'en restait aucune trace quand, autour de 1930, des fouilles l'ont révélée. Sur les quatre côtés d'une cour intérieure, on a repéré des pièces. La plus grande paraît être une sorte de vestibule où l'on pouvait se retrouver avant et après l'office. La liturgie de la Parole se tenait dans une pièce tout en longueur mesurant environ 75 mètres carrés. On a aussi reconnu une salle à manger d'environ 25 mètres carrés et, à côté de celle-ci, une pièce plus petite – une vingtaine de mètres carrés – où l'on a trouvé un baptistère : la décoration murale en présente tous les signes. Il est possible

---

1. Justin, *Apologies* (vers 150).

que l'on ait baptisé dans la petite piscine entourée de colonnes.

Les dimensions mêmes de « l'église » de Doura-Europos portent à croire qu'il s'agit d'une communauté réduite : moins de cent personnes au total, ce qui exclut la présence d'un officiant à plein temps. On souligne qu'il s'agit de l'église d'une « toute petite ville située aux marges extrêmes de l'Empire ». Sa position hors de la cité peut être attribuée à une réalité économique : les terrains y étaient beaucoup moins chers qu'*intra muros*. Ajoutons la prudence qui commandait de se réunir loin des regards.

Quand faut-il fêter Pâques ? A la fin du IIe siècle, la question divisera les chrétiens. Les Eglises d'Asie célèbrent la Résurrection du Christ le jour de la Pâque juive : le quatorzième jour de la lune du mois de Nisan ; la majorité des chrétiens hors d'Asie préfèrent le dimanche qui suit. Entre 189 et 199, des synodes se réuniront en plusieurs lieux pour tâcher de parvenir à un accord. Eusèbe de Césarée fait état des positions exprimées par l'Eglise de Rome, celles de Palestine, des évêques du Pont, de l'évêque de Corinthe et des chrétientés de Gaule. L'ensemble de ces Eglises considèrent que Pâques doit être célébré le dimanche. Or les évêques d'Asie s'entêtent. Il faut qu'Irénée s'en mêle et prêche la tolérance. A l'évêque Victor, futur pape, qui a voulu excommunier les Eglises d'Asie, il écrit : « Les presbytres antérieurs à Sôter qui ont dirigé l'Eglise que tu gouvernes aujourd'hui [...] n'ont pas gardé eux-mêmes le quatorzième jour mais n'en ont pas interdit l'usage à ceux qui venaient de chrétientés dans lesquelles il était gardé. » Victor n'en fixe pas moins la célébration de Pâques au jour qui depuis a été constamment observé.

On verra, dès le IIe siècle, les différences s'accélérer d'une communauté à l'autre. Pouvait-il en être autrement ? Songeons à l'éloignement, à la lenteur des communications, à la nécessité de messagers pour l'acheminement des correspondances. Comment une communauté du nord de la Gaule pourrait-elle interpréter les préceptes chrétiens fondamentaux de la même manière qu'une communauté de la vallée du Nil ? « L'Oriental empirique invente et improvise alors que le Latin organise et réglemente[1]. »

J'aime la comparaison de Jean Bernardi : « Il n'est probablement pas exagéré de dire que la plupart des évêques sont, par rapport à Rome, dans la situation de Robinson Crusoé sur son île par rapport au monde civilisé. » Il doit se débrouiller et c'est ce qu'il fait. Il est probable d'ailleurs que l'évêque en question, comme l'a fait saint Paul, doit gagner sa vie. De telles conditions auraient dû conduire à un éclatement doctrinal irréversible. Que tel n'ait pas été le cas pourrait paraître quasiment miraculeux si nous n'avions pas la preuve que, très tôt et longtemps, des théologiens de bonne volonté et dotés souvent de talent ont répandu à travers le monde chrétien des « mises au point » particulièrement nécessaires en l'occurrence.

---

1. A. Hamman, *op. cit.*

CHAPITRE XIII

Un pouvoir théocratique

« Cette demeure détestée construite avec la dépouille des citoyens » : ainsi Tacite parle-t-il de la Maison d'Or dont l'édification s'achève.

Construisant Versailles, Louis XIV a requis 36 000 ouvriers. Faute de chiffres pour la Maison d'Or, on peut au moins relire Suétone : « Néron fit amener en Italie les détenus de toutes les parties de l'Empire et ordonna que les condamnations prononcées désormais contre les criminels n'entraînassent pas d'autre peine que ces travaux. » A ces prisonniers de droit commun, il faut ajouter les esclaves en nombre immense ; on ne leur versait pas de salaire, il n'en fallait pas moins les nourrir.

Les sommes englouties seront multipliées par l'impatience de Néron de voir son rêve urbanistique prendre forme. Lui parle-t-on d'argent, il fait taire l'importun. Vers la fin des travaux – il n'est pas sûr qu'il les ait vus totalement achevés –, on montre l'empereur « appauvri, épuisé, dénué de ressources au point d'ajourner la paye des soldats et les pensions des vétérans ».

Commentant la décision de Néron de faire recouvrir d'or le théâtre de Pompée pour une seule journée, Pline l'Ancien s'indigne : « Et ce n'était là qu'une fraction, ô combien faible, de ce que contenait la Maison d'Or[1] ! » Martial se dit

---

1. *Op. cit.*, XXXIII, 54.

atterré qu'une unique demeure « occupât toute la ville[1] » cependant que les Romains se régalent des vers persifleurs :

*Rome deviendra sa maison : citoyens, émigrez à Veies
Si cette maudite maison n'englobe pas aussi Veies !*

Cette Domus Aurea, on s'effare à constater le peu de temps où Néron y a vécu et le peu de temps qu'elle-même a vécu. Engagés à la fin de 64, les travaux sont en voie d'achèvement dans le courant de 66. A la fin de septembre de la même année, Néron part pour la Grèce d'où il ne reviendra qu'en janvier 68 pour mourir en juin. Les successeurs de Néron semblent s'être donné le mot pour anéantir toute trace du rêve néronien. En 80, sur l'emplacement du grand lac, on inaugure le Colisée et Vespasien fait transporter la statue de bronze sur la Voie Sacrée. Sous Hadrien, on utilise vingt-quatre éléphants pour la transférer jusqu'à l'amphithéâtre. L'empereur Commode trouvera naturel de substituer sa tête à celle de Néron. En 92, le palais des Flaviens recouvrira les édifices de Néron en ne conservant – ô ironie – que leurs fondations. L'empereur Trajan écrasera les bâtiments subsistants sous ses thermes. De la statue colossale, ne restera, après les invasions barbares, que le soubassement en briques. On le démolira en 1933. Sur ordre de Mussolini.

L'efficacité que Tigellin, préfet du prétoire, a démontrée lors de la conjuration de Pison et la cruauté avec laquelle il a traité les conspirateurs – vrais ou faux – ont fait de lui, aux yeux de l'empereur, une sorte de demi-dieu vivant qui voit tout, sait tout et à qui aucun coupable ne peut échapper : lui-même, Néron, est convaincu qu'il ne pourra rester en vie sans la protection de Tigellin. Le préfet fait de son mieux pour conforter son maître dans cette flatteuse opinion. Un grand nombre de coupables, annonce-t-il, n'ont pas été punis. Exterminer les traîtres jusqu'au dernier : tel est aussi-

---

1. *Op. cit.*, 2.

tôt l'ordre impérial. Arrestations et exécutions se multiplient, s'accompagnant, de la part du préfet, d'une invraisemblable rapacité : si les biens des victimes vont à l'empereur, une bonne part est déviée vers son trésor personnel.

Rien de plus clair : Néron conduit l'Empire vers un pouvoir théocratique. Ceux qui pensent autrement doivent être éliminés. Tel est le cas, à la fin de 65, de C. Cassius Longinus, proconsul d'Asie sous Caligula, gouverneur de Syrie sous Claude, ainsi que de son pupille L. Junius Silanus. La procédure de la condamnation peut être donnée en exemple. Premier signe d'une hostilité devenue publique : C. Cassius reçoit défense d'assister aux obsèques de Poppée. Peu de jours après, invitation est faite au Sénat de l'exclure de ses rangs ainsi que son pupille Silanus coupables, le premier de rendre un culte à son ancêtre meurtrier de César, le second révélant par un « caractère violent » son adhésion possible à un projet d'insurrection : n'a-t-il pas confié à des affranchis le secteur des finances, celui des requêtes et celui de la correspondance, comme le fait l'empereur ? Tacite témoigne que tout cela était « sans fondement et faux car Silanus, rendu prudent par la crainte, était terrifié par la mort de son oncle et prenait ses précautions ». Tigellin ne redoute pas de charger Silanus d'un crime supplémentaire : l'inceste avec sa tante Lepida, épouse de Cassius. Pour convaincre l'opinion de la vérité du complot, on y associe deux sénateurs : Vulcatius Tullinus et Marcellus Cornelus, ainsi qu'un chevalier, Calpurnius Fabatus, tous trois accusés de vouloir rétablir la république à Rome. Avec sa docilité coutumière, le Sénat condamne Cassius et Silanus à l'exil et s'en remet à l'empereur quant à la sanction destinée à Lepida ; bon prince pour une fois, Néron décide de la laisser en paix. Silanus n'aura pas à rejoindre le lieu fixé pour son exil : on le massacre sur la route. On laisse Cassius – soixante-quinze ans et presque aveugle – gagner la Sardaigne, non par indulgence mais parce que l'on attend qu'il meure bientôt. Erreur : il survivra à Néron et sera rappelé par Vespasien.

Les frères de Sénèque paient de leur vie le seul fait d'exister : l'un d'eux, Gallion, proconsul en Achaïe, avait eu à connaître d'une plainte déposée par les juifs de Corinthe contre Paul de Tarse désigné comme pratiquant un « culte illégal de Dieu » auquel il voulait « amener les gens ». Jugement de Gallion : « S'il s'agissait d'un délit ou de quelque méfait éhonté, je recevrais votre plainte, ô juifs, comme de raison ; mais, puisque vos querelles concernent une doctrine, des noms et la Loi qui vous est propre, cela vous regarde ! Je ne veux pas, moi, être juge en pareille matière[1]. » Adieu à un homme juste.

Le tour viendra de Petronius Niger Titus, retenu par la postérité sous le nom de Pétrone. Proconsul de Bithynie puis consul, hostile à la violence mais connu pour ses vices, Néron l'a choisi pour figurer, véritable arbitre des élégances, parmi ses intimes. Il croyait avoir exploré toutes les sortes de volupté, Pétrone lui en fait découvrir de nouvelles. Avec Epicure, Pétrone rejette la croyance en la survivance de l'âme.

Presque toutes les œuvres de Pétrone ont disparu. Par chance pour sa mémoire – et pour notre bonheur – l'une d'elles demeure : le *Satiricon* dont le style, d'une modernité singulière, semble forcer la prose à côtoyer la poésie. Pétrone met en scène de vrais satyres dont à tout instant éclate la lubricité. Tout s'orchestre autour d'un personnage principal, Encolpe, conteur sans vergogne d'aventures amoureuses où l'on voit s'entrecroiser les sexes. Priape règne aussi bien que Sapho.

L'amitié de Néron ne lui aurait jamais fait défaut sans l'intervention de son mauvais génie : le lecteur reconnaît Tigellin. Tenant essentiellement à sa position de favori, il a pris en haine l'intimité grandissante de l'empereur et de l'écrivain. Peut-être sa jalousie se déploie-t-elle sur un autre plan. On l'a soupçonné de craindre en Pétrone « un plus savant que lui en fait de jouissances ».

Accompagné de Tigellin, Néron vient de se mettre en route pour Baïes. Pétrone, qui devait l'accompagner, s'est

---

1. Ac, XVIII, 14, 15.

attardé à Rome. A l'étape de Cumes, Tigellin en profite pour organiser une « exclusion » définitive. Terrorisé, un esclave de Pétrone débite à l'empereur tout ce que le préfet lui a soufflé : Pétrone a eu partie liée avec Scaevinus. Colère et amertume de Néron. Son ami est sur le point de le rejoindre à Cumes ; la seule idée de s'expliquer avec lui est insupportable au fils d'Agrippine. Il hâte son départ pour Baïes et fait simplement dire à Pétrone qu'il ne tient pas à le revoir.

Pétrone a compris. Il regagne Rome aussitôt et, là, ne se préoccupe que de donner à sa mort le même sens qu'à sa vie. Epicurien, il doit prendre congé en épicurien. Il commence par briser – on croit l'entendre éclater de rire – un vase de grande valeur que convoitait Néron. Après quoi, improvisant un festin, il y convoque les plus joyeux de ses amis. Avant de s'ouvrir les veines, il commande que nul ne s'afflige : seuls des rires lui seront d'un réel secours. Le sang coule dans une ambiance dont rien n'atténue la gaieté. A ce point qu'il regrette de ne pas en prendre sa part. A plusieurs reprises, il se fait bander les bras pour interrompre l'écoulement du sang. « Et il parlait à ses amis, mais non pas d'une façon sérieuse ou de manière à se faire une glorieuse réputation de fermeté ; il écoutait non des propos sur l'immortalité de l'âme et les théories des philosophes mais des poèmes légers et des vers faciles [1]. »

Revenant à l'inéluctable, il fait enlever les pansements et le sang jaillit. Il glisse de nouveau vers la mort. Tout à coup l'idée lui vient d'une farce qui le vengera de Néron. Derechef il se fait bander les bras et se met en devoir de dicter la liste des techniques préférées de l'empereur en matière de volupté qu'il connaît bien pour y avoir participé ou même qu'il a prescrites. Il va jusqu'à indiquer « le caractère inédit de chaque accouplement ». Il scelle le document et l'envoie à Néron. C'est en riant que, pour la dernière fois, il se fait ôter ses bandages.

---

1. *Annales,* XVI, 19.

Les besoins d'argent de Néron ne cessent de s'accroître. Certes, il a prodigué à ses amis des dons immenses. Dans les dernières années de son règne, il aurait distribué deux milliards deux cents millions de sesterces. Les élégances de Poppée lui ont coûté fort cher. Rien de comparable avec les sommes énormes dont il a un urgent besoin pour la construction de son nouveau palais. Pour s'en procurer, tout lui est bon : les rapines et fausses accusations. Il fait saisir les biens de tous ceux dont on dénonce des propos ou des actions hostiles. Il ose se faire rendre les présents qu'il a offerts à plusieurs villes. Il multiplie les taxes et, au moment de conférer une nouvelle charge, il prend l'habitude de préciser au destinataire : « Vous savez ce dont j'ai besoin », ou bien encore : « Faisons en sorte que personne n'ait rien en propre. » Il finit par dépouiller la plupart des temples. Il en fait ôter les statues d'or et d'argent fondues à son profit[1].

A-t-il pour autant restreint son mode de vie ? Nullement. Le faste de la cour éblouit ceux qui le découvrent pour la première fois. Prohibées, les toges classiques. On renouvelle chaque jour les tenues de Néron quand ce n'est pas plusieurs fois par jour. Il accorde un soin extrême à sa personne : il prend, l'été, des bains que la neige rafraîchit. Pline l'Ancien constate qu'il se parfume les pieds. On le voit presque toujours enjoué et faisant connaître ouvertement qu'il n'aime pas les gens graves. Juvénal évoque ses festins nocturnes qui se prolongent jusqu'au jour. Auprès de l'empereur, on voit de temps à autre sa nouvelle épouse Statilia Messalina arrachée au consul Atticus Vestinus. « Pour se l'approprier, dit Suétone, il fit tuer son mari. » Il ne l'a choisie que pour sa fécondité : quatre maris lui ont donné plusieurs fils.

En d'autres festins, des garçons s'assoient à sa table. Il en a toujours eu le goût mais, avançant en âge, il le donne en spectacle. On n'a pas oublié ses noces solennelles avec Pythagore ; il réitère en épousant son amant le plus cher, un

---

1. Suétone, *Vies des douze Césars*, « Néron », XXXII.

jeune eunuque nommé Sporus. Au mariage, il convie une foule d'invités. On admire la « jeune mariée » revêtue d'une robe de grand prix et enveloppée d'un voile rouge. Des serviteurs commentent les richesses qui composent la dot. Désormais, Sporus accompagnera partout l'empereur et, jusqu'à sa mort y compris, ne le quittera plus.

A un tel épisode, Suétone ajoute des informations que ses lecteurs oublieront rarement : « Toutes les fois qu'il se rendait à Ostie par le Tibre, ou qu'il naviguait près du golfe de Baïes, on établissait au long du rivage de petites hôtelleries et des lieux de débauche où des femmes de distinction, imitant les manières engageantes des aubergistes et des courtisanes, le pressaient, çà et là, d'aborder. » Et aussi : « Sans parler de son commerce de débauche avec des hommes libres, il viola la vestale Rubria » : un tel acte était un crime et normalement puni comme tel. Ceci encore : « Après avoir prostitué, dans de monstrueuses débauches, presque toutes les parties de son corps, il imagina pour finir, en guise de jeu, de se couvrir d'une peau de bête, et de s'élancer d'une cage sur les parties sexuelles d'hommes et de femmes attachés à des poteaux. »

De l'argent, on va en avoir grand besoin, au début de l'an 66, pour la réception en terre d'Italie de Tiridate, roi d'Arménie. L'idée vient de Corbulon : il a convaincu Tiridate de venir se faire couronner à Rome. Jamais roi étranger n'a obtenu un tel privilège. Mieux : le général a persuadé Néron de procéder en personne à ce sacre. Il n'a pas dû avoir besoin d'insister beaucoup. Néron, homme de spectacle, ne peut que s'enivrer de l'idée d'embraser l'Empire, depuis l'Orient jusqu'à Rome, dans une seule et immense acclamation.

Le voyage du Parthe dure neuf mois : Tiridate n'est pas seulement roi mais prêtre et, à ce titre, il ne peut naviguer plus de vingt-quatre heures car le navire ne doit pas être « souillé par des déjections humaines ». Véritable ambassade de l'Orient, une flotte entière l'accompagne, chargée de sa famille, de celle du Grand Roi Vologèse, de mages et de trois mille cavaliers parthes. Chaque jour, de l'extrémité de la Méditerranée jusqu'à Naples, on accoste en un port décoré d'autant de richesses que si le royal visiteur devait y passer sa vie entière. Des foules déchaînées l'acclament et chantent en même temps la gloire de Néron. Parfois on préfère la voie terrestre ; les contemporains jureront qu'ils n'ont jamais vu une aussi longue caravane. On se souviendra de la beauté et de l'élégance de Tiridate comme du casque d'or à visière porté par son épouse. A travers les descriptions de Pline, de Suétone et de Dion Cassius, on mesure l'éclat dont brillaient les tenues. Le roi s'avance entouré de gardes parthes, arméniens et même romains. En signe de l'union consacrée avec l'Empire, les cavaliers parthes sont commandés par Annius Vinicianus, gendre de Corbulon.

L'interminable voyage s'achève à Naples. Le roi parthe s'agenouille devant l'empereur et salue celui qu'il appelle « son maître ». On se met aussitôt en route pour Rome. Sur tout le trajet, des fêtes magnifiques attendent les souverains. L'ensemble du voyage est financé par le gouvernement – on cite un coût de 800 000 sesterces par jour – mais les fêtes citadines et locales sont à la charge des provinces. Rien ne faiblira de cette superproduction avant la lettre.

Le jour du couronnement du roi d'Arménie a été fixé par édit. Surchargée d'ornements et de guirlandes, exaltée par une pompe que l'on a voulue somptueuse, la ville de Rome est tout entière sur pied. Beaucoup de gens ont revêtu leurs habits de fête. Sur l'itinéraire qui conduit au Forum, la ferveur populaire monte vers le ciel. Tout au long du parcours, des troupes en armes veillent à la sécurité du roi des Parthes. Des clameurs sans fin confirment une liesse à laquelle seuls de mauvais esprits ne veulent pas croire.

Sous une forêt d'enseignes militaires et d'aigles romaines, Néron attend son hôte au Forum. Au sommet de la tribune des harangues, il est assis sur une chaise curule, vêtu d'une toge pourpre enrichie de broderies précieuses et le front ceint de feuilles d'or. Autour de lui, se sont assemblés les sénateurs.

Les trompettes prétoriennes déchirent un air déjà chaud : Tiridate s'avance jusqu'au bas de la tribune et, dans sa langue maternelle, adresse à son hôte une harangue aussitôt traduite pour la foule en latin. Le roi proclame sa vénération pour Néron et le supplie d'agréer son allégeance. D'après Dion Cassius, il se serait écrié :

– Je déclare t'adorer à l'égal de Mithra, tu es mon destin, ma lumière, mon auréole divine !

Ayant gravi une rampe inclinée, il s'agenouille devant l'empereur qui le relève, l'embrasse et, répondant à la supplication du Parthe, pose sur sa tête le diadème que Tiridate avait jadis remis à Corbulon.

A son hôte et en toute modestie, l'empereur rappelle que ni le père ni le frère de Tiridate ne sont parvenus à le faire roi et que lui, Néron, est seul désormais à « faire et défaire les rois ».

Néron conduit Tiridate au théâtre de Pompée. Dans la tribune des spectateurs, il le fait asseoir à sa droite. Sans doute préalablement initiée, l'assemblée décerne à Néron le titre d'*imperator*. Dans un même élan, Néron gagne le temple de Janus Quirinus. Dans un dessein précis : le fermer. Depuis la fondation de Rome, les portes de ce temple ne sont ouvertes que durant les époques où Rome est en guerre. Si Néron les ferme, c'est qu'il estime la *pax romana* établie pour toujours.

Accueilli à la Domus Aurea dont l'édification s'achève, Tiridate découvre la colossale statue de Néron à peine mise en place : choc inévitable. En visitant les appartements où s'entassent des trésors inouïs, le roi parthe en a-t-il reconnu l'origine ? Il ne peut avoir ignoré les razzias – le mot s'impose – pratiquées, en Grèce comme en Orient, par les hommes de main de Néron. Après l'incendie de Rome et la destruction de ses collections, l'empereur a chargé son affranchi Acratus de se mettre à la recherche d'œuvres pouvant compenser ces pertes cruelles. Le « collecteur » semble avoir multiplié les pillages. Provenant des temples de Delphes et d'Olympie, des chefs-d'œuvre de Praxitèle ainsi que deux cents sculptures et œuvres d'art de premier ordre se sont retrouvés dans les salles de la Maison d'Or. Enlevé à Rhodes, le groupe de Laocoon sera, bien des siècles plus tard, retrouvé enfoui sur le mont Oppius. Des fouilles opérées à Antium permettront de dégager la statue d'Apollon terrassant le serpent Python – depuis désignée comme l'Apollon du Belvédère – ainsi que celles du Gladiateur combattant et de la « Jeune fille » dite d'Antium.

A son retour en Arménie, Tiridate changera le nom de sa capitale Artaxata. Il l'appellera Néronia.

A vingt-huit ans, Néron vient de remporter un incontestable succès diplomatique. Jamais peut-être n'a-t-il été autant acclamé. Tout s'est mêlé dans l'émerveillement du peuple : les costumes bigarrés du roi parthe et de sa suite, l'or des armes, le couronnement, le style grandiose des discours et, le soir venu, des illuminations telles qu'on n'en avait jamais vu en Occident. L'attachement porté à Néron par la plèbe ne s'est pas démenti depuis douze ans ; il atteint son zénith. Les crimes en série accomplis par l'empereur n'ont rien changé à l'état d'esprit des humbles : ils n'ont concerné que les élites. Quant à l'opposition, elle est muselée par l'épouvante.

Le triomphe n'a en rien apaisé la vindicte que Néron voue à certains. Ainsi en est-il du sénateur Thrasea. Depuis 56, il milite pour l'indépendance de la Curie, assuré que celle-ci est nécessaire à l'Etat. Autour de lui s'est créé un cercle qui, d'année en année, a suscité l'exaspération de Néron. Malgré les risques encourus, Thrasea ne redoute jamais de se mettre en avant. Le lecteur l'a vu, en une occasion d'importance, quitter ostensiblement la Curie. Il n'a pas caché son mépris pour les jeux créés à l'initiative de l'empereur. Il s'est abstenu de voter les honneurs divins à Poppée et – sans doute est-ce pire aux yeux de Néron – il n'a pas daigné assister aux funérailles de l'impératrice. Enfin, réunissant autour de lui l'opposition stoïcienne, il a renoncé à paraître au Sénat.

Thrasea ne se dissimule pas que l'interdiction signifiée par Néron d'assister au couronnement de Tiridate est un avertissement sévère. Il sort de son silence : adressant un mémoire à Néron, il lui demande de lui faire connaître ce qui lui est reproché. Il se fait fort, écrit-il, de réfuter les chefs d'accusation et de se justifier. Ce mémoire accroît l'irritation du destinataire. Il convoque les Pères conscrits. Autour de Thrasea, on discute ferme s'il doit se rendre au Sénat pour présenter publiquement sa défense. Finalement, il s'abstient.

Voici qu'entre en scène Cossutianus Capito devenu le gendre et délateur préféré de Tigellin. Dans un rapport à l'empereur sur les activités de Thrasea, non seulement il énumère tous les griefs déjà exposés mais il en ajoute d'autres : dans le cadre du collège des Quindecemvirs dont il est membre, Thrasea ne participe jamais aux prières pour l'empereur ; il fête ouvertement l'anniversaire de la naissance des meurtriers de César. « Comme autrefois, écrit Capito, on parlait de César et de Caton[1], de même aujourd'hui, c'est de Néron et de Thrasea que s'entretient une cité avide de discordes. Et il a ses partisans, ou plutôt sa milice qui imite, non pas encore l'insolence de ses propos au Sénat, mais son attitude et l'expression de son visage, l'une et l'autre raide et sombre, pour te reprocher ainsi ta gaieté. » Les derniers mots sont à retenir : à l'époque où il fait mourir tant de gens, Néron est un homme gai.

Tout se déroule comme si le scénario avait été communiqué aux intéressés, lesquels se seraient entêtés à interpréter exactement leur rôle. Le Sénat s'assemble au Temple de Venus Genitrix. En s'y rendant pour siéger, les sénateurs constatent que des escouades de soldats ont été réparties sur les forums et dans les basiliques. Ils s'aperçoivent que l'entrée même du Sénat est gardée par des groupes d'hommes en toge mais laissant volontiers découvrir les épées dont ils sont munis. A peine assis, les Pères doivent entendre la lecture du message de l'empereur. Comme prévu, Néron reproche aux sénateurs de « négliger leur fonction dans

---

1. Au Sénat, Caton s'est campé comme l'adversaire acharné de César. Après la victoire de ce dernier, il s'est donné la mort.

l'Etat et, par leur exemple, d'inciter les chevaliers romains à ne rien faire : comment s'étonner que l'on ne vienne pas des provinces éloignées alors que la plupart d'entre les sénateurs, une fois qu'ils ont obtenu le consulat et des sacerdoces, se consacrent de préférence aux délices de leur jardin ? »

Toujours le même scénario : des accusateurs dûment désignés « improvisent » dans un état de colère parfaitement feint sur le thème proposé. Surprise ? Le premier à s'exprimer est Cossutianus Capito. Simple introduction. Marcellus, deuxième intervenant, « l'air sombre et menaçant » et témoignant « par sa voix, l'expression de son visage, son regard, du feu qui l'anime » exige la mise à mort de Thrasea et de ses complices :

— Les Pères se sont montrés trop bons jusqu'à ce jour, en permettant à Thrasea, un traître, à son gendre Helvidius Priscus, pris de la même démence, aussi à Paconius Agrippinus, qui tient de son père la haine des princes, et à Curtius Montanus qui ne cesse de composer d'abominables poèmes, de se moquer d'eux impunément.

On écoute dans un profond silence. Le réquisitoire se poursuit avec une âpreté accrue.

— Est-ce la paix qui règne dans le monde entier qui déplaît à Thrasea ? Un individu qu'attriste le bonheur de tous, qui considère les forums, les théâtres, les temples comme autant de déserts et qui menace de s'exiler, ne doit pas obtenir du Sénat ce à quoi aspire son ambition perverse ! A ses yeux, les décrets du Sénat, les magistratures, la ville de Rome même n'existent pas. Qu'il rompe, en perdant la vie, avec cette cité qu'il a cessé depuis longtemps d'aimer, et que maintenant il veut cesser de voir !

Consternation générale parmi les sénateurs. On n'en a pas fini avec les réquisitoires. Contre Thrasea et ses « complices », on demande une sévérité sans inutile indulgence. On passe au vote. L'approbation des Pères conscrits est quasiment unanime. Ce n'est pas au nom de l'empereur que l'on sévira mais au nom du Sénat lui-même !

A Thrasea, Soranus et Servilia, on laissera le choix de

leur mort ; Helvidius et Paconius seront bannis d'Italie ; Montanus, par égard pour son père, sera absous, « à condition qu'il n'exerce aucune fonction dans l'Etat ». Quant aux accusateurs, ils reçoivent bien plus que ce qu'ils attendaient : Cossutianus et Marcellus s'enrichissent de cinq millions de sesterces chacun ; Ostorius doit se contenter d'un million deux cent mille.

Le soir tombe. Entouré d'un grand nombre de familiers – hommes et femmes –, Thrasea reçoit dans ses jardins. L'assistance écoute avec attention Demetrius, l'un des maîtres de l'école cynique, qui traite « de la nature de l'âme ainsi que de la séparation du souffle vital et du corps ».

Survient Domitius Caecilianus, l'un des amis les plus chers de Thrasea. L'assistance remarque son air sombre et accablé. Anxieusement on se tourne vers lui : il fait connaître la décision du Sénat. « Alors, raconte Tacite, tandis que les personnes qui étaient là pleuraient et se lamentaient, Thrasea les invite à se retirer promptement et à ne pas risquer leur propre sécurité en la liant au sort d'un condamné. » Eclatant en sanglots, Aria, son épouse, lui annonce qu'elle le suivra dans la mort. Il le lui interdit : il ne faut pas que leur fille Fannia reste seule.

On annonce l'arrivée du questeur du consul. Thrasea l'accueille lui-même au portique et prend aussitôt connaissance du sénatus-consulte l'envoyant à la mort. Soulevant la surprise du questeur, il montre une grande joie : son beau-fils est seulement banni d'Italie. Gagnant sa chambre, c'est d'ailleurs à lui et à Demetrius qu'il tend les bras dont ils ouvrent les veines. Cependant que le sang s'épand sur le sol, il fait appeler le questeur à son chevet et, d'une voix restée ferme, déclare :

– Offrons cette libation à Jupiter Libérateur, jeune homme. Regarde – et fassent les dieux que ce présage ne te soit pas défavorable ! –, regarde, car tu es né pour vivre à une époque où il est utile d'affermir son âme.

La grandeur de ce juste occupé à bien mourir nous est connue par Tacite. Or ces lignes sont les dernières que l'historien ait écrites pour les *Annales,* son chef-d'œuvre. Ainsi que de trop nombreux manuscrits de la même époque, il n'en subsiste que des fragments, importants certes mais qui feront toujours regretter la disparition des autres. Sur les dix-huit livres que l'œuvre entière comprenait, nous ne pouvons lire que les quatre premiers, quelques pages du cinquième, le sixième en entier. Les livres VII à X ont disparu. Nous ne disposons que d'une partie du livre XI, des livres de XII à XV et d'une partie seulement du livre XVI[1].

En a-t-on fini avec les conspirations ? La logique le voudrait : or, au milieu de l'année 66, des hommes estiment encore que mieux vaut risquer la mort que de se plier à cette folie tyrannique.

Si l'on sait tout de la conjuration de Pison, il n'en est pas de même de celle qui a pris naissance à Bénévent et dont Suétone, seul, esquisse les contours. L'initiateur en est Annius Vinicianus, gendre de Corbulon, qui, avant d'être sénateur, a servi dans l'armée comme tribun militaire et légat provisoire de légion. Son but : éliminer Néron à Bénévent quand il traversera la ville avant de s'embarquer pour la Grèce, projet annoncé pour un avenir proche. Qui le remplacera ? Corbulon que son indéniable popularité fera aisément accéder à l'Empire par l'acclamation de l'armée et du peuple romain.

Le lecteur a maintes fois rencontré Corbulon. Sorte de modèle du chef militaire, Tacite estime qu'il était « capable de régner ». En 66, il a soixante-deux ans. L'armée d'Orient lui est toujours fidèle.

Avant de gagner Rome aux côtés de Tiridate, Vinicianus a-t-il pris langue avec son beau-père ? Nous n'en avons aucune preuve. La connivence n'est pourtant pas à exclure car, depuis longtemps, ayant appris à bien connaître Néron, Corbulon se sent en danger.

La police de Tigellin a-t-elle eu vent de quelque chose ?

---

1. Voir la préface de Pierre Grimal à son édition des *Annales* de 1993.

Lors du départ de Tiridate, Néron a ordonné à Vinicianus de rester à Rome. Le gendre a senti venir la catastrophe. Il n'avait pas tort. Avant la fin de l'été, lui-même et les autres conspirateurs sont emprisonnés et mis à mort. La décision concernant Corbulon est reportée à plus tard : Néron est tout aux préparatifs de son voyage en Grèce.

Souvenons-nous qu'en 64, ayant chanté à Naples et gagné Bénévent, il était prêt à s'embarquer quand, au dernier moment, informé des réticences fortement exprimées par les Romains, il a dû y renoncer. Cette fois, rien ne pourra le retenir : en 67, de nouveaux jeux Olympiques sont annoncés en Grèce.

Selon la légende, les jeux Olympiques auraient été imaginés par Héraclès, autrement dit Hercule. Comme il est impossible à l'histoire – sauf exceptions illustres – de prendre ses sources dans la mythologie, mieux vaut se fonder sur le poète Pindare qui renvoyait leur origine aux jeux funéraires célébrés près du tombeau de Pélops qui donna son nom au Péloponnèse. L'instauration des jeux aurait répondu à un appel de l'oracle de Delphes – IXe siècle av. J.-C. ? – tendant à annuler pour un temps les guerres qui décimaient les peuples de la Grèce. Pendant la durée des jeux, une trêve sacrée était décrétée.

A l'origine, ne pouvaient participer aux jeux que des Grecs dotés de la citoyenneté. S'y sont ajoutés les Macédoniens après leur victoire de Chéronée et les Romains, en 146 av. J.-C., après leur conquête de la Grèce.

Au fil des années, sans qu'Olympie perde sa primauté, les jeux se sont transportés en d'autres lieux. Quelle que soit l'époque, les couronnes décernées ont apporté la gloire aux vainqueurs. Raison impérieuse, aux yeux de Néron, pour jouir d'un honneur inédit pour lui.

Seul il concourra, mais il ne voyagera pas seul : la bagatelle de six mille personnes l'accompagnera, chiffre pouvant monter jusqu'à huit mille si l'on y inclut les marins, les soldats, les cavaliers et un fort contingent de prétoriens. Les bagages de l'impératrice Statilia – Néron tient à l'emmener –

sont de taille à remplir la cale d'un grand voilier. S'y ajoutent des musiciens, des choristes, des costumiers, des perruquiers : « Une troupe plus nombreuse qu'il n'eût été nécessaire pour vaincre les Parthes, dit Dion Cassius, une armée extraordinaire comme on n'en a jamais vu, une armée de théâtre portant des instruments en guise d'armes et des vêtements d'acteur en guise de tenue militaire [1]. »

On s'étonne à voir Néron emmener avec lui Tigellin dont l'absolutisme policier semblait garantir, en l'absence de l'empereur, que l'ordre aurait régné à Rome. La vérité est que, sans lui, sa peur de toujours s'exaspère. Avant son départ, le gouvernement a été confié à l'affranchi Helius qui, dans le passé, a servi habilement Claude et Agrippine, et à l'affranchi Polyclite, illustré pour avoir « fait sentir sa poigne de fer à l'Italie et à la Gaule ». Le préfet Nymphidius Sabinus est chargé des questions de sécurité et de maintien de l'ordre. On confie les affaires civiles à des affranchis impériaux devenus de ce fait gestionnaires responsables. A eux incomberont la chasse aux partisans de Vinicianus, leur arrestation et leur mise à mort.

Au nombre des proches qui accompagnent l'empereur, on trouve Vespasien, militaire apprécié, petit-fils d'un centurion, fils d'un collecteur d'impôts et, bien sûr, le minuscule Sporus, mignon en titre.

Massée sur la rive, la population de Brindisi s'extasie : l'empereur et sa suite s'embarquent sur des galères « chamarrées d'or, d'argent, de sculptures ». Les rames s'abattent, les voiles brodées d'or se gonflent [2]. Au moment où l'impérial voyageur hume l'air marin du pont d'une galère, est-il heureux ? L'historien ne se sent pas en droit de sonder les cœurs. Néron sait que l'on honore en Grèce les chefs de guerre et les rois comme des dieux. Il ne peut que s'en réjouir. Peut-être rêve-t-il d'être adoré en tant que

---

1. *Op. cit.* LXIII, 8.
2. Jacques Robichon, *op. cit.*

l'incarnation d'Apollon. Ce qui doit le contenter le plus, c'est de voguer vers la terre des poètes, des artistes et des philosophes.

Participer aux jeux, a-t-il déclaré aux Achéens venus le solliciter à Rome, est un honneur car seuls les Grecs « savent écouter et seront dignes de moi ». Il a déjà pris la décision de participer aux quatre grands tournois : l'olympien, le delphique, l'isthmique et le néméen. Afin qu'il puisse s'inscrire à tous, on a bouleversé les dates jusque-là échelonnées d'année en année pour éviter que des épreuves ne se concurrencent entre elles[1]. Qu'importe à Néron. Il a même fait ajouter aux Olympiades, exclusivement sportives, un concours de chant.

On doute peu qu'il ne se soit senti délivré, voire soulagé, en s'éloignant de son pays. Il fuit les devoirs, les obstacles sans cesse renaissants, les pressions qui ne s'interrompent jamais. Il respire.

Deux jours pour traverser le canal d'Otrante et l'on aborde sur l'île de Corcyre. L'ovation de la foule rassure l'escorte sur les chances du voyage. L'empereur annonce qu'il va offrir à Jupiter Cassius « l'hommage de sa voix ». Conduisant lui-même son char, il se rend au sanctuaire, sacrifie au maître des dieux et – enfin – « chante sur la terre grecque devant la statue de ce dieu ». On frappera une monnaie de bronze à l'effigie de Néron. Au revers, une galère évoque la flotte qui l'a transporté jusqu'en Grèce.

De Corcyre, le cortège impérial se rend à Nicopolis où l'on célèbre, le 2 septembre, l'anniversaire de la bataille d'Actium, lieu mémorable où le futur Auguste a remporté sur Antoine la victoire décisive. De septembre 66 à avril 67, il va se fixer à Corinthe, l'une des cités les plus brillantes du bassin méditerranéen.

Là, aussitôt, il s'entraîne, exerçant parallèlement sa voix, sa mémoire et ses muscles. Refusant depuis longtemps de

---

1. Gilbert Charles-Picard, *Auguste et Néron. Le secret de l'Empire* (2002).

passer pour un amateur, il se réclame d'un professionnalisme dont il est fier. Sa première démarche auprès des juges n'est pas celle d'un souverain omnipotent, mais d'un athlète et d'un artiste lourdement frappé par le doute :

— J'ai fait tout ce que je pouvais faire ; mais l'événement dépend de la Fortune ; c'est à vous, hommes sages et instruits, d'écarter les chances du hasard.

On ne peut être plus clair : Néron doit gagner. Les juges, à qui mieux mieux, répondent que l'empereur doit garder confiance.

Grâce aux textes du temps et davantage aux fouilles archéologiques, on peut reconstituer le décor qu'a découvert Néron en ce haut lieu de la religion grecque. Dans la plaine qui s'étend entre deux rivières, l'Alphée et le Cladéos, s'allonge un stade de 600 pieds assez vaste pour recevoir quarante mille spectateurs. Non loin de là, un hippodrome, un gymnase et un lieu réservé à la lutte : la palestre.

Le temple et l'autel de Zeus et son décor sculpté évoquent les douze travaux d'Hercule. Plus loin, le Prytanée et les portiques de l'Agora. Le petit temple signalé par Pausanias ne compte pas moins de soixante-dix autels où des prêtres sont toujours prêts à célébrer les rituels.

Dans les prairies qui bordent l'Alphée, Néron aura vu, pendant toute la durée des affrontements, surgir un campement immense qui, d'heure en heure, s'étend plus loin. Le prenant d'assaut, des marchands proposent en vociférant du vin tiré de grandes amphores, du pain, des fruits, des victuailles, « même des étoffes, des sandales, des bijoux[1] ». L'empereur est accoutumé aux foules de Rome, mais celles, immenses, qui se pressent là depuis l'aube ont dû l'ébahir : une multitude accourue de la péninsule entière ou débarquée de bateaux parfois venus de très loin. Il faut l'imaginer sous le ciel ardent de l'été grec, accablé d'une chaleur insupportable, assourdi par les cris, les prières, les plaintes des bêtes

---

1. Jacques Janssens, « Les jeux Olympiques il y a vingt-sept siècles », *Historia*, n° 356.

que l'on égorge pour sacrifier aux dieux, les chants, la musique grêle des flûtes et, au moment où les combattants s'affrontent, des acclamations qui balayent tout.

Même quand il ne participe pas aux épreuves, Néron veut tout voir, tout comprendre, tout juger. Quand il ne s'exhibe pas lui-même, il tient à s'asseoir à terre au milieu des juges. Il rêve d'imiter les exploits d'Hercule : le bruit a couru qu'il devait combattre nu un lion dans l'arène et l'assommer avec une massue ou l'étouffer dans ses bras. Il ne semble pas être allé au-delà du projet.

Avant même qu'il se soit produit en public, les organisateurs ont pris la décision de lui accorder le premier prix. Quand il chante ou récite, on interdit aux spectateurs de sortir du théâtre.

Le meilleur analyste de son état d'esprit est encore Suétone : « On ne saurait croire quelle terreur et quelles anxiétés il montrait dans la lutte, quelle jalousie contre ses rivaux, quelle crainte des juges. Ses rivaux, il les observait, les épiait sans cesse et les décriait en secret, comme s'ils eussent été de la même condition que lui. Quelquefois même il leur criait des injures quand il les rencontrait ; et s'il s'en trouvait dont le talent fût supérieur au sien, il prenait le parti de les corrompre. » Plus fort encore : « Il se soumettait, pendant la lutte, à toutes les lois du théâtre, au point de ne pas oser cracher, et d'essuyer avec son bras la sueur de son front[1]. Ayant, dans une tragédie, laissé tomber son sceptre, il le ramassa aussitôt d'une main inquiète et tremblante, tant il craignait que, pour cette faute, on ne le mît hors du concours. [...] Voulant effacer, à l'exception des siennes, toute trace et réminiscence des autres, il fit renverser, traîner avec un croc et jeter dans les latrines, les statues et bustes de tous les vainqueurs[2]. »

Ce goût forcené de la victoire le conduit à tenter des

---

1. Les règlements interdisaient aux concurrents l'usage du mouchoir (note de Jacques Gascou).
2. *Vies des douze Césars*, « Néron », XIII et XIV.

exploits hors de sa portée. Il tient à conduire un char tiré par dix chevaux. Précipité à terre en pleine vitesse, il exige d'être replacé sur le char. Il tombe une deuxième fois, ce qui n'empêche nullement les juges de le déclarer vainqueur. Ils n'ont pas à le regretter : Néron les récompense de 250 000 drachmes [1].

Presque chaque jour, Tigellin lui fait rapport. Le maître policier tient à aller jusqu'au bout de la conspiration manquée de Vinicianus. La conviction lui est venue que Corbulon y a adhéré. On s'est montré inexorable pour les complices ; on doit maintenant frapper à la tête. La gloire du grand soldat ne devrait-elle pas lui mériter l'indulgence ? Nullement, affirme Tigellin. C'est même à cause d'elle qu'il faut sévir. Pour en convaincre Néron qui peut-être hésite encore, il trouve un délateur, officier de l'état-major de Corbulon. Appelé à Corinthe, il développe, au cours de plusieurs entretiens, les « preuves » de la culpabilité de son chef. De guerre lasse, Néron consent à faire appeler le général auprès de lui. Le message qu'il lui adresse en Orient le convoque en qualité « de père et bienfaiteur de la Patrie ». Le commandant en chef approche de ses soixante-dix ans. Il n'a rien perdu de sa prestance ni de cette hauteur aristocratique qui n'a pas toujours plu à tout le monde. Il débarque à Cenchrées, port de Corinthe, et s'engage sur la route qui grimpe jusqu'à la ville fortement surélevée par rapport à la mer.

Un barrage de soldats. Corbulon est-il surpris ? Ce n'est pas sûr. Le chef du détachement l'informe que l'empereur ne souhaite pas qu'il reste vivant. On dispute encore aujourd'hui si telle fut réellement la volonté de Néron ou si Tigellin, peu certain que son maître sût demeurer ferme face au héros, n'aurait pas pris les devants. Corbulon ne daigne pas répondre. Saisissant son épée, il s'en transperce après avoir proféré ces paroles mystérieuses :

---

1. Dion Cassius, *op. cit.*, LXIII, 14.

— Je l'ai bien mérité !

Faut-il comprendre qu'il se reconnaît coupable d'avoir conspiré la mort de l'empereur ? Ou, au contraire, qu'il s'en veut, à son âge et doté de son expérience, d'être tombé dans le piège tendu par Tigellin ? Nul ne l'a su – ni ne le saura.

Dans les premiers jours de décembre, des nouvelles d'une gravité extrême parviennent de Judée : les juifs viennent de mettre en échec l'armée romaine. L'affaire couve depuis près d'un siècle. Le peuple juif a toujours refusé d'admettre l'occupation, la subordination et la colonisation auxquelles Rome les a soumis. En mai 66, les premières émeutes ont éclaté à Césarée. La contagion a aussitôt gagné Jérusalem. Des heurts violents y ont opposé les troupes romaines et les habitants. Le procurateur en titre, Jessius Florus, dont l'épouse avait été l'amie de Poppée, n'a pas voulu perdre la face : les rapports adressés à Rome sont devenus si apaisants que Néron a pu gagner la Grèce sans ressentir d'inquiétude.

Tout s'est précipité. Les troupes du roi de Judée, Agrippa II, ont été mises à mal. Renonçant à rétablir l'ordre, Florus quitte Jérusalem pour se réfugier à Césarée. Il laisse derrière lui une seule cohorte qui, battue par les rebelles, évacue la ville insurgée. Les extrémistes massacrent les principales autorités du Sanhédrin, y compris l'ancien grand prêtre Hanne. La Judée tout entière s'insurge. On met le feu à la tour Antonia. On frappe des pièces d'argent portant l'inscription *An I de la liberté*.

C'est plus que n'en peut supporter le légat de Syrie, Cestius Gallus qui, à la tête de douze légions, accourt le long de la côte pour rétablir l'ordre à Jérusalem. A plusieurs reprises, il doit ralentir sa marche pour faire face à d'autres attaques. Quand il parvient devant Jérusalem, ses forces largement affaiblies trouvent devant elles l'armée des rebelles qui les bat à plate couture. Gallus prend la fuite en abandonnant tous ses bagages.

Devant le désastre – c'en est un –, comment Néron va-t-il réagir ? Flavius Josèphe qui, un temps, s'est trouvé à la tête de l'insurrection, se posera lui-même la question. Intéressante, son explication : « Quand on eut annoncé à Néron les revers subis en Judée, il fut envahi, comme c'était naturel, d'une épouvante et d'une appréhension qu'il dissimula, tout en affichant en public dédain et indignation : il disait que ce qui était arrivé s'expliquait plus par l'incurie des généraux que par la valeur de l'ennemi. Il estimait que, vu la majesté de l'Empire, il lui convenait de traiter avec hauteur les adversités et de montrer une âme supérieure à tous les malheurs. Mais le trouble de cette âme se trahissait bel et bien par sa rumination soucieuse. Il ne cessait d'examiner à qui il pourrait bien confier l'Orient ébranlé ; il lui fallait quelqu'un qui fût capable de réprimer le soulèvement des juifs et en même temps de prévenir l'extension du mal dans les nations voisines déjà contaminées[1]. »

Quelqu'un ? Un seul nom aurait pu lui venir à l'esprit : Corbulon. Comment ne pas croire à une colère mêlée de regrets ? Il faut à l'empereur un militaire nanti d'expérience mais sans un trop grand renom qui puisse lui porter ombrage. Or cet homme existe. Il l'a même sous la main. A son actif, Vespasien peut inscrire trois brillantes campagnes : en Thrace, en Germanie et en Bretagne. Sa dernière mission : le gouvernement de la province d'Afrique. Depuis l'embarquement à Brindisi, il se demande pourquoi l'empereur l'a invité à le suivre en Grèce. A cinquante-sept ans, fort peu mondain, il s'ennuie à entendre pépier les courtisans qui étouffent Néron d'une admiration aussi feinte qu'exacerbée. Un des soirs où, supplié à grands cris, l'empereur accepte de chanter, Vespasien s'endort au bout de quelques mesures. Le drame est que Néron s'en aperçoit. Outré, il fait dire au coupable qu'il ne veut plus le voir. Pour tenter de se justifier, Vespasien sollicite une audience. On la lui refuse.

Dans le climat de l'époque, l'infortuné soldat peut trembler. Il interroge le chambellan Phoebus : « Mais que vais-je faire ? Où irai-je ? » La réponse : « Va-t'en au diable ! » Quand Vespasien deviendra empereur et quand le même

---
1. *La Guerre des juifs* (1977).

Phoebus, agenouillé devant lui dans les larmes, viendra lui demander grâce, Vespasien se contentera de lui répondre : « Va-t'en au diable ! »

Après l'interdit prononcé par Néron, Vespasien s'est cloîtré dans une petite maison hors de Corinthe et n'en a plus bougé. C'est là que le rejoint le message de Néron le nommant commandant en chef des légions romaines en Judée. Ordre lui est donné de partir sur-le-champ. Ce qu'il fait. Sur son ordre, son fils Titus, âgé de vingt-cinq ans, gagne Alexandrie afin de préparer d'urgence l'intervention de la XVe légion Apollinaris.

Entre deux compétitions, l'idée vient à Néron d'un projet par lequel il effacerait une erreur de la nature. Il s'agit d'ouvrir un canal sur l'isthme de Corinthe large de six kilomètres. De part et d'autre de l'isthme, la ville de Corinthe dispose de deux ports, Cenchrées et Lechée dont d'innombrables navires de commerce se disputent l'ancrage. Si l'on veut se rendre par mer de l'un à l'autre, il faut contourner tout le Péloponnèse : perte de temps qui coûte cher. Depuis longtemps, on se contente d'une voie dallée sur laquelle on fait glisser sur des cylindres, tirés par des esclaves, les navires de commerce. Selon les saisons, il y faut deux ou trois jours. Néron n'est pas le premier à rêver de percer l'isthme. Périandre, tyran de Corinthe six siècles avant notre ère, en formait déjà le projet. D'autres l'ont repris sans jamais aboutir.

Au commencement de l'été 67, Néron demande à des géologues et des hydrographes associés à des ingénieurs d'Alexandrie d'étudier un tracé : le canal sera long de sept kilomètres, chiffre qui ne saurait inquiéter l'empereur, attendu que, dans ses projets italiens, figure un canal latéral de Baïes à Ostie, long de deux cents kilomètres[1].

---

1. Le tracé de Néron pour le canal de Corinthe sera suivi point par point à partir de 1881 – de notre ère ! – quand il sera enfin réalisé. L'un des responsables écrira : « C'est un fait digne de remarque qu'après avoir fait des relevés embrassant toute la surface de l'isthme, après avoir étudié minutieusement jusqu'à quatre tracés différents, on a dû adopter comme le plus avantageux celui même qu'avait choisi Néron (*Bulletin de Correspondance hellénique*, t. VIII (1884), cité par Gérard Walter).

Néron tient à inaugurer en personne les travaux. Sortant de sa tente, il chante « l'hymne d'Amphitrite et de Neptune ». A la foule compacte qui l'entoure, il annonce d'une voix forte qu'il « souhaite la réussite de l'entreprise, pour lui et pour le peuple romain ». On lui présente une bêche en or et, en un état visible d'enthousiasme, il la plante en terre.

A-t-il suffisamment envisagé le problème que posera le recrutement d'une main-d'œuvre ? La zone est composée surtout de rochers compacts. A défaut de toute machine, on devra les entamer, creuser et emporter de main d'homme. On tente de recruter les ouvriers sur place. Fort peu se présentent. Utiliser les prétoriens qui ont accompagné Néron en Grèce serait s'exposer à une sédition : on ne leur demandera donc que de pelleter le sable des plages. Va-t-on renoncer avant que de commencer ?

Les nouvelles de Vespasien raniment l'espoir. Secondé par Titus, il a infligé aux juifs de cruelles défaites et capturé un très grand nombre de prisonniers. On lui ordonne de choisir parmi les plus jeunes et les plus robustes et de les expédier d'urgence. Heureux de se délivrer de tant de bouches à nourrir, Vespasien les fait charger sur plusieurs bateaux. Bientôt Néron verra débarquer, entre Cenchrées et Lechée, six mille juifs à la musculature prometteuse. Les travaux commencent. Ils n'iront, hélas, pas jusqu'au bout.

Néron montre tant d'attachement à Corinthe qu'une étrange rumeur s'est peu à peu répandue : selon des Grecs bien informés, il va y transférer la capitale de l'Empire romain. Preuve du contraire, il a renvoyé en Italie Statilia Messalina. Il ne garde dans son intimité que le petit Sporus que l'on montre revêtu du costume des impératrices et qui, jusque sur les marchés, l'accompagne en litière.

Peut-être cette mascarade a-t-elle amusé des Grecs que l'homosexualité gêne peu. Il n'est pas sûr que ce soit le cas de la communauté chrétienne de Corinthe.

CHAPITRE XIV

Les phares de l'Eglise

En l'an 46, dix-sept ans avant le séjour de Néron, un petit homme chauve et barbu découvrait Corinthe. Il s'appelait Paul et allait y rester dix-huit mois : durée exceptionnelle quand on considère l'étendue de sa mission. « Nous le savons déjà », dit le lecteur qui démontre à la fois sa mémoire et son attention. Qu'il veuille bien croire que si l'auteur revient en arrière, c'est précisément à cause des chrétiens de Corinthe.

Surprise pour Paul : il a trouvé des chrétiens déjà en nombre. Qui les a convertis ? Certains parlent de Céphas (Pierre), d'autres d'Apollos, personnage étrange venu d'Orient pour prêcher Jésus en ne connaissant guère que Jean-Baptiste. Paul s'est donné pour tâche d'unifier cette communauté en herbe. Il lui a proposé des règles. Afin d'être bien compris, il a composé à son intention deux longues lettres successives : les Epîtres aux Corinthiens, véritable monument. Les destinataires ont tant compté pour lui qu'ils ont eu droit à *deux* épîtres alors que les autres communautés converties par lui n'en ont reçu, chacune, qu'*une seule*.

« Ma parole et ma prédication, se souviendra Paul, n'avaient rien des discours persuasifs de la sagesse, mais elles étaient une démonstration faite par la puissance de l'Esprit, afin que votre foi ne soit pas fondée sur la sagesse des hommes, mais sur la puissance de Dieu[1]. »

---
1. 1 Co, II, 4, 5.

Avec les Corinthiens, le Tarsiote n'en restera pas là :

« Je rends grâce à Dieu sans cesse à votre sujet, pour la grâce de Dieu qui vous a été donnée dans le Christ Jésus. Car vous avez été, en lui, comblés de toutes les richesses, toutes celles de la parole et toutes celles de la connaissance. C'est que le témoignage rendu au Christ s'est affermi en vous, si bien qu'il ne vous manque aucun don de la grâce, à vous qui attendez la révélation de notre Seigneur Jésus Christ. C'est lui aussi qui vous affermira jusqu'à la fin, pour que vous soyez irréprochables au Jour de notre Seigneur Jésus Christ[1]. »

Quand, ayant quitté Corinthe, Paul apprendra qu'une partie de « ses » chrétiens a cédé aux sollicitations des judéo-chrétiens de Jacques, la douleur le terrassera. Après quoi, pour reconquérir ces brebis égarées, il livrera un nouveau combat.

Au moment où Néron fait de Corinthe sa capitale provisoire, les chrétiens de la ville ont-ils abandonné le christianisme ? Pas du tout. Il faut seulement constater – une manie ? – qu'ils sont de nouveau divisés. La lettre déjà citée, écrite par Clément, évêque de Rome, ne permet pas d'en douter. Irénée de Lyon connaît si bien cette lettre qu'il explique pourquoi elle a été écrite : « Une dissension assez grave se produisit entre les frères de Corinthe : l'Eglise de Rome adressa alors aux Corinthiens un écrit très important pour les réconcilier dans la paix, ranimer leur foi et leur annoncer la tradition qu'elle avait reçue récemment des apôtres. »

Cet écrit s'achève ainsi : « Tout cela, bien-aimés, si nous vous l'écrivons, ce n'est pas seulement comme un avertissement à votre égard, c'est pour nous le remémorer à nous aussi, car nous sommes au bord de la même arène et c'est le même combat qui nous attend. »

---

1. 1 Co, I, 4-8.

Résumons : en 51, la communauté chrétienne de Corinthe est vivante et active. Elle le reste en 95 quand Clément lui écrit. Comment, en 67 et 68, au moment où Néron s'installe dans la ville, pourrait-elle ne pas l'être ?

Durant plusieurs mois, l'empereur va donc se trouver en contact avec des chrétiens de toute condition pratiquant librement leur religion. Nécessairement, il a fallu à Néron et à sa suite hypertrophiée recruter sur place des esclaves ; le christianisme a déjà pénétré cette masse asservie, trop heureuse d'être enfin reconnue comme faisant partie de l'humanité. Au demeurant, il serait étrange que, parmi les autorités de la ville en contact avec Néron, n'aient pas figuré des chrétiens.

Nul ne sait ni ne saura ce que Néron a pu penser de ces êtres singuliers. A-t-il modifié le jugement qu'il pouvait garder de l'été 64 ? Fort satisfait de lui-même, il les avait vus, en ses jardins, mourir dans les supplices.

L'intensité de la foi professée à cette époque par la chrétienté étonne beaucoup de gens. « Notre prière, expliquera un autre Clément, celui d'Alexandrie, est, si j'ose ainsi parler, une conversation avec Dieu. [...] Qu'il se promène, qu'il converse, qu'il se repose, qu'il travaille ou qu'il lise, le croyant prie : et, seul dans le réduit de son âme, s'il médite, il invoque le Père avec des gémissements ineffables, et celui-ci est proche de qui l'invoque ainsi [1]. »

Les grands textes du Ier siècle – épîtres de Paul et évangiles – traitaient exclusivement du personnage et de l'enseignement de Jésus. Tout change au IIe siècle : un ensemble littéraire considérable s'édifie. A l'origine sont quelques évêques qui, au-delà de leur mission apostolique et réglementaire, ont tenu à méditer sur elle et – grande nouveauté – à en faire part.

Les hommes du Ier siècle ressentaient le Christ par toutes les fibres de leur cœur ; les Pères de l'Eglise sont des

---

[1] Clément d'Alexandrie, *Stromates*, VII, 7.

conquérants « nourris du froment des élus, a dit Bossuet, pleins de cet esprit primitif qu'ils ont reçu de plus près et avec plus d'abondance de la source même qui les a définis ». Rien d'uniforme dans de tels textes, sinon une force de conviction alliée à un sens incomparable de l'expression. De cette œuvre gigantesque, on a réuni, au XIXe siècle, tous les éléments sous le titre accablant de *Patrologiae cursus completus*. Ne sursautez pas, lecteur : le titre couvre 217 volumes de sources latines, 161 de sources grecques ! Encore l'abbé Migne – « rassembleur » en titre – a-t-il omis les Pères syriaques, coptes et arméniens. Aujourd'hui encore on le lui reproche.

Peut-on faire un choix entre tant de combattants ? A peine s'y hasarde-t-on et l'on se sent injuste, donc coupable. Tentons. Mêlons-les arbitrairement à d'autres qui, sans les ignorer, ne les ont pas connus.

A tout seigneur, tout honneur.

IGNACE D'ANTIOCHE

Ignace fut évêque d'Antioche à la fin du Ier siècle et au début du deuxième. De son vivant, on distinguait déjà dans son prénom le mot *ignis*, feu. C'est vrai : Ignace brûle. L'étrange de son destin est que nous ne le connaissons que par lui-même : les seuls documents le concernant sont ses *Lettres*. Elles nous sont parvenues sous des formes diverses : grecques, syriaques, arméniennes.

Qu'en ressort-il ? Une foi reconnue pour « véhémente[1] ». Qu'apprend-on ? Ceci : en l'an 107, les autorités romaines d'Antioche le font arrêter. On le condamne à mort et, sans doute à cause de son rang, on le transfère à Rome pour y être exécuté. Durant le voyage, il dicte sans cesse des lettres à l'intention des Eglises d'Ephèse, de Magnésie, de Tralles, de Philippes, de Smyrne et de Troas. Courant l'Europe et

---

1. Alain Le Boulluec, « Ignace d'Antioche », in *Histoire des saints et de la sainteté chrétienne* sous la direction d'André Mandouze (1987).

l'Orient, elles deviendront la source où puiseront aussi bien les sommités de l'Eglise que ceux des chrétiens qui peuvent y accéder.

On ne saurait trouver meilleur exemple de son style que dans la lettre qu'il adresse aux Ephésiens : « Le prince de ce monde a ignoré la virginité de Marie et son enfantement, de même que la mort du Seigneur : trois mystères retentissants qui furent accomplis dans le silence de Dieu. Comment donc furent-ils manifestés aux siècles ? Un astre dans le ciel brilla, plus clair que tous les astres, et sa lumière était inexprimable, et sa nouveauté produisait un changement étrange ; tous les autres astres, avec le soleil et la lune, formèrent un chœur autour de l'astre, et lui l'emportait sur tous par sa lumière ; c'était un grand trouble : d'où venait cette nouveauté si dissemblable ? Ainsi s'abolissait toute magie et tout lien du mal disparaissait ; l'ignorance était détruite, l'ancien royaume était ruiné, tandis que Dieu était manifesté en forme d'homme, pour une nouveauté de vie éternelle ; il recevait un commencement, le plan agencé par Dieu. Aussi était-ce un bouleversement total, car la destruction de la mort se préparait. »

Ce qui domine dans les *Lettres* d'Ignace, ce sont des adjurations à ceux qui nient ou seulement mettent en doute l'Incarnation, la Passion et la Résurrection du Christ. Ce sont aussi des conseils pratiques sur l'administration des Eglises et le comportement de ses responsables. Les spécialistes de l'époque n'ont pas manqué de s'étonner à propos de bizarreries de son récit : cet évêque sous surveillance extrême s'arrête à plusieurs reprises dans les villes où il est accueilli publiquement par les Eglises et reçoit les délégations d'autres communautés : l'autorité romaine ne nous a guère habitués à une telle tolérance. Il faut croire également que chacun de ces séjours s'est notablement prolongé : il faut du temps, même si les lettres ont été dictées en chemin, pour aboutir à un texte littéraire si ambitieux.

La lettre dont les contemporains et la postérité ont gardé le plus vif souvenir est celle – bouleversante en vérité – qu'il adresse aux chrétiens de Rome. Renan y verra l'« un des joyaux de la littérature chrétienne primitive ». Pour la première fois, un chrétien proclame le rôle du martyre selon le plan de Dieu :

« J'ai, à force de prières, obtenu de voir vos visages de saints. J'ai même obtenu plus que je ne demandais puisque c'est en qualité de prisonnier du Christ Jésus que j'espère venir vous saluer, si toutefois Dieu me fait la grâce de tenir jusqu'au bout. Le commencement a été bon. Pourvu que rien ne m'empêche d'atteindre la part qui m'a été promise ! En vérité, c'est votre charité que je redoute. Vous n'avez, quant à vous, rien à perdre. Mais moi, c'est Dieu que je perds si jamais vous réussissez à me sauver. Je ne veux pas que vous cherchiez à plaire aux hommes, mais que vous persévériez à plaire à Dieu. Jamais je ne retrouverai pareille occasion d'être réuni à Lui. Et jamais vous ne ferez une œuvre meilleure qu'en vous abstenant d'intervenir en ma faveur. »

D'évidence, Ignace ne veut pas qu'on le dérange dans son martyre espéré : « Le christianisme n'est pas seulement une œuvre du silence, mais une œuvre de grandeur et d'éclat. J'écris aux Eglises et leur mande à toutes que je veux mourir pour Dieu, si toutefois vous ne m'en empêchez pas. Je vous conjure de ne pas me témoigner une affection intempestive. Laissez-moi devenir la nourriture des bêtes par lesquelles il me sera donné de jouir de Dieu. Je suis le froment de Dieu. Afin d'être trouvé pur pain du Christ, il convient que je sois moulu par la dent des bêtes. Caressez-les plutôt afin qu'elles deviennent mon tombeau, qu'elles ne laissent rien subsister de mon corps, de sorte que mes funérailles ne soient à charge de personne. » Il ne cache rien à ses correspondants du sort qui lui a été réservé tout au long de son voyage : « Aujourd'hui dans les chaînes, j'apprends à ne rien regretter. Depuis la Syrie jusqu'à Rome, sur terre, sur mer, de jour et de nuit, je combats déjà contre les bêtes, car je suis enchaîné à dix léopards ; c'est ainsi que j'appelle mes gardes qui se montrent d'autant plus méchants avec nous que nous leur faisons plus de bien. Grâce à leurs mauvais traitements, je me forme, mais je ne suis pas encore justifié pour autant. Je gagnerai donc à me retrouver face aux bêtes qui me sont destinées. »

Tous les chrétiens promis au martyre n'auront pas le talent d'Ignace mais beaucoup partageront son ardeur.

Dans cette même année 107 au cours de laquelle Ignace s'achemine lentement vers Rome, l'empereur Trajan y célèbre, avec un faste immense, son triomphe sur les Daces. Les contemporains garderont le souvenir des innombrables combats de gladiateurs offerts, durant près de dix-huit mois, chaque après-midi au public. Dans ce domaine, les Romains paraissent insatiables. Leurs matinées sont occupées par le spectacle de condamnés livrés aux chiens et aux bêtes fauves. L'Italie ayant vidé ses prisons, on s'adresse aux provinces de l'Empire. Chacune d'elles est « invitée » à expédier ce qu'elle possède de mieux en l'occurrence. Ignace, ainsi que Zozime et Rufus, les deux prêtres chrétiens prisonniers comme lui, ont-ils participé de cette impérieuse nécessité ? Dans ce cas, ils auraient fait partie du butin expédié par le légat de Syrie. De solides traditions fournissent des dates : le 18 décembre 107, dans un amphithéâtre de Rome, Zozime et Rufus sont livrés aux bêtes. Le surlendemain, Ignace les suit[1].

JUSTIN

En 72, peu de temps après la prise de Jérusalem, Justin naît en Samarie dans une famille aisée, à la fois grecque et païenne. Il racontera, dans son ouvrage le plus célèbre – le *Dialogue avec Tryphon* –, sa difficile recherche de la sagesse qu'il s'interdit de séparer de la philosophie. Il se confie d'abord à un stoïcien, ensuite à un péripatéticien, puis à un pythagoricien sans parvenir à satisfaire cette quête intense. Par chance, un platonicien intervient : le sens profond de la philosophie n'est autre que de connaître Dieu. S'ensuit une période de doutes et d'angoisses avant qu'un vieillard « qui

---

1. Anne Bernet, *op. cit.*

paraissait d'un caractère doux et grave » lui démontre que le Christ est le seul Dieu auquel puisse conduire Platon. « Le feu s'était allumé en mon âme », confiera-t-il. Devenu chrétien, il ne quitte pas le manteau du philosophe. Après la guerre juive, on le retrouve à Ephèse. S'inspirant audacieusement des établissements philosophiques païens, il y ouvre des écoles à leur manière, mais chrétiennes ; il réitérera à Rome. Il s'oppose aux païens en de mémorables joutes oratoires et devient tête de file des Apologistes en un temps où les chrétiens veulent faire tomber les préjugés qui accompagnent le christianisme.

Les Ecritures sacrées sont, pour Justin, celles des juifs. Les chrétiens ont eu raison de se les approprier. Elles sont « l'incontestable vérité » puisque Dieu parle en elles. Quant aux juifs, elles leur sont désormais fermées puisque ceux-ci ne croient pas en Jésus. Justin : « Donc, tout ce qui est dit de bon chez qui que ce soit, cela nous appartient, à nous les chrétiens ; en effet, celui que nous adorons et que nous aimons après Dieu, c'est le *Logos* issu de Dieu inengendré et indicible, d'autant qu'il est devenu homme à cause de nous afin de nous soigner en participant à nos passions. » Au juif Tryphon, avec lequel il est censé s'entretenir, il affirme que les passages relatifs à la venue du Christ « sont déposés dans vos écritures ». Il se reprend : « Non pas dans les vôtres, mais dans les nôtres. »

Le vocabulaire de Justin le révèle en grande partie stoïcien. Il présente le christianisme – ce qui ne manque pas d'originalité – comme réalisant l'idéal stoïcien. En usant du langage des philosophes, il coupe court aux argumentations de ses adversaires païens. Au milieu d'une œuvre immense, la postérité n'a conservé que trois de ses textes dont deux *Apologies* mais ils suffisent à ranger l'auteur parmi les plus importants de son siècle.

Son rayonnement irrite de plus en plus ses adversaires : le philosophe païen Crescens le dénonce au pouvoir romain. Devant le préfet Rusticus qui l'interroge, Justin proclame sa foi et en développe les raisons avec la passion philosophique dont, toute sa vie, il a fait preuve. Il sait ce qui l'attend mais ne saurait éluder le plus petit argument démontrant qu'il a raison. Il ne cède à aucune des invites qui pourraient le sauver. Jusqu'au bout, il réitère l'expression d'une certitude inébranlable : l'enseignement de Jésus Christ triomphera.

On le décapite.

IRÉNÉE DE LYON

Né à Smyrne vers 140, Irénée est mort à Lyon vers 202. Il est fils de parents chrétiens, ce qui lui donne l'avantage sur ceux qui ont attendu ou attendront une conversion. Il aimera à évoquer une jeunesse fervente : à quinze ans, avec d'autres de son âge, il s'asseyait près de l'évêque Polycarpe pour l'entendre évoquer ses entretiens avec l'évangéliste Jean. Parmi les Pères, Irénée est l'un des rares qui, par l'intermédiaire d'une seule personne, ait accueilli la parole d'un apôtre de Jésus. « Nous-mêmes, écrira-t-il, l'avons vu dans notre prime jeunesse – car il vécut longtemps – et c'est dans une vieillesse avancée que, après avoir rendu un glorieux et très éclatant témoignage, il sortit de cette vie. Or il enseigna toujours la doctrine qu'il avait apprise des Apôtres, doctrine qui est aussi celle que l'Eglise transmet et qui est la seule vraie. » Ceux qui rencontrent Irénée voient en lui un homme généreux, pétri de sagesse et de mesure, toujours rappelant que le mot essentiel de l'enseignement de Jésus est : amour. En sa personne, « il relie la tradition johannique et l'Eglise de France et demeure un modèle d'œcuménisme entre l'Orient et l'Occident [1] ».

Preuve des interférences qui se produisent souvent alors dans la chrétienté, on retrouve cet Asiate évêque à Lyon. Certains pensent qu'il a pu être évêque à Vienne avant de le devenir à Lyon. Il tient à apprendre la langue des Gaulois qui l'entourent et consacre une infatigable activité à son ministère. Les hérésies qui gagnent la vallée du Rhône vont bientôt l'obséder. Elles mettent non seulement en péril le pouvoir des évêques mais leur crédibilité. Un tel homme

---

1. Ysabel de Andia, chargée de recherche au CNRS.

peut-il rester muet ? Il se met au travail. Il publiera : *Adversus haereses*, en français : *Exposé et réfutation de la fausse gnose*. Cinq énormes livres. Dans les deux premiers volumes, Irénée règle leur compte aux hérésies, ce qui, pour l'historien, présente l'avantage d'en dresser la liste. Il avance cet argument pratiquement imparable : « Les hérétiques sont tous postérieurs aux évêques, à qui les Apôtres ont transmis les Eglises, et les manifestations de leur doctrine sont différentes et forment une véritable cacophonie. Mais la voie de ceux qui sont de l'Eglise, entourant le monde entier et gardant ferme la tradition des Apôtres, nous montre chez tous une même foi et une même forme d'organisation. »

En 177, comme chaque année à l'approche du 1er août, on procède à Lyon à la célébration impériale des Trois Gaules. L'habitude s'étant prise d'offrir aux foules accourues des spectacles sanglants, on peut supposer que l'arrestation de chrétiens de la ville n'est pas étrangère à une telle « exigence ». Une longue lettre attribuée à Irénée et publiée plus tard par Eusèbe de Césarée dans son *Histoire ecclésiastique* livre tous les détails de la persécution qu'une quarantaine de fidèles ont subie[1]. La liste qui nous est donnée distingue les Orientaux dont l'évêque Pothin, alors âgé de quatre-vingt-dix ans, des Gallo-Romains aux noms latinisés. Tous sont de naissance libre à l'exception de Ponticus, âgé de quinze ans, esclave originaire de la province du Pont-Euxin, et de Blandine, esclave elle aussi, arrêtée en même temps que sa maîtresse convaincue elle-même d'être chrétienne.

Ce que ces gens ont eu à subir passe toutes les bornes imaginables. Ceux que l'on emmène en prison doivent, en traversant les rues de Lyon, affronter une foule qui se déchaîne à la vue de ceux qu'on lui a peint comme des « incestueux » par essence et des cannibales mangeurs d'enfants.

---

[1]. On s'est demandé si Irénée était bien l'auteur de la *Lettre sur les martyrs de Lyon*. Au xviie siècle, Le Nain de Tillemont s'est prononcé dans ce sens : « Il est difficile qu'un autre que luy ait pu faire une pièce si digne de sa piété, de son esprit et de sa science. » L'ensemble des critiques modernes partage ce jugement.

On les arrache à leurs gardiens, on les jette à terre, on les frappe, on les piétine, on les lapide. Arrivés en prison, c'est en un état lamentable qu'ils affrontent l'interrogatoire d'identité. Vient fatalement la question trop attendue :
— Es-tu chrétien ?
— Je le suis.

Terrifiés par les souffrances qui les attendent, quelques-uns — très peu — abjurent leur religion. Ceux qui confirmeront leur foi — avec quel courage ! — sont jetés dans l'amphithéâtre, passent par les verges, sont traînés ou éventrés par les bêtes sauvages et, selon Irénée, « soumis à tout ce qu'ordonnait par ses clameurs une foule en délire ».

Pour certains, on raffine. Ainsi en est-il de Blandine : « Elle fut suspendue à un poteau et exposée aux bêtes que l'on avait lâchées contre elle pour la dévorer. La voyant ainsi pendue à cette espèce de croix, on l'entendit prier continuellement. [...] Ce jour-là, aucune des bêtes ne la toucha. On la détacha, on la ramena à la prison où elle fut réservée pour un autre combat. »

Comment ne pas admirer l'héroïsme d'Attale ? Comme la plupart, on l'a assis sur la « chaise de fer » chauffée à blanc. « Tandis qu'il brûlait et que l'odeur de son corps carbonisé se répandait dans l'amphithéâtre, il dit à la foule en latin : "Voyez-vous ce que vous êtes en train de faire ? Vous êtes en train de manger de l'homme... Nous, nous n'en mangeons pas et nous ne faisons aucune action mauvaise..." » Un comble : ces souffrances horribles ne forment, en début de journée, que le « prologue » des combats de gladiateurs proposés ensuite comme clou du spectacle.

Appelé d'urgence, le légat procède à un tri, condamnant à la décapitation ceux à qui il veut épargner — niveau social ? situation de fortune ? — un tel sort. A la fin, il ne reste que deux survivants : les esclaves Blandine et Ponticus. On escomptait de leur part des aveux, ils s'étaient tus.

Le récit d'Irénée dit tout : « Chaque jour on les avait conduits à l'amphithéâtre afin qu'ils assistent aux supplices des autres et l'on avait tenté de les faire jurer par les idoles païennes. Mais ils étaient demeurés fermes et avaient tenu pour rien ces pressions, si bien que la foule s'enflamma contre eux, n'éprouvant aucune pitié devant la jeunesse du garçon, ni aucun respect envers la femme. *On les fit passer par toutes les tortures, on les fit parcourir tout le cycle de supplices.* On tenta de les faire abjurer l'un et l'autre mais l'on n'y parvint pas. [...] Enfin, après avoir généreusement enduré tous ces supplices, Ponticus rendit l'âme. La bienheureuse Blandine demeura la dernière de tous, telle une noble mère qui a exhorté ses enfants et les a envoyés victorieux avant elle auprès du Roi[1]. Après les fouets, après les fauves, après le gril, on l'a enfermée finalement dans un filet et on l'a livrée à un taureau qui l'a projetée longtemps en l'air. Mais elle ne sentait rien de ce qui lui arrivait, toute dans l'espérance de l'attente de ce en quoi elle avait cru, et en conversation avec le Christ. Elle aussi, elle fut sacrifiée. Les païens eux-mêmes reconnaissaient que jamais chez eux, une femme n'avait subi tant d'affreuses tortures. »

Irénée a tenu à porter lui-même la *Lettre sur les martyrs de Lyon* au pape Eleuthère. Un « billet de recommandation » l'accréditait auprès du chef de l'Eglise :

« Nous te saluons en Dieu, mille et mille fois, Père Eleuthère. Nous avons engagé notre frère et compagnon Irénée à te porter cette lettre et nous te demandons de l'avoir en bonne estime, comme zélateur du Testament du Christ. Car si nous savions que le rang confère la justice à quelqu'un, c'est comme *presbyteros* de l'Eglise, fonction dont il est investi, que nous l'aurions recommandé. »

Après cet épisode qui l'a marqué profondément – on le comprend –, Irénée reprendra son combat contre les hérésies. Il réfute la « gnose au nom menteur », estimant qu'exposer celle-ci au grand jour suffira à lui retirer tout sens. On lui doit encore une *Démonstration de la prédication apostolique*, un traité contre le paganisme intitulé *Sur la science*, ainsi qu'un livre d'*Entretiens divers*. Eusèbe de Césarée,

---

[1]. L'allusion aux enfants de Blandine peut soulever des doutes sur la tradition qui fait d'elle une toute jeune fille.

dans son *Histoire ecclésiastique*, reproduira la lettre qu'Irénée a, plus tard, adressée au pape Victor à propos de la date de Pâques qui agitait fort le monde chrétien.

Au-delà, on ne sait plus rien d'Irénée. On veut croire qu'il est mort quelque dix années plus tard. Rien n'atteste qu'il fut martyrisé.

CLÉMENT D'ALEXANDRIE

Avec Clément d'Alexandrie, on aborde un chapitre nouveau de l'histoire de la chrétienté : le temps où, à la fin du IIe siècle, Alexandrie devient, selon Jean Daniélou, « le pôle de la culture chrétienne, comme Rome est le pôle doctrinal ». Titus Flavius Clemens, futur Clément, est né païen. Converti dans sa jeunesse, il voyage en Grèce, en Syrie, en Palestine. Partout il tient à rencontrer des chrétiens pouvant mieux l'éclairer sur leur doctrine et leur foi. L'un d'eux, Pantène, le convainc. Il devient son assistant et lui succédera vers 200. Ordonné prêtre, il consacre la majeure partie de son temps à l'enseignement tout en se jetant dans une œuvre personnelle dont il ne nous reste malheureusement que quelques parties : une trilogie. Le premier volet est *Le Protreptique* dans le genre des Apologies du IIe siècle ; le deuxième : *Le Pédagogue*, traité de spiritualité et de morale pour la vie quotidienne ; le troisième : *Les Stromates*, démontrant au chrétien, en termes superbes de beauté et d'intelligence, comment il peut atteindre à la perfection suprême.

Historiquement, la place de Clément d'Alexandrie ne saurait être sous-estimée. Il défend, en quelque sorte, un christianisme démonstratif. Pour y parvenir, il convoque la philosophie : « Ce que j'appelle philosophie, écrit-il, ce n'est pas le stoïcisme, ni le platonisme, ni l'épicurisme, ni l'aristotélisme, mais l'ensemble de ce que ces écoles ont dit de bien dans l'enseignement de la justice et de la vérité. » Saluons : c'est dans le sens fixé par Clément d'Alexandrie que vont « s'enraciner la théologie et la philosophie chrétiennes ». Le meilleur des élèves de Clément en tirera la leçon. Son nom : Origène.

TERTULLIEN

Fils d'un centurion de la cohorte proconsulaire, Tertullien voit le jour, vers 160, à Carthage. Il y étudie le droit. Sans doute invité par l'empereur Septime Sévère qui attire les jeunes Africains à Rome, il s'y fait une renommée de juriste tout en menant une vie « de plaisirs et de péchés ». Préfigurant saint Augustin, il n'en cachera rien par la suite.

Il découvre parallèlement les écrivains latins et les philosophes grecs ; parmi les stoïciens, Sénèque a sa préférence. Il avouera que les dogmes chrétiens le faisaient alors ricaner, dérision qui aurait eu pour origine sa totale ignorance de la Bible. Il ne confie rien – c'est grand dommage – de l'époque à laquelle il accède au christianisme. *L'Apologétique* qu'il ne tarde pas à publier démontre une connaissance parfaite de la théologie chrétienne[1]. On trouve dans son œuvre entière plus de quinze mille citations de la Bible balancées, en nombre presque égal, par des références aux classiques latins et grecs. Le lien qu'il brûle de créer entre Jérusalem, citadelle de la religion, et Athènes, bastille de la philosophie, lui suggère cette admonestation : « Quoi de commun entre Athènes et Jérusalem, l'Académie et l'Eglise ? » Dans *Le Témoignage de l'âme*, il va jusqu'à préconiser une sorte de « religion naturelle », laissant entendre que l'on peut devenir chrétien dans le secret de son âme pourvu que l'on sache entendre la voix du Christ. Il adore déconcerter, et trouve de la volupté à y parvenir. Dans son dernier livre, *Le Manteau*, il proclame qu'il dépose la toge romaine pour adopter le *pallium*, ce manteau très court des Grecs que portent volontiers les philosophes. Il n'a plus droit désormais – surtout à Carthage – qu'à des moqueries. Il n'en a cure et rompt définitivement avec la vie sociale. Celui qui a tant ferraillé pour le Christ renonce à autrui pour se consacrer à lui-même : « Je ne suis ni juge, ni soldat, ni roi : je me suis retiré du peuple. » J'aime la conclusion de Pierre-Emmanuel Dauzat : « En un sens, le chrétien avait su rester païen. »

---

1. Pierre-Emmanuel Dauzat, « Tertullien, un païen Père de l'Eglise », in *Aux origines du christianisme*, 2000.

ORIGÈNE

Origène naît à Alexandrie vers 185. Il est fils de chrétiens, son adolescence est frappée par l'horreur du martyre auquel son père est conduit sous ses yeux. Il a dix-huit ans, il veut mourir auprès de lui. Seule la supplication éperdue de sa mère l'en empêche : il a six frères à élever.

Elève de Clément d'Alexandrie, il ouvre comme lui une école chrétienne dont le succès est tel qu'il frappe l'évêque Demetrius. A vingt ans, ce tout jeune homme se voit confier l'enseignement des catéchumènes. La charge qu'il accepte le marque au front sans que le péril paraisse l'effrayer. Voyant de charmantes jeunes filles s'empresser à ses conférences, les païens se moquent : ce chrétien beau parleur dispose donc d'un harem ! Il répond en se castrant lui-même.

En se faisant l'expert incontesté des Ecritures, il publie sans cesse de nouveaux livres parmi lesquels *Des principes*, *La Prière*, *L'Exhortation au martyre*. Il faut une équipe entière pour recueillir, reproduire, diffuser cette production titanesque. Les contemporains citent jusqu'à six mille titres dont la plupart ont disparu. Ce qui demeure confirme le très haut niveau de sa pensée. Les attaques du païen Celse ont frappé de plein fouet la génération chrétienne précédente. Origène répond par *Contre Celse* qui demeure un chef-d'œuvre de polémique. On ne peut méconnaître la grandeur d'Origène. Avec les *Hexaples*, il fonde la critique biblique. Précurseur des historiens qui viendront près de deux mille ans après lui, il tient à vérifier sur place la localisation des sites de la Bible. Il parcourt la Palestine, interroge les rabbins et même fouille les grottes proches du Jourdain. Exceptionnel est son apport à l'exégèse et à la théologie.

On reste incrédule quand on découvre qu'il adresse aussi des lettres à des milliers de correspondants. Eusèbe cite celles qu'il échange avec l'empereur Philippe l'Arabe, sa lettre au pape Fabien, celle adressée à Alexandre de Jérusalem, celle qui répond aux *Remerciements* de Grégoire le Thaumaturge.

Sa pensée est si vive, son intelligence si éblouissante, qu'il trouvera, dans son camp même, des adversaires. Parmi les trois personnes divines reconnues par l'Eglise, on l'accuse de négliger quelque peu le Saint-Esprit et de subordonner le Fils au Père. On lui reproche d'affirmer que tous les pécheurs seront rachetés. Quand Origène veut convaincre que les démons eux-mêmes le seront, il ne fait qu'aviver la furie de ses contradicteurs.

Il s'est fait ordonner prêtre en Palestine. Prenant prétexte de l'émasculation qu'il s'est infligée, l'évêque Demetrius annule l'ordination, lui interdit d'enseigner et le chasse d'Alexandrie. Origène fait appel à Rome. Rome confirme. A Césarée, où il se retire, il fait de la ville un centre intellectuel sans égal. A l'enseignement, il ajoute la prédication.

Il vieillit, toujours écrivant et toujours lu. Plusieurs de ses amis sont frappés par la persécution. Dans une immense tranquillité d'esprit, il attend le moment de subir le même sort. On l'arrête, on le met à la torture. Il ne se renie pas. On trouve inutile d'aller jusqu'à l'exécution : c'est une loque que l'on relâche. Réfugié à Tyr, il se remet au travail. Quand il meurt, il doit avoir soixante-dix ans.

Quittons ces personnages outrepassant les bornes de la normalité, « esprits vastes » selon l'approche de Pascal, une halte tentera peut-être le lecteur. Elle lui permettra – comme l'auteur d'ailleurs – de porter un regard émerveillé à tant de science acquise et diffusée, tant d'idées émises et déployées, tant de problèmes soulevés et de solutions proposées.

Le souvenir du premier conflit entre chrétiens pourra traverser l'esprit. Souvenons-nous : il avait pour cadre la communauté naissante de Jérusalem et, pour origine, le service des tables s'ajoutant aux désagréments subis par les veuves. Ceux que nous venons de quitter n'exercent leur génie qu'un siècle et demi après pour les uns, deux siècles pour les autres. Ne se contentant pas d'accepter le monde tel qu'il était, ils l'ont voulu tel qu'ils souhaitaient qu'il fût. Formés dans les écoles grecques et romaines, ils ont imposé l'alliance entre l'hellénisme et le christianisme, entre les philosophes et les fils du Christ, entre l'Eglise et l'Empire. Daniélou parle d'*intellectuels chrétiens*. Pourquoi pas ?

CHAPITRE XV

Le poignard sur la gorge

« Comme j'entends récompenser l'Hellade, la plus noble des nations, de l'affection et de la piété qu'elle me témoigne, j'ordonne aux habitants de cette province d'être présents, en aussi grand nombre que possible, à Corinthe, le quatrième jour avant les calendes de décembre[1]. »

Tel est le message qu'ont reçu, au milieu du mois de novembre 67, toutes les villes de la Grèce, tous les bourgs, tous les villages. Il a suggéré pour les uns le doute – un piège ? –, pour les autres une interrogation : quelle récompense ?

L'espoir l'a emporté. Au jour fixé, une foule immense sera au rendez-vous dans la plaine qui entoure, à Corinthe, le grand stade de Neptune aux gradins de marbre blanc.

Grâce à une stèle découverte à Karditza (ancienne Acraephiae)[2], nous connaissons le discours prononcé par un Néron couronné d'or, revêtu de ses habits impériaux, cuirasse et pourpre du *palendamentum*. Après avoir donné l'ordre à Cluvius Rufus, son héraut, de « faire taire les langues », il parle :

– Bien inattendue de vous, Hellènes – encore que l'on puisse tout espérer de mon grand cœur –, sera la grâce que

---

1. 28 novembre 67.
2. Cette stèle a été découverte en 1888 par Maurice Holleaux, éminent épigraphiste, dans l'église de Saint-Georges de Karditza. Il s'agit de l'unique discours de Néron dont nous possédons le texte.

je vous accorde ; grâce si merveilleuse que vous auriez pu vous-mêmes l'implorer. Vous tous, Hellènes, habitants l'Achaïe ou la terre jusqu'ici nommée Péloponnèse, recevez, avec l'exemption de tout tribut, cette liberté, même aux temps les plus fortunés de votre histoire, à laquelle vous n'avez pas accédé ensemble, car vous fûtes toujours esclaves soit de l'étranger, soit les uns des autres.

On ne sait rien des réactions de ces Grecs qui, pour la plupart, voient Néron pour la première fois. On supposera d'abord de l'incrédulité, puis une tension qui s'approfondit et se mue bientôt en impatience. Déjà, il enchaîne :

– Alors que fleurissait l'Hellade, que n'ai-je pu donner secours à mes bontés ! Un plus grand nombre d'hommes eût joui de ma faveur ! Certes, j'ai le droit de m'irriter contre le temps jaloux qui, par avance, a voulu amoindrir la grandeur d'un tel bienfait. En ce jour, pourtant, ce n'est pas la pitié, c'est l'affection seule qui me fait généreux envers vous. Et je rends grâce à vos dieux, ces dieux dont sur terre et sur mer, toujours, j'ai éprouvé la protection vigilante et qui m'ont donné l'occasion d'être si grandement bienfaisant.

On devine la foule suspendant son souffle. On croit entendre s'enfler la voix impériale :

– Des villes ont pu, d'autres princes, recevoir leur liberté. Néron seul la rend à toute une province !

Depuis un an, les Grecs veulent croire que c'est à leur intention que l'athlète, l'acteur ou le chanteur multiplie les prouesses. Mais un engagement aussi total, prolongé de telles conséquences !

Libre, enfin, la Grèce ? En 196 av. J.-C., ayant vaincu Philippe V de Macédoine, Titus Quinctius Flamininus avait déjà proclamé la liberté de l'Achaïe mais on en était resté là. En 67, tout indique que les Grecs ont cru à la promesse de Néron. Elle n'est pourtant que relative : « En aucun cas, il ne s'agit d'accorder son indépendance à la Grèce. En revanche, son statut de province, plus précisément de province sénatoriale, est aboli[1]. » Que renferme en fait la

---

1. Eugen Cizek, *op. cit.*

« récompense » ? Les Grecs ne deviennent pas citoyens romains mais, sur les plans administratif, économique et fiscal, ils vont bénéficier d'un traitement pratiquement égal à celui dont jouissent les Romains. Outre une somme considérable, seuls les juges des jeux reçoivent la citoyenneté romaine.

Cette décision, Néron l'a mûrie longuement : dès le 1ᵉʳ juillet 67, il prévoyait déjà d'ôter au Sénat une province qui, selon la règle fixée par Auguste, lui appartenait ; en compensation il cédait aux Pères conscrits la province impériale de Corse et de Sardaigne.

Quant aux Grecs, ils s'épuisent à découvrir tous les moyens d'exprimer leur gratitude. Une pièce en or frappée à Corinthe montre Néron couronné de lauriers avec cette inscription au revers : JUPITER LIBERATOR. De nombreuses autres monnaies et inscriptions célèbrent la liberté retrouvée.

Néron veut-il surpasser Alexandre ? Il ne cache pas son intention de s'enfoncer plus loin vers l'Orient. On l'entend citer les Portes caspiennes quoique, selon Pline l'Ancien, les contemporains éprouvent du mal à situer la mer du même nom. Son ambition n'est-elle pas plutôt de s'assurer le contrôle de la route qui permet d'accéder à l'Inde ? « Il avait levé, dans ce but, dit Suétone, une légion de recrues italiennes composée d'hommes de six pieds [1,80 m] et qu'il appelait la phalange d'Alexandre le Grand [1]. » Tacite confirme que des détachements venus de Germanie, de Bretagne et d'Illyrie « ont été dirigés vers les Portes caspiennes ».

Sait-il seulement ce qu'il veut ? Il rêve, s'enivre de lui-même et ne retombe sur terre qu'à l'instant où paraît devant lui Helius, l'un des maîtres désignés de Rome depuis un an. Convaincu que ses messages inquiets ne sont d'aucun effet sur un empereur aveugle, il s'est résolu de venir en personne l'arracher à la Grèce. Sachant qu'il a accompli le trajet en

---

1. *Vies des douze Césars*, « Néron », XIV.

sept jours alors qu'un voyageur y consacrait habituellement plus de vingt, on ne peut douter que seule une situation très compromise l'y a contraint.

Tout conduit à penser que, dès les premiers entretiens, ont été évoqués les périls, de plus en plus évidents, de plus en plus graves qui menacent le trône impérial.

Certes, la crise est d'ordre moral – on comprend de moins en moins ce que fait et veut l'empereur – mais elle est aussi économique. Le séjour en Grèce a ajouté des sommes immenses à celles que coûte la folle édification de la Domus Aurea. On a dû en l'absence de l'empereur alourdir les taxes et instaurer quantité d'impôts nouveaux.

A la mort de Poppée, les dames romaines s'étaient vues forcées de participer financièrement à l'érection d'un temple consacré à Vénus Savina ; elles peinent maintenant à répondre aux échéances, on les menace, certaines doivent vendre leurs biens. Tremblant pour leur vie, des financiers, de gros propriétaires appartenant à l'ordre équestre doivent prêter à l'Etat sans espoir d'être jamais remboursés.

Par manque d'argent, la distribution de vivres à la plèbe n'est plus assurée. L'armée n'est plus payée régulièrement. Naguère, les soldats de métier vivaient dans la perspective d'une retraite dans l'une des colonies que l'Empire leur réservait. Il n'en est plus question.

Dans l'Empire, les procurateurs ont l'ordre de faire rentrer l'argent à tout prix. En Judée, un prélèvement illégal de 17 talents – somme considérable – dans le trésor du Temple de Jérusalem soulève la fureur des juifs. A la Curie, où l'on a si longtemps fermé les yeux sur les exécutions de sénateurs, on les ouvre. Outre l'affaire de l'Achaïe qui suscite toujours l'ébullition des Pères conscrits, l'annonce soudaine que l'empereur compte leur retirer le contrôle des armées fait éclater leur fureur. Sur les travées, un cri se multiplie : il faut se débarrasser de Néron ! Les notables des provinces occidentales sont de cet avis, plusieurs financiers s'y rallient. La société romaine ne veut plus d'un autocrate qui, à ses yeux, se fait plus grec que romain. Pas davantage d'un empereur histrion. Encore moins de l'homme qui est en train de ruiner l'Empire.

Helius est conscient de ce qu'il a le devoir de révéler et tout autant des difficultés qu'il va affronter pour les annoncer à l'empereur. Il connaît son interlocuteur de longue date, le sait armé de certitudes quasi inexpugnables. La première : rien ne peut m'atteindre, moi, Néron.

Lecteur, j'insiste : vous voici devenu le spectateur de l'un des face-à-face les plus déconcertants de l'histoire. L'un – Helius – parle ; l'autre – Néron – écoute. Que dit Helius ? Que des messages reçus à Rome ont commencé à l'alarmer. Ils émanaient des gouverneurs de province : chacun d'entre eux avait reçu de C. Julius Vindex, propréteur de la Gaule lyonnaise, la même proposition. Balayant toute prudence, Vindex engageait chacun de ses correspondants à le rejoindre pour libérer Rome d'un souverain indigne.

Néron connaît bien Vindex. Il a même favorisé la carrière de ce fils d'un sénateur, héritier de l'une des familles gauloises ralliées à Rome. Vindex, un rebelle qui demande sa mort ! Comment le croire ? Peut-être l'empereur a-t-il voulu se rassurer : Vindex ne dispose que de faibles forces militaires. Est-ce avec elles qu'il veut affronter l'Empire ? Peut-être est-il fou.

Le certain est qu'il annonce son départ.

En un autre temps mais en des circonstances comparables, Jules César, nettement plus âgé que lui, n'a pas craint de sauter dans une barque et de traverser en pleine tempête la mer Adriatique. De Néron, Dion Cassius constate : « Il ne fit aucune diligence pour revenir à Rome. »

Il lui faut en effet rassembler cette suite énorme qui l'a suivi, faire charger tous les bagages, embarquer les prétoriens et les cavaliers. Ne pas oublier surtout les 1 808 couronnes que ses exploits lui ont fait gagner de ville en ville et de stade en stade. L'empereur et les siens débarquent à Brindisi au début de janvier 68.

Néron va-t-il se précipiter à Rome ? Son déséquilibre, patent depuis plus d'un an, devient flagrant. Il se ferme à tout ce qui pourrait troubler son confort moral. Naples est son premier but : la ville lui est si chère. Il voit toujours en elle le lieu privilégié de ses débuts au théâtre. Il y entre sur un char tiré par des chevaux blancs. Pour l'accueillir « selon le privilège des vainqueurs aux jeux sacrés », on pratique une brèche dans la muraille. Fêtes et réjouissances meublent son temps et son esprit. Son retour à Rome ? Il veut le préparer, en faire un triomphe bien au-delà de ceux attribués aux vainqueurs de tous les temps.

Le 9 mars, Vindex convoque à Lyon une assemblée générale des Gaules. Ses partisans y accourent. Adjurés de passer à l'action, ils donnent leur plein accord, butant cependant tous sur la même question : Néron mort, à qui le pouvoir impérial sera-t-il confié ? On offre le trône à Vindex. Il refuse et propose d'en appeler à Servius Galba qui, depuis sept ans, gouverne l'Espagne Tarraconaise.

Agé de soixante-trois ans, il appartient à l'une des lignées les plus anciennes de l'aristocratie romaine. En même temps que Brutus et Cassius, son arrière-grand-père est entré dans la conspiration qui a eu pour issue l'assassinat de Jules César. Tout enfant, Servius a été conduit auprès du grand Auguste. Le prince aurait caressé sa joue et déclaré : « Et toi aussi, mon enfant, tu goûteras de notre pouvoir. » Parvenu aux honneurs avant l'âge fixé par les lois, Galba, pendant près d'un an, a gouverné la province d'Aquitaine. Repoussant les Barbares qui ont pénétré jusqu'en Gaule, il s'est couvert de gloire. Etant de ceux qui ont rendu la Bretagne insurgée à Claude, on lui accorde pendant deux ans le proconsulat d'Afrique. Ses succès lui valent les ornements triomphaux. Depuis, son prestige est immense.

Fort riche, prudent autant qu'habile, il choisit, durant la première moitié du règne de Néron, de se faire oublier. Il ne peut refuser le gouvernement de l'Espagne Tarraconaise. Une fois en place, il se montre surtout soucieux de ne rien entreprendre qui déplaise à l'empereur. Il explique : « On ne

peut obliger personne à rendre compte de son inaction. »
Quand Vindex l'informe que l'on veut faire de lui « le libérateur et le chef du genre humain », sa sempiternelle prudence va-t-elle prendre le dessus ? Signe du destin : on a surpris un message signé Néron ordonnant de le mettre à mort d'urgence et on le lui apporte. Comment balancer ? Dans un stade qui déborde d'une foule délirante, Galba condamne les maux qu'a provoqués Néron et appelle à la révolte. La foule va plus loin : elle le proclame empereur. Il refuse :

— Je ne veux être que le lieutenant du Sénat et du peuple romain !

Il doit compter ses forces. Il ne dispose que d'une seule légion, de deux escadrons et de trois cohortes. C'est fort peu : il lève, dans toute la province, une seconde légion composée de citoyens romains résidant en Espagne à laquelle s'ajoutent des troupes auxiliaires. Il fait annoncer que les esclaves qui combattront sous ses ordres seront aussitôt affranchis. L'armée se gonfle en quelques jours d'une masse considérable.

Un allié se révèle opportunément : Othon, qui gouverne la province voisine de Lusitanie. L'ancien compagnon de débauche de Néron s'est transformé du tout au tout : le noceur est devenu un administrateur dont on apprécie l'honnêteté ; dans son gouvernement, il montre de rares capacités. Doté en outre d'une excellente mémoire, il n'a jamais oublié que Néron lui a naguère enlevé sa femme. L'occasion se présente de se venger. Il se rallie à Galba.

Lequel Galba a expédié à Rome son affranchi grec – et amant – Icelus. Il le charge de confirmer au Sénat la primauté qu'il lui reconnaît. Une fois sur place, le plus subtil des affranchis va nouer quantité de contacts précieux. Chaque jour, il marque des points en faveur de son maître.

L'appel de Vindex a reçu l'approbation des Viennois, des Arvernes et des Séquanes. Il n'en est pas de même des Lyonnais, des Trévires et des Lingons. C'est donc sur Lyon que marchera le gouverneur de l'Espagne Tarraconaise.

Le 19 mars, on a déposé devant Néron une proclamation signée Vindex. Les termes infamants qui surgissent de chaque ligne auraient frappé tout être normal. Néron ? On ne sait. Il a lu, c'est évident. Lecteur, jugez par vous-même :

« Aujourd'hui nous avons acquis le droit de nous révolter, parce que Domitius Ahenobarbus[1] a ruiné tout le monde romain, parce qu'il a mis à mort les meilleurs du Sénat, parce qu'il a tué sa mère, parce qu'il ne sauvegarde même plus la dignité de sa souveraineté. D'autres princes ont commis des assassinats, se sont livrés à des confiscations et autres outrages ; mais de quels mots qualifier le reste de sa conduite comme elle le mérite ! Mes amis, croyez ce que j'ai vu et entendu : j'ai vu, moi, cet homme, je l'ai vu, dis-je, sur la scène d'un théâtre, jouer de la lyre, porter le costume d'un piètre musicien et d'un mauvais histrion. Je l'ai entendu chanter, je l'ai entendu déclamer ; je l'ai vu couvert de chaînes et traîné dans la poussière ; je l'ai vu, lui, femme enceinte, accoucher sur le théâtre ! Je l'ai vu endosser les rôles de la légende et de la littérature. Un tel personnage, qui donc pourrait encore l'appeler César Auguste ? Ces titres sacrés, nul ne peut s'arroger le droit de les souiller ; ils ont été portés par les divins empereurs. [...] Aussi, pour en finir, dressons-nous et insurgeons-nous contre lui[2] ! »

La lecture achevée, Néron s'est-il levé, a-t-il jeté la proclamation à terre, l'a-t-il piétinée en hurlant ? Suétone : « Il reçut cette nouvelle avec indifférence et tranquillité. » Il ne songe même pas à annuler la visite au gymnase où on l'attend. Il assiste avec un intérêt non feint aux exploits des athlètes. Ayant faim, il réclame son souper. Cependant qu'il se restaure, on lui apporte de nouvelles dépêches, chacune plus inquiétante que la précédente. Alors seulement, « il s'emporta contre les révoltés en imprécations et en menaces ». Va-t-il réagir, écrire aux armées, ordonner aux gouverneurs de se mobiliser ? « Pendant huit jours, il ne

---

1. Vindex ne peut mieux affirmer son mépris à Néron qu'en le désignant par son nom d'origine.
2. Traduction proposée par Jacques Robichon, *op. cit.*

répondit à aucune lettre, ne donna aucun ordre, aucune instruction, ne parla point de cet événement, et parut l'avoir oublié [1] ».

A vrai dire, il ne prend au sérieux qu'une seule des injures formulées par Vindex : celle qui met en cause ses talents d'artiste. En proie à une peine profonde, il va, vient et, à tous ceux qu'il croise, adresse la même question :

– Connaissez-vous un plus grand artiste que moi ?

On lui apprend que les rebelles ont choisi Galba pour lui succéder. Il ordonne qu'on le tue. Retrouvant son calme, il adresse un message au Sénat annonçant que, s'il prolonge son séjour à Naples, c'est qu'il est atteint d'un fort mal de gorge. Il exige des Pères conscrits qu'ils vengent l'empereur et la république en faisant mettre à prix la tête de Vindex. Lequel, à peine informé, réagit à sa manière :

– Néron promet dix millions de sesterces à celui qui lui apportera ma tête. Moi, je promets ma tête à l'homme qui m'apportera celle de Néron.

Le cortège impérial s'achemine vers Rome. Ayant estimé qu'il ne pouvait différer son retour, Néron fait étape à Antium, où il retrouve la villa familiale ; puis à Albe, dans une autre de ses propriétés. Il sait maintenant que ses procurateurs n'ont pas réussi à assassiner Galba.

Depuis des semaines, les autorités impériales préparent l'événement. On est allé tirer des réserves de l'Empire le char conduit par Auguste lors de son propre triomphe. Il est gigantesque mais décrépit, on le remet en état et on l'enveloppe d'or. On y attelle une fois de plus des chevaux blancs : Néron y tient particulièrement. C'est par la *Porta Capenna* que l'empereur va faire son entrée. Revêtu d'une chlamyde pourpre semée d'étoiles, Néron a coiffé une couronne d'olivier sauvage, symbole de ses victoires olympiques. Dans sa main droite, il élève l'une de celles conquises aux jeux Pythiques.

---

1. *Vies des douze Césars*, « Néron », XL.

Toujours avides de participer à tout ce qui sort de l'ordinaire, les Romains se sont rassemblés en masse au long du parcours annoncé. Dès que le cortège paraît, ils l'acclament de confiance : en tête, de robustes gaillards brandissent les fameuses 1 808 couronnes. Les suivent des hommes qui élèvent très haut des panneaux sur chacun desquels est inscrit le nom de la ville ou du stade où Néron a remporté une victoire.

Des « applaudisseurs » patentés ont pris place au milieu de la foule. A l'apparition du char de Néron, ils hurlent : « O Olympique ! O Pythonique ! O Auguste ! Gloire à Néron Hercule ! Gloire à Néron Apollon ! Tu es le seul périodonique[1] ! O Voie sacrée ! Heureux ceux qui t'entendent ! »

Abasourdie, la foule découvre que le vainqueur impérial n'est pas seul sur le char : il a voulu auprès de lui le citharède Diodore. Est-ce pour qu'il soit applaudi ? C'est mal le connaître : il tient à rappeler que Diodore, aux jeux Olympiques, a été battu par lui ! « Partout sur le passage du char impérial, on immolait des victimes, on parsemait les rues de poudre de safran, on jetait des oiseaux, des rubans, des gâteaux. »

Derrière le char, défilent les *Augustani*, brigade bien connue des acclamations et ne se cachant nullement de l'être. Ils scandent :

– Nous sommes les Augustani, les soldats du triomphe[2] !

Militaires et sénateurs emboîtent le pas.

Depuis l'aube, il est impossible de trouver une seule place au Circus Maximus. Pour que le char d'Auguste puisse y pénétrer et considérant son volume, on a dû démolir l'une des arcades. A peine l'a-t-on traversé et l'on s'achemine vers le Vélabre d'où l'on gagne le Forum. Par la Voie Sacrée l'empereur accède au Palatin. Il se rend au temple d'Apollon pour y déposer une part – une part seulement – de ses 1 808 couronnes. Le reste, il le réserve à son propre palais.

---

1. Homme qui totalise les victoires remportées à tous les jeux de l'année (note de G. Walter).
2. *Vies des douze Césars*, « Néron », XXV.

Au-delà de l'inconscience, Néron regagne alors Naples où il est si bien. Vers le 15 avril, sortant du bain pour aller souper, il apprend que Galba s'est proclamé son successeur. Du coup, il renverse la table. « Pourtant, relate Plutarque, il se calme bientôt et, le Sénat ayant sur son ordre déclaré Galba ennemi de la patrie, il feint de rire de cette révolte et d'en plaisanter avec ses amis. » Il fait saisir les biens de Galba et les met aux enchères. Dès que Galba l'apprend, il fait vendre, lui, tout ce que Néron possède en Espagne.

Rentré à Rome, le Sénat reçoit de Néron une communication de la plus vive importance : il s'agit d'un modèle nouveau d'orgue hydraulique qu'il entend utiliser au cours de ses exhibitions publiques « si toutefois, lance-t-il ironiquement aux sénateurs, Vindex veut bien me le permettre ! ».

Nonobstant la rage le prend : on doit révoquer ou faire égorger les gouverneurs des provinces ! Assurer le même sort aux chefs des armées ! Les exilés sont tous des coupables, il faut se hâter de les mettre à mort ! De même que tous les Gaulois qui sont à Rome ! On invitera les sénateurs à un festin au cours duquel on les empoisonnera jusqu'au dernier ! Pour punir ces Romains qui osent tracer sur les murs des graffiti contre l'empereur, on fera de nouveau brûler la ville et on lâchera dans les rues des bêtes féroces pour empêcher ces ingrats de combattre les flammes ! Même si l'on a tendance à taxer Suétone d'exagération quand il énumère les phases incohérentes d'un tel plan, il faut le lire jusqu'au bout : « Il fut détourné de ces projets bien moins par le repentir de les avoir conçus que par l'impossibilité de les exécuter. »

Calmé en apparence, il annonce qu'il va prendre lui-même le commandement d'une expédition contre les rebelles. Tenant à rassembler en sa personne tous les pouvoirs, il se proclame seul consul. S'étant fait apporter les faisceaux, il déclare que sa décision est irrévocable :

– Dès que je serai en Gaule, je me montrerai sans arme aux légions rebelles. Je me contenterai de pleurer devant elles. Un prompt repentir me ramènera les séditieux et, le lendemain, au milieu de l'allégresse commune, j'entonnerai un chant de victoire que je vais d'ailleurs composer sur-le-champ.

Préparant cette expédition, il s'occupe avant tout du transport de ses instruments de musique. Il convoque ensuite les tribus urbaines : personne ne répond à l'appel. Il réquisitionne dans chaque maison les meilleurs des esclaves et oblige tous les ordres de l'Etat à remettre entre ses mains une partie de leurs fonds. Quant aux locataires – très nombreux à Rome –, ils doivent sur-le-champ verser au fisc une année entière de leur loyer. Résultat : personne n'obtempère.

S'évanouissent les velléités impériales. Néron renonce à prendre la tête des « volontaires » qui se sont dérobés et envoie Verginius Rufus, légat de Germanie, contre Vindex. Les deux armées se rencontrent à Vesontio (aujourd'hui Besançon). Les troupes de Germanie, parfaitement entraînées et remarquablement commandées, taillent en pièces l'armée improvisée de Vindex, moins nombreuse et fort peu aguerrie.

Conscient de sa défaite, Vindex se donne la mort. Confirmant le discrédit absolu où est tombé Néron, les soldats de Rufus s'empressent de proclamer empereur leur général, qui se récuse. Regagnant la Germanie à la tête de son armée, Rufus fait savoir *urbi et orbi* que seuls le Sénat et le peuple peuvent décider d'une succession impériale. Existe-t-il encore un Empire romain ?

Le ravitaillement de l'*Urbs* laissant de plus en plus à désirer – on frôle la famine –, la plèbe accourt pleine d'espoir pour assister à l'arrivée d'un bateau venant d'Alexandrie que l'on annonce plein de blé. Au débarquement, la foule constate que c'est de sable que le bateau est rempli. Interpellés, les matelots répondent que ce sable est destiné aux lutteurs du cirque de Néron. Le peuple qui s'en retourne laisse éclater sa haine.

Tout se délite dans l'Empire : en Italie du Nord, Rubrius Gallus adhère à la rébellion ; Fonteus Capito et ses légions de basse Germanie font défection. Néron ne soupçonne rien des succès remportés par Icelus, l'affranchi de Galba. Aux uns, il démontre l'incapacité de régner dans laquelle se trouve Néron ; aux autres, il rappelle les épreuves et les crimes de Néron dont leur famille a souffert. A tous, au nom de Galba, il multiplie les promesses. Jamais peut-être entreprise, mêlant aussi habilement information et désinformation, n'aura été aussi rondement menée. Dès lors rallié inconditionnellement à Galba, le Sénat s'emploie à soulever les prétoriens.

Néron affronte enfin la réalité. Début juin, il annonce à ses proches qu'il va demander asile au roi des Parthes. Si celui-ci refuse, il se réfugiera à Alexandrie. Que l'on mette en état la flotte à Ostie ! Quand Nymphidius Sabinus, préfet du prétoire, l'informe que celle-ci s'est mutinée – ce qui n'est nullement démontré –, il renonce.

Le 10 juin, c'est encore Nymphidius qui vient annoncer à l'empereur que la totalité de l'armée l'a abandonné : ce n'est vrai qu'en partie. Voyant Néron incapable de réaction, Nymphidius le presse de quitter immédiatement la Maison d'Or. Il est prêt à l'accompagner aux jardins Serviliens : lui-même y possède une demeure. L'empereur se souvient y avoir séjourné, en 65, au moment de la conjuration de Pison. Il accepte. A peine est-il installé et Nymphidius Sabinus disparaît. Néron ne le reverra plus. Ainsi lui est révélée la trahison de son favori.

La nuit est tombée. Epuisé nerveusement et physiquement, Néron gagne sa chambre et s'endort. Quand, quelques heures plus tard, il s'éveille, la nuit est encore profonde. Dans la demeure, aucun bruit, aucun signe de vie. Il s'élance à travers les couloirs, les chambres, les salons. Personne. Pas un seul de ses familiers, pas un prétorien, pas même un esclave. Quelques jours plus tôt, à sa demande, Locuste lui a livré du poison. S'il ne s'en est pas servi, est-ce parce qu'il l'a cherché en vain ?

A la même heure, le Sénat délibère dans un temple voisin. Alors que l'aube s'esquisse, Nymphidius Sabinus, en sa qua-

lité de préfet du prétoire, s'adresse aux tribuns et aux centurions pour les délier de leur serment de fidélité à Néron. On promet 40 000 sesterces à tout prétorien qui proclamera le nom de Galba.
Unanime, l'acclamation.

Néron a regagné sa chambre. Du bruit. Vient-on l'assassiner ? Les deux hommes qui surgissent le rassurent un peu. Il connaît bien Lucius Domitius Phaon, secrétaire impérial pour les finances, et Epaphrodite, ministre des Requêtes. Eux, du moins, ne veulent pas abandonner l'empereur. Phaon lui propose de gagner sa propre demeure située entre la via Salaria et la via Nomentana, à six kilomètres au nord de la ville. Personne ne saura qu'il s'y trouve. Néron accepte. Pourquoi paraphraser Suétone ? Il faut le lire : « Il monta à cheval, en tunique et pieds nus, comme il se trouvait ; il s'enveloppa d'un vieux manteau de couleur passée, il avait la tête couverte, un mouchoir devant la figure et, pour toute suite, quatre personnes, parmi lesquelles était Sporus. Il sentit soudain la terre trembler, il vit briller un éclair et fut saisi d'épouvante. En passant près du camp de prétoriens, il entendit les cris des soldats qui lançaient des imprécations contre lui et des vœux pour Galba. Un voyageur dit en apercevant cette petite troupe : "Voilà des gens qui poursuivent Néron." Un autre : "Qu'y a-t-il de nouveau à Rome touchant Néron ?" L'odeur d'un cadavre abandonné sur la route fit reculer son cheval ; et le mouchoir dont il se couvrait le visage étant tombé, un ancien prétorien le reconnut et le salua par son nom. Arrivé à un chemin de traverse, il renvoya les chevaux ; et, s'engageant au milieu des ronces et des épines, dans un sentier couvert de roseaux, où il ne put marcher qu'en faisant étendre des vêtements sous ses pieds, il parvint, non sans peine, jusqu'à la maison de campagne. Là, Phaon lui conseilla d'entrer pour quelque temps dans une carrière d'où l'on avait tiré du sable. Il répondit "qu'il ne voulait pas s'enterrer tout vivant" ; et s'étant arrêté pour attendre qu'on eût pratiqué une entrée secrète dans cette maison, il puisa dans sa main de l'eau d'une mare et dit, avant de la boire : "Voilà donc les rafraîchissements de Néron." Il se mit ensuite à arracher les ronces qui s'étaient attachées à son manteau ; après quoi il se traîna sur les mains, par une ouverture creusée sous le mur, jusque dans la chambre la plus voisine, où il se coucha sur un mauvais matelas garni d'une vieille couverture. La faim et la soif le tourmentaient de temps à autre ; on lui présenta du pain grossier qu'il refusa et de l'eau tiède qu'il but un peu [1]. »

Les heures coulent et meurt l'espoir. Sporus ne le quitte pas. Ses derniers fidèles le pressent : il ne doit pas attendre l'arrivée de ses ennemis et ne doit pas leur laisser l'avantage de le priver de vie. Il opine, demande que l'on commence à creuser sa tombe. Cependant que la fosse s'agrandit, on apporte à Phaon un billet. Néron le lui arrache. Il lit : le Sénat « l'a déclaré ennemi de la patrie et le fait chercher pour le punir selon les lois anciennes ». Il implore :

— Que sont ces lois anciennes ?

— On dépouille le criminel, on lui serre le cou dans une fourche et on le bat de verges jusqu'à la mort.

L'horreur. Néron se saisit des deux poignards qu'il a apportés avec lui. Il en essaye la pointe puis les remet dans leur gaine :

— L'heure fatale n'est pas encore venue.

Le petit Sporus pleure et se lamente. Néron murmure :

— Je traîne une vie honteuse et misérable. Je suis un lâche.

L'hellénisme si fortement implanté en lui prend le dessus.

— Cela ne convient pas à Néron, dit-il en grec. Cela ne lui convient pas. Il faut prendre son parti dans de pareils moments. Allons, réveille-toi.

Au loin dans la campagne, on entend le galop des cavaliers de Galba. Néron parvient à citer un vers grec :

Des coursiers frémissants j'entends le pas rapide.

---

1. *Vies des douze Césars*, « Néron », XLVIII.

Il pose un poignard sur sa gorge, fait signe à Epaphrodite de l'aider et s'exclame :

– Quelle mort pour un si grand artiste !

Le poignard s'enfonce. Le sang coule à flots. Néron gît sur le sol. Le centurion envoyé à sa recherche pousse la porte, l'aperçoit, se penche vers lui pour mieux se faire entendre :

– Je suis venu pour te secourir.

Dans un souffle ultime, Néron montre qu'il n'en croit rien :

– C'est là de la fidélité !

« Au moment où il expira, dit Suétone, ses yeux exorbités se fixèrent et leur expression inspira l'horreur et l'épouvante à ceux qui les virent[1]. »

---

1. *Vies des douze Césars*, « Néron », XLIX.

CHAPITRE XVI

Vers un empire chrétien

Dans la matinée du 8 juin 68, quelques paroles insidieuses se glissent entre les murs de Rome. Elles vont, viennent, prennent peu à peu la forme de rumeur. Néron mort ? Ceux qui ne supportent pas le doute se précipitent vers ces jardins Serviliens où l'on sait que Néron s'est installé. S'il est mort, là pourra se voir son cadavre.

La demeure est déserte.

A midi, la vérité explose dans la ville : l'homme haï a choisi la villa de Phaon pour mourir de sa propre main. Ceux qui jouissent d'une mémoire solide songent tout à coup qu'il s'est donné la mort au jour anniversaire du supplice d'Octavie. D'autres, plus habités par les chiffres, calculent qu'il n'avait que trente ans et six mois : bien jeune en vérité pour mourir.

Peu à peu, une foule hurlant une joie souvent mauvaise envahit la ville : des hommes coiffés du bonnet phrygien, symbole de liberté ; une masse hétéroclite associant aussi bien les survivants des conspirations déjouées que les partisans de Galba.

Elle n'a pu que passer inaperçue, la démarche de trois femmes à qui la postérité devrait au moins vouer du respect. La première : Acté, grand amour du jeune empereur et maintenant à la tête d'une immense fortune issue des largesses jamais interrompues de son amant. Les deux autres : Eclogé et Alexandra, ces nourrices qui, ayant choyé Néron enfant, l'ont tout au long de sa vie accompagné de leur tendresse. A peine informées, elles se précipitent à la villa Phaon pour réclamer l'honneur de procéder à la dernière toilette de leur « petit ». Acté semble être arrivée plus tard : il lui a fallu négocier auprès d'Icelus, l'affranchi de Galba devenu tout-puissant, le droit d'organiser, à ses frais, des obsèques qu'elle veut dignes d'un empereur. Icelus y a consenti.

Avant la nuit, sur le bûcher dressé dans le jardin de Phaon, les flammes consument lentement le corps de l'ex-empereur. Ses cendres vont emplir une urne confiée aux trois femmes. A en croire la somme démesurée de 200 000 sesterces déboursée par la plus fidèle des amies, on peut être sûr que les funérailles se sont situées à la hauteur de ses ambitions : Acté a pu recueillir les draperies blanches brochées d'or dont Néron s'était servi le jour des calendes de janvier. Ensemble, Acté, Eclogé et Alexandra ont porté l'urne au mausolée des Domitii. Quelques décennies plus tard, Suétone – témoin une dernière fois irremplaçable – verra ce tombeau élevé sur la colline du Pincio d'où l'on aperçoit le Champ de Mars. Il notera : « De porphyre, surmonté d'un autel en marbre de Luna, et entouré d'une balustrade en marbre de Thasos. »

Un bilan de ce règne ? Oublions les préjugés. Arrêtons-nous aux faits : à part les années où tout s'est effondré, Rome a connu la prospérité et la paix. Les citoyens de tout rang ont été favorisés d'une administration de qualité constante. Les guerres ? Celle contre les Parthes, la révolte de la Bretagne, celle de la Judée ? Aucune n'a affecté le niveau de vie des habitants de l'Empire. A l'exception des toutes dernières années, l'économie n'a jamais autant prospéré. Les grands travaux ont enrichi toutes les classes de la société. Florissant, le commerce. Quant à l'agriculture, le prix des terres ne cesse d'augmenter. Littéralement comblée de vivres, d'argent et de jeux, la plèbe a sincèrement aimé son empereur. Le règne de Néron serait-il le meilleur que Rome ait traversé ? Certains l'ont affirmé.

Si l'on veut comprendre pourquoi la popularité de Néron s'est changée en une haine si forte que l'Empire en est venu à ne plus le supporter, il faut s'adresser au personnage lui-même.

L'idée de conquérir le pouvoir n'a jamais hanté le jeune Néron. Seule l'y a conduit l'ambition d'une mère allant jusqu'à user du poison pour parvenir à son but. Lui-même ne ressentait de passion que pour le théâtre, la musique, les exercices du corps, les jolies filles et parfois les garçons. Ses sujets l'ont vu gai, voire exubérant, mais n'ont rien su de la sensibilité maladive dont il souffrait. Quand on lui dénonçait ceux qui pouvaient lui nuire ou attenter à sa vie, il tremblait. La confiance judicieusement accordée à Sénèque et Burrus a permis pour un temps de juguler cette angoisse. Une fois Burrus mort et Sénèque évincé, le naturel, conforté par l'absence de tout interdit moral ou religieux, l'a emporté. Le temps des crimes est arrivé. Mué en « histrion » – mot sans cesse répété sous son règne –, il a perdu le respect de ses sujets. Ayant d'abord cherché à composer avec le Sénat, il y a renoncé, se créant ainsi une cohorte d'ennemis n'existant plus que pour leur revanche.

De son règne il a fait une monarchie absolue fondée sur la répression. Ce fut le « néronisme ». On eût à la rigueur fermé les yeux sur les crimes. Ses dépenses inconsidérées et la crise économique qui s'est ensuivie ont achevé de fédérer contre lui toutes les oppositions.

Le croira-t-on ? Le suicide chez Phaon n'a pas convaincu tous les Romains. Et si l'on avait menti au peuple ? Et si Néron s'était enfui ? Quand on se pose de telles questions, la voie est ouverte aux imposteurs. L'histoire a retenu le faux Dimitri qui mit en péril Boris Godounov ; les faux Louis XVII ; le faux tsar Alexandre ; la fausse Anastasia. Etant donné la dimension de l'homme en question et peut-être la vigueur de la demande, plusieurs faux Néron se sont présentés : l'un d'eux en Asie, un autre en Grèce, un troisième chez les Parthes et si bien reconnu par eux qu'ils ont refusé farouchement de le remettre aux Romains. Il a fallu qu'il inquiétât fort pour que Rome le réclame longtemps en vain et avec une insistance croissante. Suétone : « Nous n'avons obtenu satisfaction à nos demandes qu'au prix des plus âpres difficultés. » Livré enfin, le faux Néron fut conduit à Rome. Tout porte à penser qu'il n'eut guère de raison de s'en réjouir.

Trouve-t-on, en histoire, rien de comparable à la succession de Néron ? On attendait Galba. Il devient empereur mais c'est à peine s'il règne : en janvier 69, les prétoriens le massacrent. Empereur à son tour, Othon est contraint d'affronter Vitellius, lui-même proclamé par les légions de Germanie. Vaincu en Italie, Othon se donne la mort. Elu empereur en juillet de la même année 69 par l'armée d'Orient qu'il vient de conduire à la victoire en Judée, Vespasien écrase, à Crémone, l'armée de Vitellius, lequel est égorgé sur le Forum par la lie du peuple.
Il était temps : un grand règne commence.

Au printemps 70, Titus, fils du nouvel empereur et chef des armées romaines de Judée, découvre, non sans effroi, les formidables murailles de Jérusalem. Il a vingt-neuf ans, les contemporains le voient beau, doté d'une autorité « faite de grâce et de majesté », d'une bravoure extrême et d'une vigueur que n'annonce pas sa petite taille. Bérénice, la princesse juive qui obsède ses jours et ses nuits, reste rarement éloignée de lui. Fille aînée du roi de Judée Agrippa Ier, sœur du roi Agrippa II, elle s'est mariée trois fois ; la présence d'une juive, même occasionnelle, au siège de la ville où vont mourir tant de ses frères en religion ne cessera d'étonner les générations[1].
C'est de son père que Titus tient l'ordre de prendre Jérusalem, place forte défendue par des juifs divisés entre eux mais résolus à combattre les Romains jusqu'à la mort. Combien sont-ils ? Flavius Josèphe, qui a le don de l'exagération numérique, avance le chiffre de 1 100 000 juifs ayant péri pendant le siège.

---

1. Il faut se rallier au jugement d'Emile Mireaux : « Plusieurs indices nous permettent de supposer qu'il en fut ainsi [de la présence de Bérénice au siège de Jérusalem] au moins par intermittence », *La Reine Bérénice* (1951).

A la tête de quatre légions aguerries et d'une cavalerie nombreuse auxquelles s'ajoutent des auxiliaires syriens et arabes – en tout 80 000 hommes –, Titus met le siège autour de la cité de David. Au-delà des murs, ses catapultes projettent des pierres dont le poids peut atteindre 50 kilos. Pour ouvrir des brèches, d'énormes béliers martèlent les fondations de la ville. Le plan de Titus est sans ambiguïté : il emprisonnera la ville comme en un étau, interdira à quiconque d'en sortir et moins encore d'y introduire de la nourriture. C'est par la faim qu'il entend venir à bout des défenseurs.

Flavius Josèphe témoigne qu'il y est parvenu : « La famine, s'enfonçant plus profondément, dévorait la population par maisonnées et par familles. Les toits étaient remplis de femmes et de nourrissons épuisés, les ruelles de cadavres de vieillards. Les enfants et les jeunes gens, le corps ballonné, tournaient comme des fantômes sur les places et s'abattaient là où la mort les saisissait. »

Le siège de Jérusalem commence en avril 70. Au prix d'incessants combats et de flots de sang répandus, il ne s'achèvera que le 3 septembre.

Pour semer l'épouvante parmi la population, Titus fait capturer tous les juifs qui s'essayent à fuir la ville. Chaque jour, cinq cents sont crucifiés. Un ultime assaut a raison de Jérusalem. Les Romains incendient le Temple, violent le Saint des Saints. Flavius Josèphe – lui encore – affirme que l'on a évacué 115 000 cadavres et fait 97 000 prisonniers. Infortunés que ceux-ci : nombre d'entre eux seront envoyés dans les cirques de l'Empire pour y affronter les bêtes fauves ou bien, désignés comme gladiateurs, envoyés à la mort. Le reste sera vendu sur les marchés d'esclaves.

Quel goût désormais un juif peut-il attendre de la vie ? Immense, le désespoir qui s'exprime dans deux apocalypses intitulées *II Baruch* et *IV Esdras*. A la fin du Ier siècle – seulement – l'autorité rabbinique, peu à peu reconstituée, décrétera qu'il faut mettre fin à un deuil qui entrave toute action et le remplacer par un jour de jeûne. Il perdure encore aujourd'hui.

Que sont devenus les chrétiens de Jérusalem ? Avant le siège, ils y étaient nombreux. L'autorité de l'évêque de la ville restait prépondérante aux yeux de fidèles épars sur trois continents. Faut-il croire à l'intervention divine dont, au IVe siècle, fera état Eusèbe de Césarée ? Un présage ou une vision aurait invité les chrétiens à quitter la ville avant le siège. Ils auraient alors gagné Pella, ville de Pérée : « C'est là que se transportèrent les fidèles du Christ après être sortis de Jérusalem, de telle sorte que les hommes saints abandonnèrent complètement la métropole royale des juifs et toute la terre de Judée. »

Cette fuite peut être – en partie du moins – tenue pour légendaire dès lors que l'on prend connaissance du conseil de guerre qui s'est tenu, le 9 août 70, autour de Titus, *pendant le siège*. On y débat de l'opportunité d'anéantir ou de préserver le Temple. En évoquant les juifs et les chrétiens, Titus se déclare étonné de « la lutte l'une contre l'autre de ces deux sectes en dépit de leur origine commune ». Il y a donc des chrétiens à Jérusalem.

De la prise de la ville et de la ruine du Temple aurait pu découler l'éclatement du judaïsme, voire sa disparition. Anéantis, les entreprenants zélotes, les orgueilleux saducéens et les ardents esséniens. Un seul groupe – le plus important – va assurer la survie du peuple élu : les pharisiens. Rassemblés autour de Raban Gamaliel II, ils s'acharnent à faire renaître une confiance largement ébranlée. Sans relâche, ils somment leurs frères non seulement de revenir à la Loi mais d'en faire une lecture exigeante.

S'observant d'assez loin, juifs et chrétiens vont donc coexister. Pour un temps.

Devenu empereur en 79, Titus meurt prématurément en 81. Il a pour successeur son frère Domitien, personnage sans relief que méprisent aussitôt l'aristocratie romaine et les philosophes païens. A l'instar de Néron, il se méfie de tout et de tous, y compris des juifs chassés de Jérusalem et qui ont, se plaint-il, envahi Rome. Il ne les distingue guère des chrétiens dont les croyances font sans cesse de nouveaux adeptes. Qu'elles risquent de contaminer l'aristocratie romaine, l'idée seule le met hors de lui : M. Acilius Glabrio, consul pour l'année 91, ne se cache pas d'appartenir à l'Eglise ! Flavius Clemens, cousin de Domitien, sa femme Flavia Domitille et leurs deux fils – héritiers présomptifs de l'empereur – osent se proclamer chrétiens !

Pendant quelques années, Domitien se contente de ressasser haines et rancœurs. Ne supportant plus son incapacité et ses foucades, l'aristocratie romaine, en 88, suscite sur le Rhin une rébellion militaire. Echec. La fureur impériale se déchaîne. Les conjurés appartenant à la noblesse sont traînés devant un Sénat de nouveau aux ordres. Sur les plus coupables, les condamnations à mort pleuvent. Les autres sont bannis.

Quoique rien ne prouve que des chrétiens aient pris part au complot, la persécution semble s'être étendue vers eux avec une violence telle que l'on comprend les termes utilisés par Clément dans sa lettre à l'Eglise de Corinthe : « les malheurs et les catastrophes » ont accablé les chrétiens de Rome. Ce qui encourage Domitien à donner libre cours à cette répression féroce, c'est l'hostilité – il faut le reconnaître – manifestée par la population à l'égard des disciples de Jésus. Au temps de Néron, les chrétiens étaient, « abhorrés pour leurs infamies ». Trente ans après sa mort, aux yeux de la plèbe comme de l'aristocratie, les chrétiens restent le réceptacle de tous les vices et, de ce fait, sont crus capables de tous les crimes. Il en sera encore de même cent ans plus tard. Tertullien résume amèrement cet état d'esprit : « Si le Tibre inonde, si le Nil n'inonde pas les campagnes, si le ciel est fermé, si la terre tremble, s'il survient une famine, une guerre, une peste ; alors un cri aussitôt s'élève : "Les chrétiens aux lions ! A mort les chrétiens !" »

Tous les prétextes sont bons. Parmi ceux déjà cités, Glabrio est exécuté comme « athée » et « novateur ». Flavius Clemens est condamné à mort pour « athéisme et mœurs juives ». L'Apocalypse de saint Jean fait référence à des persécutions exercées sur les Eglises de Lydie, de Phrygie et d'Asie, particulièrement celle d'Ephèse. De ce fait, l'attitude des chrétiens qui longtemps ont rêvé de devenir des Romains à part entière se modifie. Pour désigner Rome, ils prennent l'habitude de prononcer : Babylone. Même hostilité exprimée en Asie par les *Oracles sibyllins*.

La mort, en 96, de Domitien et l'avènement de Nerva, son successeur, vont être marqués par un reflux peu discutable des persécutions. On laisse en paix l'Eglise de Rome désormais gouvernée par un collège de presbytres.

En 98, Trajan succède à Nerva, son père adoptif. C'est sous son règne, infiniment plus tolérant que celui de Domitien, qu'est écrite, en 112, une lettre de Pline le Jeune à Trajan. Sur les rives de la mer Noire, Pline est gouverneur de la province du Pont-Bithynie. Pour la première fois, nous voyons l'autorité romaine s'interroger officiellement sur ces croyants d'un nouveau genre.

Pline le Jeune à l'empereur Trajan : « Voici la règle que [je me suis fixée] envers ceux qui m'étaient déférés en qualité de chrétiens. Je leur ai demandé à eux-mêmes s'ils étaient chrétiens. A ceux qui avouaient, j'ai posé la question une deuxième fois et [même] une troisième en les menaçant du supplice. Ceux qui persévéraient, je les ai faits exécuter : quoi que signifiât leur aveu, j'étais sûr qu'il fallait punir cet entêtement et cette obstination inflexible. D'autres, possédés de la même folie, je les ai faits inscrire, en leur qualité de citoyens romains, pour être envoyés à Rome. Comme il arrive en de telles occasions, l'accusation a révélé au cours de l'enquête plusieurs cas différents. »

Pline le Jeune classe les chrétiens en catégories : 1. ceux qui nient être chrétiens ou l'avoir été ; s'ils acceptent d'invoquer les dieux, de blasphémer le Christ et de sacrifier devant l'image de l'empereur, il les relâche ; 2. ceux dont le nom a été livré par un délateur : comme « tous ceux-là aussi ont adoré ton image ainsi que les statues des dieux et ont blasphémé le Christ », il les a laissés libres ; 3. ceux qui tentent de s'expliquer : « Ils affirmaient que toute leur faute, ou leur erreur, s'était bornée à avoir l'habitude de se réunir à un jour fixe avant le lever du soleil, de chanter entre eux alternativement un hymne au Christ comme à un dieu, de s'engager par serment non à perpétrer quelque crime, mais à ne commettre ni vol, ni brigandage, ni adultère, à ne pas manquer à la parole donnée, à ne pas nier un dépôt réclamé. Ces rites accomplis, ils avaient coutume de se séparer et de se réunir encore pour prendre leur nourriture qui, quoi qu'on en dise, est ordinaire et innocente. Même cette pratique, ils y avaient renoncé après mon arrêté par lequel j'avais, selon tes instructions, interdit toutes sortes d'assemblées. »

A mesure de ce qu'il découvre, la perplexité de Pline grandit : « Aussi ai-je suspendu le procès pour te consulter. L'affaire m'a paru mériter cette consultation, en raison surtout du nombre des accusés. Il y a une foule de personnes de tout âge, de toute condition, des deux sexes aussi, qui sont ou seront mises en péril. Ce n'est pas seulement dans les villes mais aussi à travers les villages et les campagnes que s'est répandue la contagion de cette superstition. Il me semble pourtant qu'il est possible de l'enrayer et de la guérir. »

La réponse de l'empereur ne se fait pas attendre. Trajan à Pline le Jeune : « Très cher Pline, tu as suivi la voie que tu devais dans l'instruction du procès des chrétiens qui t'ont été déférés, car il n'est pas possible d'établir une règle certaine et générale dans cette sorte d'affaires. Il ne faut pas s'interroger outre mesure : s'ils sont accusés et convaincus, il faut les punir. Si pourtant l'accusé nie qu'il est chrétien, et qu'il le prouve par sa conduite, je veux dire en invoquant les dieux, il faut pardonner à son repentir, de quelque soupçon qu'il ait été auparavant chargé. Du reste, dans aucun genre de crime on ne doit accepter des dénonciations qui ne soient identifiées : cela est d'un exemple pernicieux et très éloigné de nos maximes. »

De cette lettre on retiendra l'inquiétude d'un grand commis de l'Empire, la prudence de l'empereur et, pour l'histoire, le constat d'un très grand nombre de convertis en Bithynie. La position exprimée par Trajan semble définir une attitude plus qu'une jurisprudence : aucune loi ne caractérisera les fautes qui pourront être reprochées aux chrétiens.

Abstention qui, trop souvent, causera leur perte : les fidèles de l'Eglise entrent en une période de totale précarité. Ils se savent exposés à être condamnés pour le seul fait qu'ils sont chrétiens.

Durant la première moitié du IIe siècle, malgré les obstacles multipliés, l'expansion de la foi se poursuit. Paradoxe : déjà surgissent des crises internes. Simple logique : plus nombreux sont les chrétiens et davantage ils s'interrogent. Des courants se créent qui peuvent se muer en déviations, voire en hérésies. On se perd entre les ébionites qui nient la divinité de Jésus, les partisans de l'elkhasaïsme, les nicolaïtes, les mandéens peut-être apparentés à la doctrine essénienne, les simoniens, les disciples de Ménandre, de Cérinthe. Certains ne veulent voir en Jésus qu'un homme, d'autres s'interrogent : et s'il n'était qu'un prophète ? La seule doctrine qui, aujourd'hui, donne prétexte à des commentaires abondants n'est autre que celle des gnostiques.

Selon Bart D. Ehrman, directeur du département d'études religieuses à l'université de Caroline du Nord, il est légitime, pour désigner le mouvement gnostique, d'user du terme général *gnosticisme* malgré les énormes différences qui existent en son sein. On se le permet bien pour le judaïsme et le christianisme[1].

Le mot vient du grec *gnôsis*, lequel signifie connaissance. Les gnostiques se désignent comme « ceux qui savent ». De toute éternité, le judaïsme et, dans sa lignée, le christianisme ont enseigné que le monde était né d'un seul Dieu, lequel a répandu sa bonté sur ses créatures. Pour la plupart des gnostiques, ce créateur serait loin d'être le seul. Il s'agirait seulement d'une « déité subalterne et souvent ignorante ». Au sommet se situerait l'être divin ultime, esprit absolu, « sans aucun aspect ou attribut matériel » de qui serait sortie une progéniture composée d'entités spirituelles appelées *éons*.

---

1. Bart D. Ehrman, « Le Christianisme sens dessus dessous », in *L'Evangile de Judas* (2006).

Une catastrophe cosmique aurait jeté l'un de ceux-ci hors du royaume divin, lui permettant ainsi de procréer d'autres êtres « de qualité moindre ». L'un d'eux aurait créé notre monde. Enfermés dans une chair périssable, nous ne pouvons nous en évader qu'à une condition : accéder à la connaissance. Elle ne peut nous parvenir que d'en haut grâce à un « émissaire ».

Jésus est-il l'un de ceux-ci ? Les chrétiens égarés dans la dialectique gnostique veulent le croire. Ce qui va les exposer aux foudres d'Irénée de Lyon qui, vers 180, range les gnostiques au premier rang de ceux qu'il faut pourchasser.

Malgré les textes gnostiques nombreux qui nous étaient parvenus antérieurement, il a fallu, pour comprendre l'ampleur et l'importance du mouvement, la découverte, en décembre 1945, dans un champ labouré situé aux environs de la ville de Nag Hammadi (Haute-Egypte), d'un véritable trésor archéologique : des évangiles apocryphes restés inconnus, les uns anonymes, l'un attribué à l'apôtre Philippe, un autre à l'apôtre Thomas [1]. Nul doute : les écrits découverts près de Nag Hammadi étaient d'ordre gnostique.

Pour les gnostiques, le monde est double : l'un est d'En bas, œuvre d'un esprit démoniaque et mauvais ; l'autre, d'En haut, ne peut s'acquérir que par la seule connaissance. Un chrétien gnostique est-il encore chrétien ? Il le croit mais ne voit en Jésus que la représentation allégorique du salut auquel peuvent accéder ceux qui savent. Le lecteur ressentira-t-il, comme moi, l'impression de tourner en rond ? Il faut croire que les gnostiques se sont sentis, eux, parfaitement à leur aise puisque le gnosticisme s'est perpétué, au sein et en marge de l'Eglise, entre le IIe et le IVe siècle [2].

L'un des événements de l'année 2006 fut assurément la publication de l'*Evangile de Judas*, d'évidence apocryphe

---

1. L'Evangile de Thomas a fait grand bruit lors de sa publication. Outre les paroles de Jésus connues par Marc, Matthieu, Luc et Jean, il en proposait d'inédites en nombre non négligeable. Cf. *L'Evangile de Thomas*, traduit et commenté par Jean-Yves Leloup (1986).

2. Philippe-Jean Catinchi et Maurice Sartre, « Procès en révision », *Le Monde*, 11 août 2006.

puisque rédigé plus d'un siècle après la mort de ce Judas. Le texte, attaqué par Irénée de Lyon mais perdu depuis lors, a été retrouvé en Moyenne-Egypte, dans la région de Minieh, au cours de fouilles pratiquées dans les années 1970 et publié, après une infinité d'aventures insensées, sous les auspices de la *National Geographic Society*.

Il ne peut échapper aux lecteurs de l'Evangile de Judas que son auteur inconnu était gnostique. Il propose un long dialogue au cours duquel Jésus enseigne à Judas, son disciple bien-aimé, la vérité sur la hiérarchie des mondes : « Les douze éons de douze luminaires constituent leur père, avec six cieux pour chaque éon, de sorte qu'il y a soixante-douze cieux pour les soixante-douze luminaires... » Judas n'est autre que l'instrument privilégié destiné à délivrer Jésus de son corps trop humain. Le ciel recèle beaucoup d'étoiles mais celle de Judas est unique. Jésus lui déclare : « L'étoile qui est en tête de leur cortège est ton étoile[1]. »

C'est par suite du foisonnement des textes apocryphes que l'Eglise du IIe siècle a renforcé son organisation interne. N'a-t-on pas vu, entre 100 et 200, surgir des évangiles attribués aussi bien à Marie – mais oui ! –, à Pierre, Philippe, Jacques, Marcion ou Basilite ? S'y ajoutent des Actes prêtés à Pierre, Jacques, Jean, Paul, André, quelques épîtres – dont l'une ayant pour auteur Ponce Pilate ! – et un certain nombre d'Apocalypses tout aussi fausses – celles de Jacques, de Pierre et de Paul – tendant à servir de pendant au chef-d'œuvre de saint Jean.

Dès le IIe siècle, pour désigner les textes dont la vérité est admise, on emploie le mot grec *kanon*, devenu canon, emprunté à l'hébreu *guaney* – roseau servant à mesurer. Le mot « canonique » qui en dérive mettra longtemps à s'imposer. Origène l'applique le premier aux Livres saints. Les Pères de l'Eglise se sont résolus à opérer un choix. En 382, sous le pontificat de Damase, le mot s'appliquera à la liste

---

1. Introduction par Marvin Meyer à l'*Evangile de Judas*.

des livres bibliques officiellement reconnus : il existe donc des écrits canoniques et d'autres qui ne le sont pas.

L'ensemble des canoniques compose le Nouveau Testament, les autres sont rejetés sans appel ni même discussion. Il faudra attendre le XXe siècle pour que l'on se penche sur ces textes auxquels leur antiquité accorde le mérite, au moins, d'être étudiés. Ainsi, parmi beaucoup d'autres, peut-on citer les Actes de Paul, datés du IIe siècle : ils n'en contiennent pas moins des données utiles à l'historien.

Justin nous a transmis une lettre de l'empereur Hadrien (117-138), fils adoptif de Trajan et fort peu acharné contre les chrétiens. Elle est adressée à Minucius Fundanus, proconsul d'Asie. L'empereur rappelle qu'il ne faut pas condamner les chrétiens sur une simple délation mais instruire, à l'occasion de chaque cas, un procès en règle. On sanctionnera gravement ceux qui auraient accusé à tort.

Antonin (138-161), fils adoptif et successeur d'Hadrien, professe des idées identiques. Pour les chrétiens, le danger ne viendra plus des autorités mais des critiques féroces formulées par des écrivains de talent. Entre autres, Fronton se porte garant que les fidèles du Christ adorent une tête d'âne, immolent un enfant dans les cérémonies d'initiation et, au regard de tous, se possèdent les jours de fête entre frères et sœurs.

Si le philosophe cynique Crescens admet le courage des chrétiens devant la mort et les voit même capables – quel éloge sous son stylet ! – de philosopher convenablement, il s'attriste aussi de leur crédulité. Avec Celse, on revient aux injures, et quelles injures ! Y compris leur Christ et ses apôtres, les chrétiens sont des gens sans scrupules habiles à tromper leur monde, du vrai gibier de potence. Leur doctrine est faite d'emprunts effrontés et mal compris aux religions traditionnelles. Leur existence est en soi un péril pour la cité.

Pour connaître le règne, inauguré en 161 par Marc Aurèle, il faut lire au moins l'une de ses célèbres *Pensées* : « C'est le propre de l'homme d'aimer même ceux qui l'ont offensé.

L'hostilité des hommes entre eux est contre nature. Aime le genre humain. » Est-il chrétien ? Non pas. Le remarquable est qu'il met en pratique les principes qu'il professe : plutôt que d'élever un monument à la gloire de son épouse décédée, il crée une fondation charitable qui accueille cinq mille petites filles pauvres ; il prend à sa charge les funérailles des indigents, améliore notablement la condition des femmes, des enfants et des esclaves.

Marc Aurèle ne laisse que des regrets mais aussi un fils du nom de Commode qui, en aucun cas, ne saurait justifier son nom. Fier de sa taille et de sa force, ce colosse se livre à une débauche effrénée. Ses actes de barbarie le font comparer à Caligula. Il ne se sent heureux que dans l'arène. Plus de sept cents fois, il y descend sous l'habit de gladiateur. Il tue à coups de flèches cent ours à lui seul et, en trois jours, égorge de ses mains un tigre, un hippopotame et un éléphant. Quel sort réservera-t-il aux chrétiens ? Ils tremblent. Or ils ne l'intéressent nullement et vivront en paix sous son règne. Bien mieux : apprenant que certains de ses serviteurs venaient d'être, parce que chrétiens, condamnés aux travaux forcés, il les gracie.

A peine Commode est-il conduit au tombeau et l'Empire sombre. Les prétoriens proclament un empereur dont les armées ne veulent pas : chacune d'elles propose son propre élu. S'ensuivent quatre années de guerre civile jusqu'au moment – en 193 – où Septime Sévère, chef de l'armée du Danube, prend le pouvoir. Méprisant le Sénat, il ne gouverne qu'avec l'appui inconditionnel de l'armée qu'il comble de faveurs. Ce qui ne s'est jamais vu, il installe une légion aux portes de Rome.

Ne songeant, dans les premiers temps de son règne, qu'à affirmer son pouvoir, il se préoccupe peu des chrétiens. Sûr enfin que personne n'osera plus lui chercher noise, il finit par s'inquiéter de ce qu'ils sont. Leur nombre, la force d'une foi sans cesse proclamée lui révèlent l'existence d'une opposition potentielle. Un séjour en Orient où les chrétiens abondent semble lui avoir servi de révélateur. Pour faire rentrer les fidèles de Jésus dans le rang, ses prédécesseurs se sont souvent bornés à laisser s'exprimer la haine populaire. Septime agit par une loi – le rescrit de 202 – qu'appliquera une administration logiquement à ses ordres. Interdiction de convertir quelqu'un au christianisme. Interdiction même d'accepter de se laisser convertir. Etre chrétien devient un crime. Seule sanction : la mort.

Ainsi s'engage la grande persécution de Septime Sévère. Les arrestations à domicile se doublent de rafles sur toute l'étendue de l'Empire. Les martyrs ne se comptent plus. Nombreux sont les saints du calendrier à avoir conquis leur « titre » dans un amphithéâtre au temps de Septime. Le grand Tertullien osera s'adresser en ces termes au proconsul de Carthage : « Que feras-tu de tant de milliers de personnes, de tant d'hommes et de femmes, de tout sexe, de tout âge, de tout rang, qui s'offriront à toi ? Combien te faudra-t-il de bûchers et de glaives ? Et Carthage ? Qu'aura-t-elle à souffrir ? Devras-tu donc la décimer ? Parmi les condamnés, chacun reconnaîtra des proches, des amis, des hommes de ton rang, des matrones de ta classe, peut-être des amis à toi, ou des amis de tes amis. Epargne-toi toi-même, sinon nous ; sinon toi, épargne Carthage ! »

Caracalla (211-217), fils de Septime Sévère, commence par se montrer plus sanguinaire encore. Son revirement soudain sera accueilli comme une grâce : s'il n'abroge pas le rescrit paternel, il fait connaître qu'il n'est pas nécessaire de l'appliquer. Les chrétiens respirent.

Quand l'un de ses gardes poignarde Caracalla, l'Empire plonge de nouveau dans l'anarchie : vingt-six généraux élus par leurs soldats sont tour à tour reconnus empereurs par le Sénat ; un seul échappe à une mort violente. Certains se maintiennent un peu plus longtemps que les autres : c'est le cas de Decius (248-251) qui, s'acharnant à redonner des règles aux Romains, estime que le retour au culte traditionnel s'impose. Qui refusera de s'y rallier sera un traître à Rome. L'édit de 250 met en cause tous ceux qui, par leur conduite, affichent leur mépris pour la religion de l'Empire. Origène s'écrie que l'édit vise « à exterminer partout le nom même du Christ ». L'une des premières victimes n'est autre, à Rome même, que le pape Fabien, exécuté le 20 janvier 250. Les condamnés ne le sont pas toujours à la peine capitale. Un grand nombre est promis à l'abominable travail des mines : sans répit, à peine nourris, ils y travaillent sous le fouet. Ceux qui, fers aux pieds, y descendent n'en remontent jamais.

La persécution de Decius paraît n'avoir pas survécu à sa mort. En accédant à l'Empire, Valérien – il règne de 253 à 259 – se montre si tolérant que l'on croit y voir l'influence de sa bru. Il est vrai que le palais impérial est maintenant hanté par tant de chrétiens que Denys d'Alexandrie peut s'écrier : « Le palais impérial ressemble à une église ! »

Et de nouveau tout change ! Deux édits successifs (257 et 258) aggravent les poursuites et les peines contre l'ensemble de la société chrétienne. Un tel revirement découle-t-il des dangers de toutes sortes qui frappent gravement l'Empire ? Les Goths galopent jusqu'à la mer Egée ; les Francs, les Alamans, les Germains franchissent le Rhin ou le Danube ; les Perses du roi Sapor menacent Antioche. Macrien, ministre de Valérien, aurait persuadé l'empereur que de tels malheurs étaient le fruit de sa trop grande tolérance envers une religion impie. Les édits frappent cette fois l'Eglise à la tête. Le pape Sixte II est mis à mort. Une foule d'évêques périssent. On a gardé le souvenir de Fructuosus, évêque de Tarragone, conduit devant le gouverneur et du bref dialogue qui s'est engagé :

– Tu es évêque ?
– Je le suis.
– Tu l'as été.
On le pousse au bûcher.

Revirement, encore, avec Gallien, fils de Valérien. Accédant au pouvoir en 259, il annule tous les procès intentés aux chrétiens. Les biens d'Eglise confisqués sont restitués. Tout démontre une volonté de reconnaître la religion chrétienne en tant que telle.

Quand des empereurs-soldats tels qu'Aurélien (270-275) et Dioclétien (284-305) mettent provisoirement fin à l'anarchie qui persiste dans l'Empire, les chrétiens peuvent se croire parvenus au jour où nul ne songera plus à s'en prendre à eux.

Cependant que l'Empire est confronté à plusieurs tentatives de sécession, le christianisme fortifie une organisation qui, sans pouvoir être comparée à l'administration impériale, se campe solidement face à elle. En tous les points de l'Empire, les évêques incarnent la force de la foi. Quand l'importance de l'Eglise locale et l'absence de persécution le permettent, le clergé se subdivise le plus souvent en sept ordres : les évêques (épiscopes), élus par les fidèles ; les prêtres (presbytres), vivant pour la plupart en collège proche de leur évêque ; les diacres – assistés de sous-diacres quand c'est nécessaire –, chargés principalement des services liturgique et caritatif ; puis, outre ces trois ordres majeurs, selon les besoins et les possibilités de chaque Eglise locale, les acolytes, les lecteurs, les exorcistes et les portiers qui assurent des ministères secondaires. Cette harmonieuse hiérarchie ne prendra vraiment corps et ne se généralisera progressivement qu'à partir du IVe siècle, avec la paix constantinienne. Il en va de même pour les conciles ou synodes qui, aux IIe et IIIe siècles, ne se tiennent qu'à l'échelon local. L'autorité de ces assemblées à visée doctrinale ou disciplinaire ne s'imposera à l'ensemble des Eglises qu'après le premier concile œcuménique convoqué, en 325, à Nicée par l'empereur Constantin pour régler la querelle de l'arianisme.

L'évêque de Rome confirme sa primauté. Après Victor (189-199) et Zéphyrin (199-217), voici Calliste (217-222) dont l'origine n'a nullement freiné l'ascension : ancien esclave, employé de banque, forçat condamné aux mines, gouverneur d'un cimetière, il a tenu tête à Septime Sévère lors de la grande persécution et combattu efficacement les hérésies développées parmi les chrétiens ; il mourra assassiné.

Après les papes Urbain (221-230), Pontien (230-235), Anteros (235-236), leur successeur Fabien (236-250), grand organisateur, divise Rome en sept régions mais subit lui aussi le martyre. Corneille (251-253) lutte contre les schismatiques et les hérétiques ; Denys de Rome (259-268) prend la suite de Lucius (253-254), d'Etienne (254-257) et de Sixte II (257-258). Il restera célèbre pour avoir collecté des fonds destinés à racheter les chrétiens prisonniers des Goths. Viennent alors Félix (270-275), Eutychianus (275-283), Gaius (283-296), Marcellin (296-304).

Est-ce à dire que l'Eglise chrétienne, génération après génération, verrait enfin couronnée la mission qu'elle a reçue des apôtres ? Triomphant de son martyrologe, est-elle devenue une force dans un Empire qui s'effrite ?

Dioclétien, nouvel empereur (245-313), est issu du tout petit peuple. Né à Salona, non loin de la ville croate aujourd'hui dénommée Split, il y fera élever, à l'apothéose de son règne, le palais dont les ruines fort bien conservées émerveillent toujours le visiteur.

A chaque rencontre on est saisi par la grandeur émanant des palais, des portiques, des colonnes – elles ont soutenu la plus audacieuse des coupoles de l'époque –, du mausolée édifié sur les ordres de celui qui, à jamais, voulait y reposer. On ne résiste pas à évoquer le jeune homme – petit-fils, disait-on, d'un esclave – engagé très tôt dans l'armée, progressant rapidement de grade en grade. L'armée le proclame empereur. Les monnaies restituent un visage carré, massif. Chateaubriand le dépeint réglé dans ses mœurs, patient dans ses entreprises, sans plaisir et sans illusions, ne croyant point aux vertus, n'attendant rien de la reconnaissance. Quand il prend le pouvoir, l'Empire est en une sorte d'agonie. Burgondes et Alamans poursuivent leurs agressions ; sur les rives de la Manche, Saxons et Francs pillent à qui mieux mieux ; en Afrique du Nord, les Kabyles se soulèvent ; les Bagaudes ravagent la Gaule, amplifiant leurs rapines par des massacres. Périodiquement, en Bretagne ou en Egypte, des anonymes se font empereurs.

Un empereur unique ne pourra faire renaître l'ordre sur un aussi vaste territoire : telle est la réflexion de Dioclétien.

En 286, l'Empire se divise : l'Orient revient à Dioclétien, l'Occident au rude soldat Maximien, inculte et farouche mais dont la fidélité est exemplaire. Pour susciter un respect universel, Dioclétien exige qu'on l'appelle désormais Jupiter ; Maximien préfère Hercule. Il fallait y penser. La dyarchie est née.

Maximien réprime le soulèvement des Bagaudes et repousse les Germains. Allié en Orient au roi de Perse, Dioclétien récupère les territoires perdus de Mésopotamie et dote de son protectorat l'Arménie. Le système ayant démontré son efficacité, les deux empereurs, en 293, vont plus loin : ils s'adjoignent chacun un associé qui prend le nom d'empereur. C'est la tétrarchie.

Afin de faire face au problème de succession, Dioclétien adopte Galère, soldat dont, dit un contemporain, « l'aspect seul inspirait la crainte ». Maximien en fait autant en adoptant Constance Chlore, l'un des rares militaires cultivés de l'époque. Confirmant la restauration de l'Empire, Dioclétien et Maximien se proclament Auguste ; les deux adjoints deviennent César. Non content de faire rédiger des codes et de nouvelles lois, Dioclétien ressuscite les conseils impériaux, place une armée sédentaire aux frontières et une autre, mobile, à l'intérieur. Las, comme trop d'autres avant lui, il se prend à méditer sur la place, dans une telle restauration, à donner à la religion de l'Empire.

Dès 303, les assemblées chrétiennes sont interdites. On programme la destruction des églises et des livres sacrés, on ôte aux chrétiens leurs droits civiques, leurs dignités et honneurs, voire leur liberté. Hésitant jusque-là sur l'ampleur de la persécution à entreprendre, Dioclétien décide que l'on ira jusqu'au bout. Son épouse et sa fille sont très proches des chrétiens ; elles doivent prêter serment qu'elles restent païennes. Le grand chambellan Dorothé est évêque ; on l'arrête ainsi qu'un grand nombre de prêtres ; la plupart périssent sous la torture. Dix ans : c'est la durée de la nouvelle persécution. Dix encore ! Dix de plus ! De quelle force d'âme ces hommes et ces femmes s'arment-ils pour rester chrétiens ? « En Arabie, relate Eusèbe, on tuait à coups de hache. En Cappadoce, on coupait les jambes. En Mésopotamie, certains furent pendus les pieds en haut, la tête en bas, et l'on allumait au-dessous d'eux un feu dont la fumée les étouffait. Quelquefois, on coupait le nez, les oreilles ou la langue. Dans le Pont, on enfonçait des pointes de roseau sous les ongles ou, à d'autres, on versait du plomb fondu dans les parties les plus sensibles. »

Cependant qu'en Orient Galère se déchaîne, Constance Chlore est, en Occident, pratiquement acquis aux idées chrétiennes. Il limite de son mieux la répression.

L'événement de mars 305 est sans précédent : Dioclétien et Maximien abdiquent en même temps et se retirent dans leurs domaines respectifs.

Sur ordre de Constance Chlore, la double abdication va marquer en Occident la fin de toute persécution. A Rome, les chrétiens peuvent élire librement le pape Marcel et réorganiser leurs paroisses. Par contre, le nouveau César de l'Orient remet en vigueur les méthodes de son oncle Galère. Incroyable : la fin des horreurs viendra de Galère lui-même. Atteint d'une maladie qui déchire sa chair, il prend ses souffrances tel un châtiment. Le 10 avril 303, on affiche sur les murs de Nicomédie un édit – également promulgué en Occident – qui donne aux chrétiens le droit d'exister. S'ils respirent, Maximin Daïa, successeur fanatique de Galère, leur donne tort en ordonnant – est-ce pensable ? – de nouvelles persécutions. Condamné par l'opinion publique, il finit par baisser les bras. La voie est ouverte à un prince de trente-deux ans, fils de Constance Chlore et de son épouse Hélène, depuis longtemps chrétienne. Son nom est Constantin.

Il est né à Nis, ville de l'actuelle Serbie, alors appelée Naissus. L'ayant traversée, j'y ai vu les remparts d'une citadelle byzantine, des tombeaux byzantins et une forteresse ottomane. Dioclétien a voulu que grandisse auprès de lui le fils de ce Constance Chlore qu'il appréciait tant. A quinze ans, le jeune homme entre dans l'armée. A dix-huit, il atteint le grade de « tribun de premier rang » et se fait apprécier, au combat, par son courage. Après l'abdication de Dioclétien, Galère l'a si vivement incité à demeurer auprès de lui que tous ont compris qu'il s'agissait d'un ordre. Il a fallu que Constantin arguât de la maladie de Constance, son père, pour que le vieux Jupiter, à contrecœur, l'autorise à se rendre à son chevet. Constance est si peu agonisant qu'il est engagé, en Angleterre, dans une nouvelle campagne à laquelle il tient à associer Constantin. En 306, quand il meurt, les légions font de Constantin un Auguste. Furieux, Galère le réduit à la dignité de César. Contre les Francs et les Alamans, Constantin remporte victoire sur victoire suscitant de la part de ses troupes un attachement décuplé.

Les événements se précipitent au point que nous avons quelque difficulté à en suivre le déroulement. Maxence s'empare de Rome, se proclame Auguste et rappelle auprès de lui son vieux père Maximien. Maîtres de l'Italie, ils jugent opportun de s'adjoindre Constantin dans l'éventualité d'une action toujours possible des héritiers de Galère. Un mariage fortifie l'alliance : Maximien donne à Constantin sa fille Fausta dont on vante la beauté. Ne doutant pas d'être toujours seul souverain, Maxence occupe, à Rome, les palais impériaux, ce que tolère de moins en moins Constantin occupé à défendre la frontière du Rhin. Au printemps de 312, voyant celle-ci assurée, il marche sur Rome avec quarante mille hommes. Maxence en réunit cent mille, presque tous venus d'Afrique. Au premier choc, le 27 octobre 312, l'armée de Maxence perd pied. Emmenant avec elle l'Auguste, elle se replie. Engagé sur un pont de bateau qui s'effondre, Maxence se noie. Quand, le lendemain, on retrouve son cadavre dans le Tibre, on le décapite et, au bout d'une pique, on promène sa tête à travers les quartiers de l'*Urbs*.

Le 29 octobre 312, Constantin fait une entrée triomphale dans Rome. On lui décerne les honneurs divins qu'il accepte volontiers et on lui élève une statue ayant l'éclat de l'or. En 313, pour le premier anniversaire de sa victoire, on dresse un arc de triomphe orné d'une inscription par laquelle

Constantin confie que, s'il a vaincu, c'est « par une inspiration de la divinité » : profession de foi qui a le mérite de s'adresser aussi bien aux païens qu'aux chrétiens. Constantin confiera plus tard à Eusèbe de Césarée qu'il a vu dans le ciel une croix lumineuse et entendu une voix prononcer : « Par ce signe, tu vaincras. » La nuit suivante, nouvelle vision : les lettres grecques *Ch* et *R*, initiales superposées de *Christos,* lui sont apparues. Il les fera inscrire sur ses enseignes.

Constantin s'est-il, à cette époque, réellement considéré comme chrétien ? Le récit à Eusèbe – que reproduira l'historien Lactance vers 318 – reflète-t-il la vérité ? Objection souvent exprimée : Constantin n'a reçu le baptême qu'à l'article de la mort. Ses défenseurs s'empressent de rappeler que les persécutions ont appris aux chrétiens d'alors, exposés sans cesse à la mort, à retarder le baptême jusqu'au moment où ils étaient sûrs de paraître devant Dieu.

Ne serait-ce pas plutôt que Constantin, politique-né, prenant conscience du grand nombre de chrétiens dans l'Empire, a voulu se les rallier pour s'en faire un soutien ? Il serait vain de nier une telle intention, vain aussi d'omettre les prières chrétiennes entendues par lui, depuis l'enfance, de sa mère Hélène. Vain enfin de méconnaître que les plaies ouvertes par les « hérésies » ne sont pas refermées. Chacune d'entre elles a gardé ses zélateurs. La plus récente et la plus obsédante est celle d'Arius pour qui Jésus est le fils de Dieu mais seulement par adoption. Les ariens se sont tant multipliés qu'ils ont leurs évêques, lesquels réclament les églises et tous les biens à tort attribués à leurs collègues non ariens.

Au début de l'année 313, Constantin se rend à Milan pour assister au mariage de sa sœur Constantia avec Licinius, Auguste d'Orient. Cependant que les Milanais s'extasient au spectacle des cérémonies grandioses, les deux beaux-frères s'entretiennent de la politique commune à mener dans l'Empire à l'égard des chrétiens.

Deux mois plus tard, on publie un document désigné depuis sous le nom – discutable – d'édit de Milan. Même s'il ne s'agit que d'un simple procès-verbal, le résultat ne peut être méconnu : les deux Auguste reconnaissent explicitement la religion chrétienne. « Nous voulons que quiconque désire suivre la religion chrétienne puisse le faire sans crainte aucune d'être inquiété. Les chrétiens ont pleine liberté de suivre leur religion. » Suivent des décisions capitales pour ceux qui en sont l'objet : l'Etat restituera aux chrétiens leurs lieux d'assemblée, leurs cimetières et tout ce qui, avant les proscriptions, pouvait leur appartenir.

Licinius fait exécuter les mesures nouvelles dans les Etats qui viennent de lui revenir. Les deux empereurs n'en tiennent pas moins à affirmer : « Ce que nous accordons aux chrétiens l'est aussi à tous les autres. Chacun a le droit de choisir et de suivre le culte qu'il préfère, sans être lésé dans son honneur et ses convictions. » Même s'il s'inscrit dans le cadre d'une tolérance générale, l'édit de Milan, sans correspondre à une entière victoire, va dans ce sens.

Quand, en 324, Constantin prend le contrôle de l'Empire d'Orient, il fait construire la capitale à laquelle il donnera son nom – Constantinople – mais s'installera, comme tous ses prédécesseurs, à Nicomédie. Qu'il y ait pris conseil de l'évêque espagnol Ossius de Cordoue, un vieil ami, le montre toujours obsédé par les divisions qui subsistent entre chrétiens. Ossius lui suggère de réunir tous les évêques de l'Empire avec pour instruction de rédiger et de voter un texte qui aura valeur de loi universelle. L'idée neuve d'un concile œcuménique vient de surgir. En mai 325, il se réunit à Nicée, ville proche de Nicomédie : Constantin tient essentiellement à tout connaître – dans le temps le plus court – des thèmes traités.

On ne peut s'empêcher de penser à l'effort immense – parfois héroïque – accompli par ces évêques traversant des contrées peu sûres, des provinces hostiles ou affrontant sur mer des tempêtes. La plupart sont venues de très loin, « d'Europe entière, de la Libye et de l'Asie », dit Eusèbe de Césarée en précisant que « Syriens, Ciliciens, Phéniciens, Arabes, Palestiniens et gens d'Egypte et de Mésopotamie » y ont assisté. L'empereur a fait savoir qu'il réglerait tous les frais de voyage. Il tient parole. En raison de son grand âge, le pape Sylvestre n'a pu se rendre à Nicée et s'est fait représenter par deux prélats.

Est-il important qu'ils aient été deux cent cinquante, comme le veut Eusèbe de Césarée, ou trois cent huit comme l'affirme Athanase ? La présence de quinze évêques ariens pèsera sur nombre de séances car le concile condamnera leur doctrine. A une énorme majorité, on affirmera que le Fils est vraiment Dieu, « consubstantiel au Père ». Leur assemblée laissera à la religion chrétienne le symbole de Nicée dont les affirmations résonnent aujourd'hui encore au cours des offices.

L'Eglise chrétienne orthodoxe fera de Constantin un saint. Nous ne pouvons que respecter sa décision. L'empereur qui a décrété la légitimité du christianisme n'en a pas moins fait mettre à mort son beau-frère Licinius, son fils Crispus issu d'un premier mariage et trop populaire aux yeux de Fausta, son épouse. L'horreur d'un tel meurtre ayant déchaîné la colère des Romains, le chrétien Constantin y a répondu : il a fait noyer Fausta dans sa piscine. Sauveur apparent du christianisme, il est allé de palinodie en réticence, allant jusqu'à se contredire plusieurs fois en quelques mois.

Se sentant vieillir, il procède au partage de son Empire. La maladie l'accable. A Pâques 337, personne dans son entourage ne doute qu'elle l'emportera. Il n'a pas même la force de regagner Constantinople. C'est à Ancyre, près de Nicomédie, qu'il se fait porter. Il veut savoir s'il est condamné. On le lui confirme. Il veut le baptême. On y consent. Il se fait ôter ses vêtements impériaux et revêt la tenue des néophytes. Ayant reçu le baptême des mains de l'évêque Eusèbe de Nicomédie, on l'entend murmurer : « En ce jour, je suis vraiment heureux. Je vois la lumière divine... »

Le soleil baignait la terrasse du palais Farnèse et nous regardions cette Rome dont les bruits familiers montaient jusqu'à nous. Elevée au XVIe siècle par le cardinal du même nom, plus tard devenu le pape Paul III, cette somptueuse demeure princière accueille, depuis 1874, l'ambassade de France. Fidèle à une habitude qui remonte à mes débuts, j'avais tenu à imprimer ma mémoire d'images qui me manquaient cruellement : le cimetière enterré sous la basilique Saint-Pierre où l'on a trouvé la tombe du prince des apôtres et cette Maison d'Or conservée, depuis vingt siècles, dans les entrailles de la ville[1]. Pour qu'existât ce livre, il fallait, durant quelques jours, que je me sente romain.

Dans le lointain, bien au-delà du Tibre, se discernait à peine la statue équestre de Garibaldi, repère idéal pour donner corps aux contrastes inouïs qui, de Romulus et Remus à Mussolini, ont présidé à l'histoire de Rome. Des cloches voisines se mettant à sonner ne sont jamais une surprise dans une ville semée d'autant d'églises. Plusieurs lui ont répondu et, progressivement, quantité d'autres.

Pourquoi ai-je repensé alors à ces chrétiens de la chambre haute, poignée de juifs ayant seuls en commun le Messie annoncé et reconnu ? Ils auraient pu renoncer. Ils ont choisi la conquête, donc l'impossible. Un instant, naïvement, je me suis dit que ces cloches leur donnaient raison. J'y reviens pourtant : les grands mouvements de l'humanité se seraient-ils engagés sans la simplicité d'esprit des initiateurs ?

Du calcul d'Etienne Trocmé, ils n'étaient que quelques dizaines. Luc parle d'une centaine. Aujourd'hui ? J'ai consulté l'Internet. Réponse à résonance publicitaire : *Dans le monde, un homme sur trois est chrétien.* Des chiffres : 1,09 milliard de catholiques ; 356 millions de protestants rattachés à une Eglise ; 218 millions d'orthodoxes ; 83 millions d'anglicans ; 245 millions de chrétiens indépendants, non rattachés à une Eglise.

Nous autres, en Occident, savons que beaucoup s'éloignent. On nous dit que la pratique la plus ardente se situe en Amérique du Sud, en Afrique, là où les populations sont

---
1. Voir annexe I.

en expansion. La probabilité, à une époque qui ne saurait longtemps tarder, d'un pape noir ou indien semble envisageable.

Toujours, malgré tout, il faudra revenir à la chambre haute et à ceux qui s'y trouvaient en l'an 30 de notre ère. Et nous rappeler que rien n'eût été possible si le fils d'un charpentier de Nazareth n'avait quitté son établi afin d'enseigner aux hommes que, pour vivre et survivre, l'essentiel, avec l'amour, était la foi.

« La foi, a dit Tolstoï, est la force de la vie. »

ANNEXES ET SOURCES

ANNEXE I

Une visite à la Maison d'Or

Au XVIe siècle, des vignobles recouvrent le Palatin. Ce jour-là – pour chercher de l'eau ? –, on creuse la terre : les pioches et les pelles, en s'enfonçant, révèlent une excavation. Torche en main, quelques curieux s'y laissent choir. Ils croient en premier lieu avoir trouvé une grotte mais des voûtes en brique leur montrent leur erreur. Il s'agit visiblement d'un ancien lacis de constructions encombré par la terre et des débris de toutes sortes.

La Renaissance se montre avide des souvenirs de l'Antiquité : on ne tarde pas à déblayer. A mesure que l'on avance, une certitude se confirme : on se trouve dans la *Domus Aurea* de Néron. Comment a-t-elle été sauvegardée ? Par les successeurs de Néron qui ont fait construire leurs propres résidences *au-dessus* de la Maison d'Or. Ayant servi de fondations, le chef-d'œuvre néronien est parvenu jusqu'à nous.

Dès que les vestiges ont été abordables, des artistes s'y sont glissés et, à mesure que l'on découvrait salles et appartements, y sont revenus en nombre. A la lumière des torches, ils ont découvert, ornant les murs et les plafonds, des peintures où abondaient des êtres fantastiques. En souvenir de la grotte que l'on avait cru reconnaître, ils vont décréter que ces œuvres étaient « grotesques ». Chargés de décorer la chapelle Sixtine, les artistes toscans et ombriens Ghirlandaio, Pinturicchio, Le Pérugin ou Filippino Lippi ne se cacheront pas d'avoir été influencés par le décor néronien.

Au carrefour des XVIIe et XVIIIe siècles, Pier Sante Bartoli explore quelques salles et en tire un recueil de dessins publié en 1706. Paraissent également soixante gravures inspirées des dessins de

Smugliewiecz et Brenna. En 1812, deux copies nous conservent la trace de peintures aujourd'hui disparues [1].

Ce livre était largement en chantier quand l'urgence m'est apparue d'une visite de ce musée sous terre offert depuis plusieurs années à la curiosité des touristes. J'en avais fixé l'époque quand j'appris – catastrophe ! – que la *Domus Aurea* était fermée pour cause de travaux de consolidation et de réhabilitation. Que faire ? Il n'est pas d'interdit qui ne suppose d'exceptions. Quitte à frapper à une porte, mieux valait que ce fût la bonne. L'ambassadeur de France auprès de la République italienne se nommait Yves Aubin de La Messuzière. Des liens d'amitié nous unissaient depuis le temps – de 1988 à 1990 – où, alors que j'étais ministre de la Francophonie, il avait dirigé mon cabinet avec une allégresse et une efficacité dont je n'ai cessé de lui savoir gré.

A peine informé, Yves Aubin de La Messuzière a multiplié les efforts pour que « notre » demande – le possessif était de lui – fût suivie d'effet. Elle l'a été.

Lundi 8 mai 2006, 10 heures du matin, Micheline et moi retrouvons Yves et Florence de La Messuzière devant l'entrée du pavillon du mont Oppius où tout indique que se trouvaient les appartements personnels de l'empereur [2].

Nous attendent le directeur de l'Ecole française de Rome, Michel Gras, ainsi que les personnalités italiennes chargées des travaux de réhabilitation en cours. La façade des Thermes de Trajan – murs de briques en demi-cercle – est presque intacte. La longue galerie par laquelle nous accédons à la Maison Dorée souffre d'infiltrations d'eau : d'où le froid qui agresse.

Que le lecteur ne se méprenne pas : la *Domus Aurea* telle que nous y parvenons ne se compose pas de pans de murs, de ruines comme il en existe tant à Rome, mais de pièces intactes couvertes de leur plafond. Jadis, de grandes baies les emplissaient de lumière. Restituer par l'imagination des perspectives disparues se révèle un exercice parfaitement vain. Manquent aussi l'or, le marbre, les ornements arrachés pour le plus grand profit des successeurs de Néron. La campagne de photographies ouverte dans

---

1. Musée national romain et Bibliothèque vaticane.
2. Elisabetta Segala, *Domus Aurea* (1999).

la deuxième partie du xxᵉ siècle nous a gardé des images assez nettes, parfois précises de certaines fresques. Haïssons le temps qui passe : aujourd'hui elles sont presque toutes effacées.

Nous voici dans des pièces qui ouvrent sur une grande cour-jardin rectangulaire. Comme nous progressons dans le couloir que l'on nomme « des aigles », deux oiseaux nous sautent aux yeux et, pleins de fraîcheur encore, s'affrontent sur un candélabre végétal. Sur la voûte s'esquisse la trace d'aigles et de griffons ailés. Comment ne pas songer à ces peintres ou aquarellistes qui, couchés sur le sol, ont eu la volonté – et le talent – de reproduire ce qu'ils voyaient encore, eux ? Ainsi pouvons-nous admirer la totalité des merveilleuses décorations de la voûte. Les copiant en 1776, le peintre Mirri nous les a conservées.

Nous nous sommes arrêtés longuement dans la salle 70, certes pour y considérer des façades peintes mais bien davantage pour méditer sur l'intrusion quasiment obscène d'une énorme canalisation traversant de part en part la pièce voulue par Néron et que nous devons attribuer aux architectes de Trajan.

Au moment où j'écris ceci, je tiens ouvert devant moi le livre clef d'une telle exploration. Je m'émerveille à lire les descriptions que l'on doit à Ida Sciortino[1]. Elle semble avoir vu toute chose tandis que, parcourant les mêmes salles, j'ai eu tant de mal à les deviner.

La Salle de la voûte dorée est ainsi appelée à cause des peintures dont elle garde la trace. Il faut les croire sorties du pinceau de Fabulus puisque l'ensemble de la décoration picturale de la Maison d'Or lui est attribué. Pline, qui l'appréciait particulièrement, l'appelait tantôt Famulus, tantôt Amulius : « Tout récemment vécut aussi le peintre Famulus, au style digne et sévère tout en étant éclatant et fluide. [...] Il ne peignait que quelques heures par jour, et cela avec dignité car, même sur son échafaudage, il était toujours revêtu de la toge. La Maison d'Or fut la prison de son art : aussi n'existe-t-il guère ailleurs d'ouvrages de ce peintre[2]. »

De la peinture qui ornait la voûte, il reste des esquisses suffisamment précises pour qu'elles confirment la fidélité de la copie

---

1. Ces textes sont de ceux qui composent l'ouvrage *Domus Aurea, op. cit.*
2. *Histoire naturelle*, XXXV, 120.

prise par Francisco de Hollanda. Dans un carré parfait, s'inscrivent un motif central évoquant Zeus et Ganymède ; des cercles où le rouge, le vert et le bleu se complètent idéalement. On s'attarde et l'on s'attriste en apprenant que cette salle ouvrait sur des terrasses verdoyantes et, au-delà, sur ce lac dépeint par Suétone comme « semblable à une mer ». La pénombre où nous sommes entrés nous reconduit au froid qui fait trembler certains, trop peu couverts. Poursuivant notre visite, il me semble que nous avons quelque peu hâté le pas.

Impossible pourtant de ne pas s'arrêter devant les motifs qui soudain émeuvent : larges fragments de frises et peintures préservés : animaux, rubans, fleurs, une fausse fenêtre ouverte sur un paysage fantastique, une scène dionysiaque, une femme assise, un homme debout.

Dans la Salle octogonale, grandiose en vérité et entourée par une couronne de salles plus petites, les archéologues reconnaissent le premier monument important de Rome où l'emploi du ciment a permis de concevoir une voûte quasiment révolutionnaire. Depuis, l'image ne m'a pas quitté. De la part des architectes, quelle ambition, quelle réussite ! Et pour si peu de temps !

ANNEXE II

Le temps des catacombes

J'étais jeune et je me souviens. J'ai cru d'abord que l'on m'emmenait au centre de la terre. A l'orée d'une galerie, nous attendait un groupe de visiteurs. Un guide « parlant français » nous a donné, en italien, le signal du départ. Nul parmi nous n'osait prononcer un mot et ce silence, inhabituel au cours d'une visite de lieux historiques, accroissait cette sorte de crainte révérencielle qui me prenait à la gorge. S'y associait l'odeur de cave qui, selon notre cicérone, frappa Chateaubriand. Moite à la fois et étouffée, elle accompagnera toujours, dans mon souvenir, ma découverte des catacombes.

Le guide nous entretenait de ces premiers chrétiens exposés aux persécutions et qui, pour y échapper, se réfugiaient là. Je les imaginais d'abord par centaines, ensuite par milliers, remerciant le Seigneur de leur avoir procuré un si merveilleux asile. Je croyais même entendre le long murmure qui sortait de leurs lèvres mi-closes pour se changer en prière.

Chaque fois que le guide s'exprimait, je tendais l'oreille. Je n'ai rien perdu de l'origine du mot catacombes attribué à l'inextricable réseau. Elle remontait au Moyen Age. Utilisées jusqu'au ve siècle, les galeries s'étaient trouvées closes au début du viie. Après quoi, on les avait à demi oubliées. C'est sur la voie Appienne, à trois kilomètres de Rome, que la première fut retrouvée. Aux alentours de la basilique Saint-Sébastien, elle s'étendait au creux d'une dépression appelée *combe*. Le souterrain s'ouvrant « près de la combe », des érudits – je suppose – l'ont appelé en grec *kata kumbèn*. Quand d'autres souterrains furent peu à peu découverts, on nomma l'ensemble catacombes.

Il a fallu que de nombreuses années s'écoulent pour que je comprenne que les catacombes n'avaient nullement pour mission d'abriter une intéressante minorité religieuse. Il s'agissait uniquement de cimetières souterrains.

Entre les rangées de tombes, nous montions et nous descendions. Il me semblait que la visite ne s'achèverait jamais. Le guide parlait de ce tuf dans lequel les galeries du site avaient été creusées. On distinguait le tuf dur propre à assurer la conservation et le tuf friable, cause hélas d'effondrements fréquents.

— Il y en a eu, insistait le guide, qui se sont écroulées au moment même où les archéologues les découvraient.

Si nombre d'entre elles étaient interdites de visite, c'est que l'autorité les avait décrétées dangereuses.

— Celle-ci est solide, nous rassurait le guide.

Certaines galeries comportaient cinq étages et s'enfonçaient jusqu'à vingt-cinq mètres sous terre. Quelle longueur totale, ce réseau ? Le guide n'était pas sûr :

— Il y en a qui parlent de 1 200 kilomètres. La majorité s'arrête à 875 kilomètres. Ce n'est pas si mal.

Nous visitions toujours. Je cherchais à déchiffrer les épitaphes. En vain. Gravées dans la pierre ou l'argile, il n'en restait que des traces illisibles. Parfois, nous distinguions, aux murs ou aux plafonds, des fresques plus ou moins bien conservées, des sujets bibliques surtout. Ailleurs, plus reconnaissables, des oiseaux volant sur fond de feuillage.

Quand, rentré à l'hôtel et ayant allongé mes jambes douloureuses, je me suis saisi d'un autre guide – imprimé celui-ci –, j'ai pu constater que le cimetière souterrain de Sainte-Sabine, mesuré par des géomètres, avait fourni des dimensions exactes : 16 473 m^2 de superficie, 1,603 kilomètre de longueur. Il abritait 5 736 tombes. Or la catacombe de Sainte-Sabine était très loin d'être la plus vaste.

En matière d'inhumation, au cours des Ier et IIe siècles les chrétiens de Rome n'ont pas cherché à innover. Les païens se faisant incinérer, il est plus que probable que les chrétiens les ont imités. Les urnes contenant leurs cendres ont rejoint celles des païens dans les lieux réservés, selon des exigences immuables, le long des voies hors les murs de la Ville. La population de Rome s'accroissant sans cesse depuis les débuts de l'époque républicaine, les places réservées aux tombes se sont faites de plus en plus rares, donc de plus en plus chères.

Un phénomène survenu au IIe siècle va aggraver la situation. A l'incinération si longtemps de règle parmi les païens, on va préférer l'inhumation. D'où une question devenue dramatique : l'introduction d'un seul corps dans une tombe prend la place de plusieurs urnes rangées côte à côte. Cette évidence va conduire à la solution la plus logique et en même temps la plus simple : on va creuser sous les mausolées.

Ce procédé, tous vont l'adopter : les païens, les juifs qui ont leurs propres cimetières et – naturellement – les chrétiens. De plus en plus.

Impossible de négliger une réalité signalée par Philippe Pergola : « Les formes nouvelles de sépultures souterraines, particulièrement peu coûteuses pour le groupe social économiquement faible que constitue la communauté chrétienne primitive, se développe jusqu'à permettre de parler dans certains cas de catacombes spécialement chrétiennes. »

Est-ce alors que les chrétiens, dans le cas de grands périls, se seraient « terrés dans les catacombes pendant que les débauches et les cruautés romaines se déchaînaient au-dessus d'eux[1] » ? Restée populaire, l'image est fausse. Les constats opérés par les archéologues depuis un grand nombre d'années établissent sans discussion possible qu'une description aussi romanesque doit être rejetée.

La première exploration d'ordre scientifique fut l'œuvre de l'archéologue Antonio Bosio ; il y a gagné la gratitude des chercheurs et une célébrité justifiée. Le 14 décembre 1602, il s'est enfoncé dans l'un des cimetières souterrains les plus vastes de Rome : celui de la via Portuense. Il ne lui a pas été difficile de constater : 1. qu'il s'agissait d'un cimetière ; 2. que ce cimetière était juif.

Six des catacombes de la Ville éternelle sont juives : deux se trouvent sur la via Nomentana (Villa Torlonia) ; une sur la via Appia (Vigna Randanini) ; un ensemble sur la via Portuense ; un ensemble sur les pentes de Monteverde ; deux hypogées moins importants sur la via Lubicano et sur la via Appia : la Vigna Cimmara[2].

---

1. J'emprunte la phrase à Pierre Chuvin qui ne l'utilise, bien sûr, que dans une intention caricaturale.
2. Cinzia Vismara, « Les catacombes juives de Rome », in *Aux origines du christianisme*.

La première mention d'une communauté juive à Rome est de 139 av. J.-C. On voudrait logiquement croire à une implantation des catacombes juives fort antérieure à celles des chrétiens. L'aveu par les archéologues de leur incertitude laisse d'abord incrédule et, quand ils expliquent les raisons de leurs hésitations, plein de regrets. On ne peut que citer Cinzia Vismara, professeur d'archéologie à l'université de Sassari : « Les études dans ce domaine n'en sont qu'à leur début. On ne peut exclure que juifs et chrétiens aient trouvé parallèlement la solution-catacombes à leur problème funéraire, mais il est trop tôt pour l'affirmer de façon certaine. »

De nos jours, on visite volontiers la catacombe de S. Callisto, située entre la via Appia, la via Ardentina et la via delle Sette Chiese. Spécialiste reconnu, G. B. De Rossi défend une thèse intéressante : le tombeau patricien de la famille des Caecilii serait à l'origine du cimetière chrétien qui, sous le règne de l'empereur Commode (180-192), a pris, sous le contrôle de l'Eglise, un développement immense. Presque tous les papes du IIIe siècle y reçurent une sépulture. Plus de 500 000 personnes – on a bien lu – y ont été inhumées.

La catacombe di Domitille, sur la via delle Sette Chiese, permet de reconnaître ce qui fut, à l'origine, le cimetière privé de Domitille, nièce de l'empereur Domitien, dont l'époux Flavius Clemens, dénoncé comme chrétien, fut exécuté. La catacombe de S. Sebastiano nous ramène à notre point de départ.

Peut-on y voir un symbole ? La catacombe de la via Latina, datée du IVe siècle, accueille des païens et des chrétiens en des chambres séparées. Les images que l'on y trouve sont conformes à ce que l'on attendait : les païens accordent la priorité à la mythologie – Hercule arrachant Alceste aux Enfers – tandis que les chrétiens mêlent les rappels de l'Ancien Testament à des épisodes de la vie du Christ.

Les deux cultures ne démontraient-elles pas, sans naturellement s'être donné le mot, qu'elles étaient en harmonie pour faire en sorte que leurs morts accèdent, dans d'idéales conditions, à ce « lieu de rafraîchissement, de lumière et de paix[1] » auquel aspiraient les uns comme les autres ?

---

1. Formule de la liturgie de l'époque (Jean Guyon, *La Catacombe de la via Latina*).

Généalogie simplifiée de la famille JULIO-CLAUDIENNE

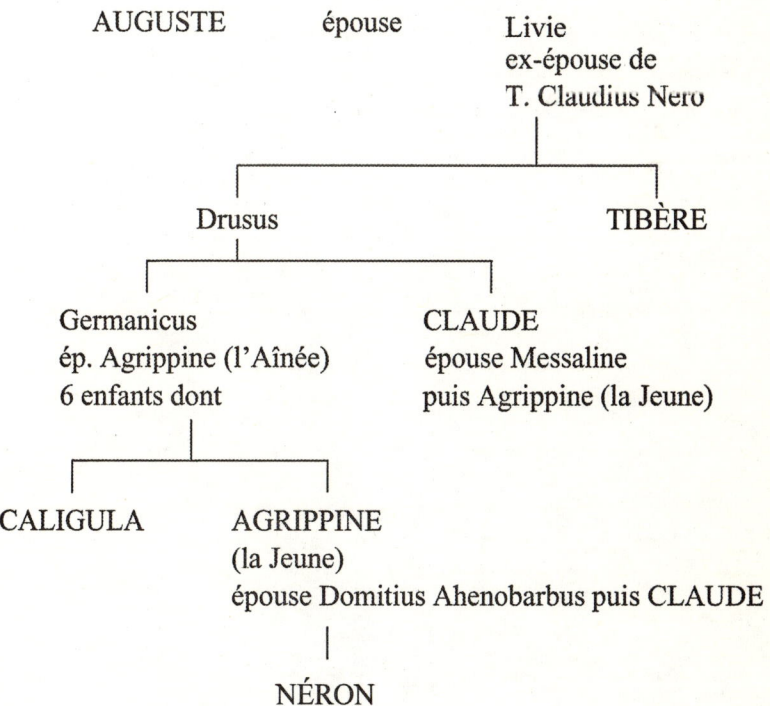

ORIENTATION BIBLIOGRAPHIQUE

SOURCES ANCIENNES

Tacite, *Annales* (livres XI-XVI).
Suétone, *Vies des douze Césars* (le livre VI est consacré à Néron).
Dion Cassius, *Histoire romaine* (livres LXI-LXIII).
Flavius Josèphe, *Antiquités juives* (livre XX) et *Guerre des juifs* (livre II).
Pline l'Ancien, *Histoire naturelle*.
Plutarque, *Vies de Galba et d'Othon*.
Acta fratrum arvalium (Actes des Frères Arvales édités par A. Pasoli, 1950).

OUVRAGES D'INTÉRÊT GÉNÉRAL

A. Les premiers chrétiens

La Bible, édition œcuménique (TOB) (1988).
(Toutes les références à l'Ancien et au Nouveau Testament du présent livre y renvoient.)

Aux origines du christianisme, ouvrage collectif (2000).
F. Amiot, *L'Enseignement de Paul* (1988).
Marie-Françoise Baslez, *Saint Paul* (1991).
Jean Bernardi, *Les Premiers siècles de l'Eglise* (1987).
Anne Bernet, *Les Chrétiens dans l'Empire romain* (2003).
Pierre-Antoine Bernheim, *Jacques, frère de Jésus* (1996).
François Blanchetière, *Les Premiers chrétiens étaient-ils missionnaires ?* (2002).
François Bovon et Pierre Geoltrain (sous la direction de), *Ecrits apocryphes chrétiens* (1997).

Raymond E. Brown, *L'Eglise héritée des apôtres* (1996).
Lucien Cerfaux, *L'Eglise des Corinthiens* (1946).
Blandine et Jean Chélini, *Histoire de l'Eglise* (1993).
Daniel-Rops, *L'Eglise des apôtres et des martyrs* (1948) ; *La Vie quotidienne en Palestine au temps de Jésus* (1961).
Jean Daniélou, *L'Eglise des premiers temps. Des origines à la fin du IIIe siècle* (1963).
Pierre Debergé, *Saint Pierre* (2003).
Jean Delumeau (sous la direction de), *Histoire vécue du peuple chrétien*, 2 vol. (1979).
Max I. Dimont, *Les Juifs, Dieu et l'histoire* (1964).
Jacques Duquesne, *Marie* (2004).
Josy Eisenberg, *Une Histoire du peuple juif* (1974).
Vittorio Fusco, *Les Premières Communautés chrétiennes* (2001).
A. Hamman, *La Vie quotidienne des premiers chrétiens* (1971).
Dan Jaffé, *Le Judaïsme et l'avènement du christianisme* (2005).
Rodolphe Kasser, Marvin Meyer, Gregor Wurst (traduit et commenté par), *L'Evangile de Judas* (2006).
Jean-Pierre Lémonon, *Les Débuts du christianisme* (2003).
André Mandouze (sous la direction de), *Histoire des saints et de la sainteté chrétienne* (1987).
Henri Maurier, *Le Paganisme* (1988).
John P. Meier, *Un certain juif Jésus*, 3 vol. (2004-2005).
Henri Metzger, *Les Routes de saint Paul dans l'Orient grec* (1954).
Jean-Pierre Moisset, *Histoire du catholicisme* (2006).
Les Premiers temps de l'Eglise, ouvrage collectif (2004).
Michel Quesnel, *Histoire des Evangiles* (1987).
L. J. Rogier, R. Aubert, M. D. Knowles (sous la direction de), *Nouvelle Histoire de l'Eglise*, 5 vol. (1963-1975).
Marcel Simon, *Verus Israël* (1964).
Michel Théron, *Petit Lexique des hérésies chrétiennes* (2005).
Etienne Trocmé, *Le Livre des Actes et l'Histoire* (1957) ; *L'Enfance du christianisme* (1997).
Maurice Vallery-Radot, *L'Eglise des premiers siècles* (1999).

B. Rome et l'Empire romain

J.-M. André et M.-F. Baslez, *Voyager dans l'Antiquité* (1993).
Eugène Albertini, *L'Empire romain*, t. IV (Peuples et civilisations) (1970).
André Aymard et Jeannine Auboyer, *Rome et son Empire* (Histoire générale des civilisations) (1956).
Jean Beaujeu, *La Religion romaine à l'apogée de l'Empire* (1955) ; *L'Incendie de Rome en 64 et les chrétiens* (1960).

Gustave Bloch, *L'Empire romain. Evolution et décadence* (1922).
Jérôme Carcopino, *La Vie quotidienne à Rome à l'apogée de l'Empire* (1939).
Jean Gagé, *Les Classes sociales dans l'Empire romain* (1964).
Pierre Grimal, *La Civilisation romaine* (1960) ; *Sénèque ou la conscience de l'Empire* (1978).
Léon Homo, *Histoire romaine* (1941) ; *Le Siècle d'or de l'Empire romain* (1947).
Jean Leclant (sous la direction de), *Dictionnaire de l'Antiquité* (2005).
Yvar Lissner, *Les Césars* (1957).
Claudia Moatti, *A la recherche de la Rome antique* (1989).
Paul Petit, *La Paix romaine* (1967), *Le Premier Siècle de notre ère* (1968), *Histoire générale de l'Empire romain* (1974).
A. Pigagnol, *Histoire de Rome* (1954).
Elisabetta Segala, *Domus Aurea* (1999).
John Scheid, *La Religion des Romains* (1998).
Robert Turcan, *Mithra et le mithriacisme* (1981) ; *Vivre à la cour des Césars* (1987).
Paul Veyne, *L'Empire gréco-romain* (2005).

Ouvrages sur Néron

Guy Achard, *Néron* (1995).
Claude Aziza, *Néron* (2006).
J. Bishop, *Nero : the Man and the Legend* (1964).
Eugen Cizek, *L'Epoque de Néron et ses controverses idéologiques* (1972), *Néron* (1982).
Georges-Roux, *Néron* (1962).
Mario Attilio Levi, *Nerone e i suoi tempi* (1973).
Gilbert-Charles Picard, *Auguste et Néron. Le secret de l'Empire* (1962).
Jean-Charles Pichon, *Saint Néron* (1962).
E. Radius, *La vita di Nerone* (1963).
Jacques Robichon, *Néron* (1985).
E. Mary Smallwood, *Documents Illustrating the Principates of Gaius, Claudius and Nero* (1967).
Gérard Walter, *Néron* (1955).
Arthur Weigall, *Néron* (1931).

Index

Abraham : 30, 32
Acerronia : 131
Achard, Guy : 124
Acratus : 226
Acté : 113, 128, 274-275
Afranius, Burrus : 84
Agermus : 132, 150
Agrippa : 27, 139, 170
Agrippa Ier : 138, 277
Agrippa II : 138, 238, 277
Agrippine : 34-39, 41, 46, 71, 73-78, 83-90, 107-108, 110-111, 113-115, 118-120, 124-133, 148, 150-152, 161, 165-166, 222, 233
Agrippine, l'Aînée : 166
Agrippinus, Paconius : 229-230
Ahenobarbi : 35, 74
Ahenobarbus, Domitius : 35, 41
Albinus : 138-139
Alexander, Tiberius : 138
Alexandra : 38, 274-275
Alexandre de Jérusalem : 256
Alexandre le Grand : 31, 98, 260
Amiot, F. : 64
Ampliatus : 183
Ananias : 20-21
Andia, Ysabel de : 250
André : 12, 14-15, 96, 285
Andronicus : 182
Anicetus : 76, 129, 132, 148, 165-166
Anicius, Cerialis : 202
Annaeus, Statius : 202
Anteros, pape : 290
Antipas, martyr : 102
Antoine, Marc : 37, 72, 119, 234
Antonia : 119, 162
Antonin : 286
Apelles : 183
Apollos : 242

Aquilas : 67, 69, 180, 182
Aria, femme de Thrasla : 230
Aristobule : 183
Aristote : 71
Arius : 295
Asper, Sulpicius : 197
Astyanax : 115
Asynchrite : 183
Athanase : 297
Atimetus : 126
Atrée : 60
Attale : 252
Aubé, B. : 99
Auguste : 34, 36-37, 42-47, 72-73, 78-79, 85, 88, 91-92, 102, 107, 110, 116, 120, 122, 154, 161-162, 204, 234, 260, 263
Augustin : 143, 255
Aurélien : 289

Barnabé : 51-53, 55-57, 206
Barthélemy : 14-15, 96
Basilite : 285
Baslez, Marie-Françoise : 141, 211
Baudement, Théophile : 36
Bérénice : 277
Bernardi, Jean : 104, 141, 212, 217
Bernet, Anne : 141, 248
Bernheim, Pierre-Antoine : 140
Bertin : 187
Beryllus : 76
Blanchetière, François : 143, 213
Blandine : 101, 251-253
Boegner, pasteur : 69
Bossuet : 245
Boudica, reine de Bretagne : 157-158
Britannicus : 44, 76-80, 85-90, 114-119, 127, 129
Brossier, François : 185

Brutus : 37, 263
Burrus, Afranius : 85, 89-90, 93, 107, 111, 116, 125-127, 129, 132, 149, 153, 155, 158-159, 161, 164, 276

Caecilianus, Domitius : 230
Caesonia : 38, 43
Caïphe : 22-23
Caligula : 24, 27, 35-39, 42-44, 73-74, 86, 119, 124, 153, 220, 287
Calliste : 80, 290
Calpurnia : 152
Calpurnia, *gens* : 197
Calvina, Junia : 85
Calvus, Licinius : 72
Capito, Cossutianus : 228-229
Capito, Fonteus : 269
Caracalla : 288
Carcopino, Jérôme : 41, 188, 191
Cassius : 263
Catinchi, Philippe-Jean : 284
Caton : 228
Celer, architecte : 193-194
Celer, P. : 108
Celse : 99, 256, 286
Cerialis, Petilius, légat : 158
César : 37, 47, 120-122, 165, 228, 262-263
Chaéréas, officier de Caligula : 43
Chaeremon, auteur égyptien : 76
Charles-Picard, Gilbert : 234
Chateaubriand : 291
Chlore, Constance : 292-294
Cicéron : 14, 34, 72, 98, 115, 130
Cizek, Eugen : 105, 124, 178, 259
Classicianus, Julius : 158
Claude : 35, 38, 43-48, 74-75, 77-91, 101, 107-109, 111, 115-116, 119, 124, 129, 150, 152, 156-157, 159, 161-162, 166, 173, 180, 220, 233, 263
Claudius, Tiberius : 72
Clemens, Flavius : 280
Clément, Flavius Clément d'Alexandrie, pape : 102, 184-185, 210, 244, 254, 256, 280
Commode : 219, 287
Constantia : 295
Constantin : 187-191, 290, 293-297
Corbulon : 106-107, 155-156, 162, 224-226, 231-232, 237, 239
Corneille, officier romain : 26
Corneille, pape : 291

Cornelus, Marcellus, sénateur : 220
Cothenet, Etienne : 186
Crescens : 249, 286
Crispinus, Rufrius, préfet : 84, 129
Crispus, fils de Constantin : 74, 297
Crispus, Passenius : 74, 84
Cyprien : 62
Cyrus, roi des Perses : 31

Daïa, Maximin : 293
Daniélou, Jean : 181, 254, 257
Daniel-Rops : 33, 62, 100, 181
Dauzat, Pierre-Emmanuel : 255
David, roi d'Israël : 14, 19, 32, 66, 142
Debergé, Pierre : 147
Decianus, Catus, procurateur : 158
Decimius : 158
Decius : 288-289
Demetrius : 230, 256-257
Denys d'Alexandrie : 289
Denys de Corinthe : 184
Denys de Rome, pape : 291
Dioclétien : 289, 291-294
Diodore, citharède : 267
Diognète : 103
Dion Cassius : 37, 47, 83-84, 88, 111-113, 117-119, 128, 148, 151, 157, 163-164, 170, 174-175, 177, 225-226, 233, 237, 262
Domitien : 102, 140, 210, 279-281
Dorothé : 292
Drusilla, fille de Caesonia : 38-39, 43
Drusus, C. : 47
Drusus, Livius : 72

Eclogé : 38, 274-275
Ehrman, Bart D. : 283
Eleuthère : 253
Enée : 77
Epaphrodite : 195, 271, 273
Epénète : 182
Epicure : 221
Esaïe : 68, 144
Etienne : 23-25, 50-51
Etienne, pape : 291
Eucerus : 164
Euripide : 177
Eusèbe de Césarée : 54, 57, 96, 99, 140, 185, 206, 216, 251, 253, 256, 279, 293, 295-297
Eutychianus, pape : 291
Evode : 82

Index

Fabatus, Calpurnius, chevalier : 220
Fabien, pape : 256, 289-290
Faenus, Rufus : 198-200, 202
Fannia, fille de Thrasea : 230
Fausta, fille de Maximien : 294, 297
Faustulus : 71
Félicité : 103
Felix, Antonius, procurateur : 136, 138
Félix, pape : 291
Ferrua, père : 191
Festus, Portius : 137-138
Flamininus, Titus Quinctius : 259
Flavia Domitille : 280
Flavus, Subrius, tribun de cohorte : 174-176, 197
Florus, Jessius : 238
Franzero, Carlo-Maria : 152
Fronton : 286
Fructuosus, évêque : 289
Frugi, Licinius Crassus : 174
Fundanus, Minucius : 286
Fusco, Vittorio : 59

Gaetulius : 39
Gaius, Corinthien : 65, 185-187
Gaius, pape : 291
Galba, Servius : 102, 177, 263-264, 266, 268, 270-272, 274-275, 277
Galère : 292-294
Galien, médecin : 58
Gallien : 289
Gallion : 153, 220-221
Gallus, Cestius : 238
Gallus, Crepereius : 131
Gallus, Glitius : 198
Gallus, Rubrius : 269
Gamaliel : 25
Gamaliel II : 279
Gascou, Jacques : 47, 236
Genséric : 187
Geoltrain, Pierre : 145
Georges-Roux : 118, 178
Germanicus : 36, 43-44, 86, 116
Geta, Lucius, préfet : 84
Glabrio, M. Acilius : 280
Godounov, Boris : 276
Goyon, François : 145
Graecina, Pomponia : 180
Grégoire le Thaumaturge : 256
Grimal, Pierre : 45, 171, 231

Hadrien : 47, 102, 219, 286
Hamman, A. : 59, 95
Hanne : 238
Hanne le Jeune : 137-139
Hanne, grand prêtre : 22-23
Hégésippe : 54, 140
Hélène : 293, 295
Helius : 108, 185, 233, 260, 262
Hermas : 100, 183
Hermès : 183
Hérode : 137
Hérode Agrippa Ier : 27, 33, 96
Hérode le Grand : 14, 27, 46, 209
Hilarianus : 102
Holleaux, Maurice : 258
Homère : 174
Homo, Léon : 151, 178
Horace : 130
Hortensius : 72

Icelus : 264, 270, 275
Ignace d'Antioche : 184, 208, 210, 245-248
Irénée, évêque : 60, 97, 206, 210, 243, 250-254, 284-285

Jacques : 15, 51, 53-56, 65
Jacques, fils d'Alphée : 14
Jacques, fils de Zébédée : 12, 27, 96
Jacques, frère de Jésus : 14, 28-29, 135, 137-141, 243, 285
Janssens, Jacques : 235
Jean : 12, 14-15, 22-29, 31, 54-55, 61-62, 96, 100, 142, 181, 185-186, 205, 208, 210, 214, 242, 250, 280, 284-285
Jérôme : 29
Jésus : 9, 11-13, 15-17, 19-20, 22-24, 26, 28-29, 31, 48, 50-52, 56-58, 60, 62-63, 66, 68, 95-96, 100-102, 135, 137-142, 144-147, 180-181, 185-186, 205-209, 212, 214, 242-244, 247, 250, 283-286, 295
Joël : 19
Jonathan, grand prêtre : 138
Joseph (Josès) : 17, 28-29, 141
Josèphe, Flavius : 9, 11, 32-33, 46, 49, 52, 73, 97, 137-140, 177, 238, 277-278
Judas : 16-17, 20, 285
Jude : 14, 28, 140
Jules II, pape : 188
Julia : 38-39, 75, 77
Julie : 69, 183
Julius Montanus : 112

Junias : 183
Junii, famille : 168
Justin : 214-215, 248-249, 286
Juvénal : 41, 49, 79, 122, 145, 147, 178, 223

Kass, Ludwig, Mgr : 189-190

Lactance : 295
Lateranus, Plautius : 198
Le Boulluec, Alain : 245
Le Nain de Tillemont : 251
Leloup, Jean-Yves : 284
Lemonde, Franck : 110
Lémonon, Jean-Pierre : 142
Lepida, Domitia : 41-42, 45, 71, 75, 82-83, 87, 125-126, 220
Lepidus : 38-39
Licinius, beau-frère de Constantin : 295-297
Livie : 38
Locuste : 88, 116, 119, 270
Longinus, Cassius, proconsul : 220
Luc : 9, 12, 17, 19-21, 23-25, 28, 50-51, 56, 134-135, 143-145, 147, 208-210, 284
Lucain : 194, 198
Lucien de Samosate : 58
Lucius, pape : 291
Lucullus : 82
Luther : 68
Lysanias : 27

Macrien : 289
Mandouze, André : 245
Marathus, Julius : 47
Marc : 12, 15, 28, 63, 147, 206-210, 284
Marc Aurèle : 286-287
Marcel, pape : 293
Marcellin, Ammien : 49
Marcellin, pape : 291
Marcellus : 229-230
Marcion : 285
Marie : 16, 28-29, 182, 206, 209, 246, 285
Marie-Madeleine : 15
Martial : 122, 130, 177, 218
Matthias : 17, 20
Matthieu : 12-14, 28, 50, 57, 96, 147, 207-209, 213, 284
Maurier, Henri : 142
Maxence : 294

Maximien : 292-294
Meier, John P. : 29-30, 140
Messalina, Statilia (Messaline) : 44, 74-77, 79-84, 87, 223, 232, 241
Meyer, Marvin : 285
Migne, abbé : 245
Milichus : 195-196, 202
Mireaux, Emile : 277
Mithridate : 105
Mnason de Chypre : 135
Moïse : 18, 24, 30, 136, 144
Moisset, Jean-Pierre : 99
Montanus : 113
Montanus, Curtius : 229-230
Mussolini : 219

Narcisse : 80-82, 85-88, 108, 183
Naso, Actorius : 47
Natalis, Antonius : 196-197, 199-200, 202
Nérée : 69, 183
Nero Tiberius Claudius : 35
Nerva : 281
Nicanor : 24
Nicolas : 24
Nicolas V, pape : 187-188
Niger, Aquilius : 47

Octavie : 85-86, 89, 112-113, 118-119, 152, 159, 163-166, 274
Olympas : 69, 183
Origène : 57, 62, 99-100, 210, 254, 256-257, 285, 288
Osanias : 177
Ossius, évêque : 296
Ostorius : 230
Othon : 102, 112-113, 129, 264, 277

Paetus : 156
Pallas : 80, 83, 85, 114
Pantène : 254
Papias : 206, 208, 210
Pâris : 125-126
Parménas : 24
Pascal, Blaise : 257
Pascou, Jacques : 36
Patrobas : 183
Paul : 16-17, 25, 29, 50-57, 62-66, 68-70, 95, 97, 99-100, 108, 134-137, 140-147, 180, 182-185, 187, 206, 208, 211, 213, 217, 221, 242-244, 285
Paul III, pape : 298

Paulina, Lollia : 83-84, 152
Paulina, Pompeia, femme de Sénèque : 199
Pauline : 201
Paulinus, Suetonius, gouverneur de Bretagne : 157-158
Paulus, Sergius, proconsul : 96
Pausanias : 235
Pelikan, Jaroslav : 18
Pellegrin, Pierre : 78
Périandre : 240
Perpétue : 102-103
Perrot, Charles : 46
Persis : 183
Pétrone : 221-222
Phaon, Lucius Domitius : 271-272, 274-276
Philippe : 14-15, 23, 26-27, 210, 284-285
Philippe l'Arabe : 256
Philippe V de Macédoine : 259
Philologue : 69, 183
Philon d'Alexandrie : 46
Phlégon : 183
Phoebé : 69, 182
Phoebus : 239-240
Pie X, pape : 188
Pie XII, pape : 188-189, 191
Pierre : 12, 14-15, 19-28, 51-57, 96, 134-135, 146-147, 184-189, 191-192, 205-207, 242, 285
Pilate, Ponce : 15, 20, 24, 139-140, 180, 285
Pindare : 232
Pison, C. : 176, 196-200, 202, 219, 231
Platon : 249
Plautius, Aulus : 180
Plautus : 125
Plautus, Rubellius : 124-125, 127, 161-164
Pline l'Ancien : 35, 73, 83, 176, 218, 223, 260
Pline, le Jeune : 74, 79, 97, 141, 204, 225, 281-282
Plutarque : 268
Pollio, Annius : 198
Polybe : 80
Polycarpe : 250
Polyclite, affranchi : 233
Polyclitus : 185
Ponticus : 251-253
Pontien, pape : 290

Poppée : 128-129, 152, 164-167, 176, 200, 204, 223, 227, 238, 261
Pothin : 251
Presitagus : 157
Prisca : 67, 69, 180, 182
Priscus, Helvidius : 229-230
Priscus, Tarquinius : 86
Prochore : 24
Proculus, Cervarius : 199, 202
Pythagore : 223
Pythias : 164

Quesnel, Michel : 64
Quintianus : 198

Radamiste : 105-106
Remus : 71
Renan, Ernest : 41, 49, 246
Revocatus : 103
Robichon, Jacques : 158, 177-178, 233, 265
Romulus : 71
Rordorf, Willy : 145
Rosa, Pietro : 72
Rubria, vestale : 224
Rufus : 183, 248
Rufus, Cluvius : 127, 258
Rufus, Faenius : 120, 161, 197
Rufus, Verginius : 269
Rusticus : 249

Sabinus, Cornelius : 43
Sabinus, Nymphidius : 185, 233, 270
Salomon : 14, 30
Saphira : 20-21
Sapor : 289
Sartre, Maurice : 284
Saturninus, Julius : 47
Saturninus, martyr : 103
Saul : voir Paul
Savinel, Pierre : 11
Scaevinus, Flavius : 195-196, 198-199, 222
Scheid, John : 40
Sciortino, Ida : 194
Segala, Elisabetta : 194
Senecio, Claudius : 113, 198
Sénèque : 74-75, 78, 88, 90-91, 93, 107-111, 116-117, 121, 125-128, 130, 132, 149-151, 153, 155, 157, 159-160, 178, 194, 196-197, 199-202, 220, 255, 276
Septime Sévère : 255, 287-288, 290

Servilia : 229
Severus, architecte : 193-194
Sextius : 85
Siculus, Calpurnius : 124
Silana, Julia : 124, 126
Silanus, ex-fiancé d'Octavie : 152
Silanus, Gavius, tribun de cohorte : 199-200
Silanus, L. Junius : 85, 220
Silanus, Marcus Junius : 107-108
Silanus, Torquatus : 169
Silius, Caïus : 79-82
Siméon, fils de Clopas : 140
Simon le Magicien : 186
Simon, dit Pierre : voir Pierre
Simon, le Zélote : 14
Sixte II, pape : 289, 291
Socrate : 76
Soranus : 229
Sporus : 224, 233, 241, 271-272
Stachys : 183
Statilia : voir Messaline
Suétone : 36, 42, 44, 46-47, 77-78, 80, 83-84, 87, 90, 110, 112, 117-118, 123, 128, 146, 148-149, 168, 174, 176, 180-181, 194-195, 218, 224-225, 231, 236, 260, 265, 268, 271, 273, 275-276
Sylla : 161-163
Sylvestre, pape : 297

Tacite : 9, 47, 71, 74, 80-81, 83-85, 87, 91, 93, 105, 108, 112-113, 116-118, 120, 124-129, 131, 146, 148, 150, 153, 159, 163-167, 170, 172, 174-176, 180-182, 189, 193, 201-202, 218, 220, 230-231
Telesphore : 102
Terpnos : 93
Tertullien : 35, 58, 60, 102, 185, 210, 255, 280, 288
Théophile : 17, 209
Thomas : 14, 96, 284
Thrasea : 151, 227-230
Thyeste : 60
Tibère : 27, 36, 38, 43, 47, 72-73, 92, 124, 129, 172, 180

Tigellin : 161-164, 168-169, 179, 198, 200, 219-222, 228, 231, 233, 237-238
Timon : 24
Tiridate : 106-107, 156, 224-227, 231-232
Tite-Live : 71
Titus : 32, 102, 240-241, 277-279
Tolstoï : 299
Totila : 187
Trajan : 47, 124, 210, 219, 248, 281-282, 286
Trocmé, Etienne : 20, 213, 298
Tryphène : 183
Tryphon : 249
Tryphose : 183
Tullinus, Vulcatius, sénateur : 220
Tullius, Servius : 178
Turcan, Robert : 72-73, 92

Urbain : 183
Urbain, pape : 290

Valérien : 289
Varus : 158
Vespasien : 102, 219-220, 233, 239-241, 277
Vestinus, Atticus : 223
Veyne, Paul : 40
Victor, pape : 97, 216, 291
Vindex, C. Julius : 262-266, 268-269
Vinicianus, Annius : 225, 231-233, 237
Virgile : 71, 77, 150
Vitellius : 85-86, 102, 277
Vitigès : 187
Vologèse Ier : 105-107, 155-156, 224

Walter, Gérard : 161, 175, 178, 240, 267
Weigall, Arthur : 117

Xénophon, Stertinius : 88

Zébédée : 12
Zéphyrin : 290
Zozime : 248

TABLE

Chapitre I. La chambre haute	11
Chapitre II. Un enfant dans la tourmente	34
Chapitre III. L'Epître aux Romains	49
Chapitre IV. Du haut du Palatin	71
Chapitre V. L'ensemencement	95
Chapitre VI. Le ventre qui enfanta Néron	105
Chapitre VII. Pierre et Paul à Rome	134
Chapitre VIII. Des crimes comme des exploits	148
Chapitre IX. Que tout s'embrase et périsse après moi	172
Chapitre X. Enquête sur deux tombeaux	184
Chapitre XI. La grande conjuration	193
Chapitre XII. Les chrétiens s'organisent	205
Chapitre XIII. Un pouvoir théocratique	218
Chapitre XIV. Les phares de l'Eglise	242
Chapitre XV. Un poignard sur la gorge	258
Chapitre XVI. Vers un empire chrétien	274
Annexe I. Une visite à la Maison d'Or	303
Annexe II. Le temps des catacombes	307
Généalogie simplifiée de la famille julio-claudienne	311
Orientation bibliographique	313
Index	317

*Achevé d'imprimer par N.I.I.A.G.
en octobre 2007
pour le compte de France Loisirs, Paris*

N° d'éditeur : 49761
Dépôt légal : novembre 2007
Imprimé en Italie